21世纪高职高专规划教材
国际经济与贸易系列

高等职业教育
“十三五”规划精品系列教

U0795058

International Settlement Practice

国际结算实务

主　编／姚　君
副主编／於丽娜　袁景连

中国人民大学出版社
·北京·

前　言
PREFACE

“国际结算”是从事国际贸易和国际金融工作的人员必须掌握的一门实务课程。随着经济全球化和我国进出口贸易的迅速发展，国际结算业务也正以前所未有的速度与规模在加剧发展与膨胀，因此，对国际贸易和国际结算专业人才的需求急剧增加。国际结算是一门集理论与政策、实务与法规于一体的应用型学科。高等职业院校区别于本科院校，更加侧重于培养实用型、应用型专业人才。目前，在国际贸易系列教材中，国际结算教材多侧重于从理论角度来介绍国际结算的理论与政策法规，而适合高等职业院校教学的相关教材较为缺乏。

基于此，本书主编在长期教学与工作实践的基础上，与具有丰富经验的国际结算业务专家依据国际结算的实际工作岗位要求以及工作任务，打破传统的以知识体系为主线的编写模式，采用以学习情境和工作过程为主线的编写模式编写了本书。该模式充分体现了工学结合、任务驱动和项目教学的特征，更加注重以学生为主体、以培养职业能力为目标，融“教、学、做”于一体，紧密围绕完成工作任务的需要来选取相应的理论知识。

本书基于国际结算工作流程，根据银行和企业两大参与国际结算的主体设置教学情境，并介绍了每种结算方式的操作方法与操作流程。本书分为电汇业务、信汇和票汇业务、托收业务、信用证开证业务、信用证审核业务、信用证修改业务、制作结汇单据、审核结算单据、银行保函业务和跨境电商结算共十个学习情境。每个学习情境都包括学习目标、工作项目、操作示范、知识链接和能力实训五部分内容。具体按照每个学习目标设计典型的工作项目，布置相应的工作任务，并进行操作示范以供学生了解整个工作过程和操作方法。知识链接供学生了解某项具体工作任务涉及的理论知识，能力实训则是留给学生在完成某一学习情境后用于巩固理论知识和应用能力的训练。

教师在教学时，首先可以让学生以银行国际结算业务部职员或者外贸企业职员的身份，尝试完成每个学习情境的工作任务；然后结合学生完成任务的情况进行操作示范，并在示范讲解中融入相关知识讲解；最后，可以让学生在课外完成能力实训项目，进一步提升实践操作能力。

本书可以作为高职高专院校国际贸易、国际金融、国际商务、电子商务等专业的教学用书，也可以作为国际贸易和国际结算从业人员的岗位培训用书和业务参考用书。

本书由姚君担任主编并统稿，参与编写的人员有：姚君（导论，学习情境一、二、三、四、五、六）、於丽娜（学习情境七、八、九）、袁景连（学习情境十）。在编写本书的过程中，我们得到了江苏银行无锡分行国际业务部团队经理孙菲、无锡海捷纺织品有限公司总经理何昌杰、江苏舜天国际集团轻纺进出口有限公司经理姚露丹等国际业务专家的大力支持。

为了贴近实际工作，本书中有关合同、单证等都会仿照真实单据的外观形态制作，但涉及交易的当事人、交易内容已全部换为虚拟的当事人、交易内容，若与真实人物、时间有雷同之处，实属巧合，特此声明。由于编写时间紧、任务重，书中难免出现一些疏忽和错误，真诚欢迎各界人士批评指正，以便再版时予以修正，使教材日臻完善。

编　者

2018 年 1 月

目 录
CONTENTS

导　论

学习目标

能力目标：

1. 能区分国际贸易结算和非贸易结算
2. 能判断来账和往账
3. 能看懂外汇牌价和进行外币兑换的换算

知识目标：

1. 了解国际结算的内涵、分类
2. 了解国际结算的方式及具体内容
3. 了解国际结算的产生和发展
4. 了解跨境贸易人民币结算
5. 了解国际清算体系和国际结算惯例

知识链接

一、国际结算概述

（一）国际结算的概念

1. 国际结算的含义

国际结算（International Settlement）是对国际债权债务进行清算的一种经济行为，即处于两个不同国家或地区的当事人（如企业、政府、个人等），因为商品买卖、提供服务、资金调拨、国际借贷等业务，运用一定的金融工具（如汇票、本票、支票等），通过银行或其他金融机构进行货币收付的行为。

国际贸易结算通常是建立在商品交易货物与外汇两清基础上的结算，又称为有形贸易结算，与国际贸易的发生和发展、世界市场变化、国际运输、货损保险、电讯传递有着密不可分的联系。国际贸易结算业务复杂、外汇金额巨大，在国际收支中是个重要项目，需要银行投入很大力量，积累外汇收入，节约外汇支出，为国家创造财富。

国际货物贸易以外的其他经济活动以及政治、文化等交流活动，如服务供应、资金调拨和转移、国际借贷等引起的外汇收付，称为非贸易结算。由于这些结算都是建立在非商品交易基础上的，因此也称为无形贸易结算。

2. 国际结算的分类

按照进行国际结算的原因来分，国际结算可以分为贸易结算和非贸易结算。

(1) 贸易结算（Trade Settlement）。

贸易结算是指由于进行商品买卖而产生的国际货币收付或债权债务的清算，在国际结算中占据主导地位。结算范围具体包括如下几个方面：

1）有形贸易结算：是指由于开展货物或商品贸易而进行的货币收付活动。有形贸易又称为货物贸易或商品贸易，交易标的为具体的、有形的实物商品。

2）记账贸易结算：又称为协定贸易结算，是指在两国政府所签订的贸易协定项下的商品进出口贸易结算。

3）资本性货物贸易结算：是指国际资本流动所引起的商品贸易或资本性货物贸易的结算。

4）综合类经济交易中的贸易结算：在国际经济交易中，有些交易如国际工程承包、“三来一补”贸易、国际技术贸易等，既有有形资产的进出口，又包括无形资产的进出口，这类贸易结算综合性强、难度大，被称为综合类经济贸易中的贸易结算。

(2) 非贸易结算（Non-trade Settlement）。

非贸易结算是指其他经济活动和政治、文化、外交、军事交流所引起的货币收付的结算行为，是一国外汇收入的重要来源之一。结算范围具体包括如下几个方面：

1）无形贸易结算：是指无形贸易所引起的货币收付活动。无形贸易又称为服务贸易或技术贸易，是指由于劳务或其他非实物商品的进出口而发生的收入与支出。

2）金融交易类结算：是指国际上各种金融资产买卖的结算，如国际外汇买卖、对外投资和对外筹资的结算。

3）国际资金单方面转移结算：是指发生在政府及民间的各种援助、捐助、赠款以及各种资金调拨行为。

4）其他非贸易结算业务：如参加国际展销、展览的结算。

（二）国际结算的方式

国际结算方式又称为国际支付方式，在购销合同中叫作支付条件，通常是指全套单据与货款对流的形式。国际结算方式应包括以下内容：1）按照买卖双方议定的具体的交单与付款方式办理单据和货款的对流；2）结算过程中，银行充当中介人和保证人，正确结清买卖双方的债权和债务；3）买卖双方可以向银行提出给予资金融通的申请；4）结算方式必须订明具体类别、付款时间、使用货币、所需单据和凭证。

国际结算方式的付款时间一般可以分为：1）预先付款（Payment in Advance）；2）装运时付款（Payment at Time of Shipment）；3）装运后付款（Payment for Shipment）。银行依据的装运时间是以海运提单日期为准，所以银行的付款时间是：1）交单前预付；2）交单时付款，即“即期付款”；3）交单后付款，即“远期付款”。

国际结算方式大体上分成汇款、托收、信用证三大类别，通常是结合交易情况、市场销售情况、对方资信情况由买卖双方协商订立。

按照使用结算支付手段的不同，大体可以分为四类：

1. 现金结算

现金结算又称为货币结算，是采用卖方一手交货、买方一手交钱的方式，钱货两清。由于国际货物贸易通常是大宗贸易，因此现金结算极少采用。如果国际结算业务使用的是现金结算，那么这种货币必须是可以自由兑换的货币（Freely Convertible Currency）。

目前，我国长期使用的可兑换的货币主要有美元（United States Dollars）、英镑（Pounds Sterling）、日元（Japanese Yen）、港币（Hongkong Dollars）和欧元（Euro）。

2. 票据结算

票据结算即支付票据化，是指受票人（Drawee）/制票人（Maker）凭提示票据支付票款给收款人。国际结算中广泛使用的是汇票，少量使用本票。

由于汇票的受票人/付款人多数情况下是银行，因此汇票自然会通过银行办理支付结算。汇票和本票都是可流通票据，可以背书转让，而且都是独立于基础合同的。汇票是无条件的支付命令，使用在信用证、光票托收、跟单托收、票汇汇款业务中；而本票是无条件的付款承诺，使用在跟单托收中，凭买方开立远期本票而交单，和福费廷业务开立银行担保的成套本票一样，发挥融资作用。

3. 凭单结算

国际货物贸易中，根据商品买卖合同，卖方有交货义务，即把货物交给运输商承运至买方收货地，运输商将货运单据交给卖方，卖方转寄单据给买方向运输商取货，而买方有付款义务。

国际货物贸易大多采用海洋运输的方式，根据1924年签订的《海牙规则》（Hague Rules），海运提单具有货物收据、运输合同和物权单据三种作用。由于提单带有物权凭证的性质，这就等于把货物单据化了。交单等于交货，持单等于持有货物所有权。此外，海运提单是可以流通转让的单据，它可以从发货人转让给银行持有，让银行凭此单据向买方索取货款，或者当作抵押品获得银行融资。只有货物单据化才能使银行参与贸易结算，凭着卖方履行交货的单据向买方索取货款，买方付款获得单据，交出提单才能取得货物；银行将货款交给卖方，完成贸易结算。

根据国际商品买卖合同的约定，卖方的义务就是按期、按质、按量地发运货物，履约交货的证明书多由第三方出具，如品质证书、数量证书、运输单据、原产地证书等，还有些证明书是由受益人出具，如发票、装箱单等，这样就把履约单据化了。

多数信用证的受益人开立汇票作为索款凭证，跟随全套单据形成支付票据化并与凭单付款相结合。少数即期付款信用证和延期付款信用证只是凭单付款。

4. 电讯结算

在电汇业务中，汇出行可以通过电讯汇款指示汇入行解付汇款给收款人，信用证业务中也可以用SWIFT信用证实现电子化开证，进一步可以进行电子交单，按照《UCP电子交单增补》(eUCP) 附则办理电子记录的制作、传递、审核及结算。保理业务也已经采用EDI 传递发票、索款、偿付和结算。在电子化、网络化银行业务中，电讯结算的范围在继续扩大。

二、往来银行和往来账户

(一) 商业银行的分支机构

1. 海外分行和支行

海外分行和支行 (Overseas Branch & Sub-branch) 是商业银行在海外设立的营业性机构。它本身不具备独立的法人地位，不但受其总行所在地的金融管理法令和条例的约束，也受其营业地的管理法令和条例的约束。海外分行和支行的业务范围和经营政策要与总行保持一致，总行对海外分行和支行的活动负有完全的责任。海外分行和支行之间的关系称为“联行关系”(Sister Bank)。

海外分行和支行的优点是能及时面向当地的客户，可以经营当地政府允许的各种银行业务，还能根据总行资本决定信贷限额。海外分行和支行吸收的存款属于其总行的法定负债义务。

海外分行和支行的设立，可以开拓一国的海外市场，方便贸易双方的国际结算，从而迅速扩大银行的业务范围，增加银行的盈利。分行下设的营业机构是支行，它由分行管辖，规模比分行小，层次比分行低。

2. 代表处

代表处 (Representative Office) 是商业银行在国外设立的非营业性机构，为总行或其国外分行提供当地信息，为开办分行建立基础。它不能办理银行业务，其主要职能是：开展公共关系活动，向驻地的政府机构、贸易商和官方人员提供本国企业和国家的信用分析和经济、政治信息；为驻地国家的客户提供其总行的经营活动方针；同时也为本国客户探寻新的业务前景，寻找新的贸易机会，开辟当地信息通道等。代表处是海外分支机构的最低级和最简单的形式，它通常是设立更高级形式机构的一种过渡形式。

3. 代理处

代理处 (Agency Office) 是商业银行在海外设立的能办理汇款及贷款业务的机构，但被限制经营当地存款业务，是总行的一个组成部分，介于代表处和分行之间，不具有法人资格。代理处可以从事一系列非存款银行业务，如发放工商贷款、提供贸易融资、签发信用证、办理承兑、开展票据买卖和票据交换等业务。代理处不能吸收当地居民存款，其资金来源只能是总行或者从东道国银行同业市场拆入。

4. 子银行

商业银行为了扩大其在海外的业务网络，但又不能直接在某些国家设置分支机构，常采用收购外国银行的全部股份或大部分股份的方法，设置各种国外附属机构，即附属银行，也称为子银行（Subsidiary Bank）。它是在东道国注册的独立金融机构，具有法人地位，其股权全部或大部分为总行所控制。子银行的经营范围很广，可从事东道国国内银行所能经营的全部业务活动。该机构的大部分股权虽被收购，但仍可以采用自己原有的名称、经营许可证和工作人员。另外，子银行还可以经营非银行业务，如证券、投资、信托、保险业务等。

5. 联营银行

联营银行（Affiliated Bank）在法律地位、性质和经营特点上与子银行类似，其区别是在联营银行中，任何一家外国投资者拥有的股权都在50%以下，即拥有少数股权，其余股权可以为东道国所有，或由几家外国投资者共有。联营银行可以是两国或多国投资者合资兴建的，也可以是外国投资者通过购买当地银行部分股权而形成的。其业务依注册而定或由参股银行的性质而定。联营银行的最大优势是可以集中两家或多家参股者的优势。联营银行在联营后，仍可采用原有的名称、营业许可证和工作人员。

6. 银团银行

银团银行（Consortium Bank）通常是由两个以上不同国籍的跨国银行共同投资注册而组成的公司性质的合营银行，任何一个投资者所持有的股份都不超过50%。作为一个法律实体，银团银行有自己的名称和特殊功能。它既能接受母银行委托的业务，也能开展自己的活动。其业务范围一般包括：对超过母银行能力的或母银行不愿意发放的大额、长期贷款做出全球性辛迪加安排，承销公司证券，经营国际货币市场业务，安排国际间的企业合并和兼并，提供项目融资和公司财务咨询等。

（二）代理行

代理行（Correspondent Bank or Correspondents）是指相互间建立委托办理业务的，具有往来关系的银行。

1. 建立步骤

（1）开展资信调查。开展资信调查主要是考察对方银行的资信，通过多方渠道了解对方银行所在国的有关政策、法规、市场信息等。

（2）在分析与评价的基础上，确定建立代理行关系的层次。代理行的层次分为：一般代理关系、账户代理关系与议定透支额度关系。

（3）签订代理行协议（Agency Arrangement）。代理行协议由双方银行负责人签署后才开始生效。代理行协议包括双方机构的总称（总行签订的代理协议是否包括分支行、包括几家分支行必须在协议中明确）、交换和确认控制文件（密押、签字样本和费率表）、代理业务的范围、业务往来头寸的调拨、融资便利的安排等内容。

2. 控制文件

（1）密押（Test Key）。两家银行之间事先约定的专用押码，在发送电报时，由发送电报的银行在电文前加注，经接收电报的银行核对相符，用以确认电报的真实性。密押的机密性强，国际结算中的所有资金转移均通过电报或者电传进行，因此应由绝对可靠的人经管，使用1～2年后应当更换新的密押，以确保安全。

（2）签字样本（Book of Authorized Signature）。银行列示的每个有权签字人的有权签字额度、有权签字范围、有权签字组合方式以及亲笔签字字样，是代理行用以核对对方发来的电报、电传的真实性的凭证。银行之间的信函凭证和对外签发票据、对外签订的协议，都必须经有权签字人签字才可生效。委托付款银行必须首先核对信函、票据和凭证上的签字，然后才具体处理委办的业务。代理行签字样本由总行互换，包括总行及代理协议中所包括分行的有权签字人的签字式样。

（3）费率表（Schedule of Terms and Conditions）。费率表是银行办理各项业务的收费标准，一般由总行制定，分行和支行执行。我国银行办理委托业务时，按照对方银行的标准收费。收费应公平合理，避免过高而削弱代理行的竞争力。

（三）账户行

代理行建立代理关系后，就可以根据协议办理委办业务。但是，对于汇款、托收以及信用证业务，会涉及外汇资金的收付，需要双方建立账户处理资金的清算。因此，代理行之间单方或者双方互相在对方银行开设账户，称为账户代理行（Depository Correspondents），简称账户行（Depository Bank）。

经营国际业务的银行都在国际货币的清算中心开立账户，否则会影响货币收付的正常进行。例如：美元必须在美元的清算中心——纽约开立账户；日元必须在日元的清算中心——东京开立账户。

账户行一定是代理行，代理行不一定是账户行。各银行开立账户的条件各不相同，在不同银行建立账户的成本费用有大有小。账户条件大致有以下几种：1）最低存款额；2）存款利息；3）透支额度及利息；4）账户费用；5）对账单。

（四）往来账户

在国际结算中，普遍使用国际上可自由兑换的货币。当前，人民币尚不是普遍接受的可自由兑换的货币，因此外国银行在我国外汇银行开立人民币结算账户意义并不大。由于美元是国际结算中最普遍使用的货币，因此世界各国银行大都在美国银行开立了往来账户。

1. 来账

来账（Vostro Account）是指外国银行在我国开立的我国货币或第三国货币账户。如美国银行在我国开立的账户从我方观点来看就是来账账户。

2. 往账

往账（Nostro Account）是指银行为便利国际交往而在国外银行开立的外汇账户。如我国在美国银行开立的账户从我方观点来看就是往账账户。

我国银行在美国银行开立的该账户的贷方登记我国银行在美国银行存款的增加，借方登记我国银行在美国银行存款的减少。

三、国际清算体系和国际结算惯例

（一）国际清算体系

1. 环球银行金融电讯协会：SWIFT

（1）SWIFT 的性质。环球银行金融电讯协会（Society for Worldwide International Financial Telecommunication，SWIFT）是一个国际银行间的非营利合作组织。总部设在比利时的布鲁塞尔，同时在荷兰阿姆斯特丹和美国纽约设有交换中心（Swifting Center），并为各参加国开设集线中心（National Concentration），为国际金融业务提供快捷、准确、优良的服务。SWIFT 运营着世界级的金融电文网络，银行和其他金融机构通过它与同业交换电文（message）来完成金融交易。除此之外，SWIFT 还向金融机构销售软件和服务，其中大部分用户都在使用 SWIFT 网络。

SWIFT 成立于 1973 年 5 月，其全球计算机数据通信网在荷兰和美国设有运行中心，在各会员国设有地区处理站。1977 年，SWIFT 在全世界就拥有会员国 150 多个，会员银行 5 000 多家，SWIFT 系统日处理 SWIFT 电讯 300 万笔，高峰时达 330 万笔。截至 2007 年 6 月，SWIFT 的服务已经遍及 207 个国家（地区），接入的金融机构超过 8 100 家。中国台湾地区唯一的具有商业策略以及服务供应伙伴资格的是资通电脑公司（Ares）。

中国是 SWIFT 会员国，中国银行、中国工商银行、中国农业银行、中国建设银行、中国交通银行等均加入了 SWIFT 组织，开通了 SWIFT 网络系统。

（2）SWIFT 代码。会员银行在使用“环球银行金融电讯网络”汇付时使用各自的代码。每家申请加入 SWIFT 的银行都必须事先按照 SWIFT 的统一原则，制定本行的 SWIFT 代码，经 SWIFT 批准后正式生效。银行识别代码（Bank Identifier Code，BIC）是由电脑可以自动判读的 8 位或 11 位英文字母或阿拉伯数字组成的，用于在 SWIFT 电文中明确区分金融交易中相关的不同金融机构。凡该协会的成员银行都有自己特定的 SWIFT 代码。在电汇时，汇出行按照收款行的 SWIFT 代码发送付款电文，就可以将款项汇至收款行。银行识别代码相当于各个银行的身份证号。

11 位数字或字母的银行识别代码可以拆分为银行代码、国家代码、地区代码和分行代码 4 部分。以中国银行北京分行为例，其银行识别代码为 BKCHCNBJ300。其含义为：BKCH（银行代码）、CN（国家代码）、BJ（地区代码）、300（分行代码）。

1）银行代码（Bank Code）：由 4 位英文字母组成，每家银行只有一个银行代码，并由其自定，通常是该行的行名字头缩写，适用于其所有的分支机构。

2）国家代码（Country Code）：由 2 位英文字母组成，用以区分用户所在的国家和地理区域。

3）地区代码（Location Code）：由 0、1 以外的 2 位数字或 2 位字母组成，用以区分位于所在国家的地理位置，如时区、省、州、城市等。

4）分行代码（Branch Code）：由 3 位字母或数字组成，用来区分一个国家里某一分行、组织或部门。如果银行识别代码只有 8 位而无分行代码，则其初始值定为“XXX”。

同时，SWIFT 还为没有加入 SWIFT 的银行按照此规则编制一种在电文中代替输入其银行全称的代码。所有此类代码均在最后 3 位加上“BIC”三个字母，用以区别正式 SWIFT 会员银行的 SWIFT 代码。

2. 美元支付清算体系：CHIPS

清算所同业支付系统（Clearing House Interbank Payment System，CHIPS）建立于 1970 年，是一个由纽约清算协会拥有并运行的私营支付系统。CHIPS 是当前最重要的国际美元支付系统。CHIPS 是一个贷记清算系统，它累计多笔支付业务的发生额，并且在日终进行净额结算。CHIPS 的会员行可以是商业银行、纽约州银行所定义的投资公司或者在纽约设有办事处的商业金融机构的附属机构。CHIPS 网络现有 140 个会员行，分为每个营业日末的 CHIPS 结算的会员行和非结算会员行。在非结算会员行中，绝大部分是外国银行在美国的分行或代理机构。结算会员行必须在纽约联邦银行开设资金和簿记证券账户。

参加 CHIPS 的银行均有一个美国银行公会号码（American Bankers Association Number），即 ABA 号码，作为参加 CHIPS 清算所的代号。每个 CHIPS 会员银行所属客户在该行开立的账户，由清算所发给通用认证号码（Universal Identification Number），即 UID 号码，作为收款人或收款行的代号。凡通过 CHIPS 支付和收款的双方必须都是 CHIPS 会员银行，只有这样才能通过 CHIPS 直接清算。通过 CHIPS 的每笔收付均由付款一方开始进行，即由付款一方的 CHIPS 会员银行主动通过其 CHIPS 终端机发出付款指示，注明账户行 ABA 号码和收款行 UID 号码，经 CHIPS 电脑中心传递给另一家 CHIPS 会员银行，收在其客户的账户上。

3. 英镑清算体系：CHAPS

票据交换所银行同业制度系统（Clearing House Automated Payment System，CHAPS）设立于 1984 年，是英镑的票据交换系统。英国的 11 家清算银行加上英格兰银行共 12 家交换银行集中进行票据交换，其他商业银行则通过与其往来的交换银行交换票据。非交换银行须在交换银行开立账户，以便划拨差额，而交换银行之间交换的最后差额则通过它们在英格兰银行的账户划拨。CHAPS 以高度电脑化的信息传递，部分地取代了依靠票据交换的方式，它使得除伦敦以外的交换银行在付款 1 万英镑以上的交换部分地实现了当天结算。

在 CHAPS 下，12 家交换银行成为“结算银行”，由 8 条“信息通道”把它们和该系统的一个“信息转换中心”连接起来。参加 CHAPS 的银行进出自动系统的付款电报都使用统一格式，它的 8 个“信息通道”分别都有对出入的收付电报自动加押和核押的软件装置以及信息储存装置。除此之外，每条通道都有一个自动加数器，它可以把发给或来自其他通道的付款电报所涉及的金额根据不同的收款行分别加以累计，以便每天营业结束时交换银行之间进行双边对账和结算，其差额通过其在英格兰银行的账户划拨进行结算。

4. 欧元实施后的欧洲支付系统：TARGET

在欧洲统一货币欧元实施之前，欧元区 12 个国家有 12 个独立的支付系统，有 12 种不同的支付习惯，这些差别给欧洲跨境支付带来了很大的麻烦。欧元实施前，欧盟内部跨境支付平均需要一周的时间，单一货币的实施迫切需要建立一个统一的欧洲支付系统，将欧元区的各国支付系统连接起来，以保证资金划拨畅通，特别是大额跨境划拨，应在最大的安全性下在最短的时间内实现。为此，欧洲跨国大批量自动实时快速清算系统（Trans-European Automated Realtime Gross Settlement Express Transfer，TARGET）应运而生。这一系统于 1999 年 1 月 1 日正式启用。该系统连接各成员国中央银行的大批量实时清算系统，按法兰克福时间每日运行 11 小时（早 7 时至晚 6 时）。

1999 年欧元实施后，除了 TARGET 系统以外，欧元区内各商业银行至少有 5 个清算渠道与区内及全球各往来银行进行资金清算划拨：1）通过各自的中央银行清算中心与国内银行清算或在 TARGET 系统中与其他成员国银行清算；2）通过欧洲银行协会的结算网络系统清算；3）通过 SWIFT 清算；4）通过对清算账户的直接借记和贷记清算；5）通过国际银行组织电子银行协会（Electronic Banking Association）清算。

5. 香港的支付结算系统：CHATS

香港银行间清算有限公司在 1996 年 8 月着手办理清算所自动转账系统（Clearing House Automated Transfer System，CHATS）。CHATS 被设计成用来完成大额的银行间支付。所有持照银行必须加入清算所自动转账系统，并与香港银行间清算有限公司操作的清算所电脑相连。共有两种类型的支付指令，即在当天计算结果或在次日计算结果。在 1996 年 12 月 9 日实时全额结算（RTGS）系统实施之前，在 D 日计算结果的 CHATS 支付，都在批量处理（批量清算）基础上于 D+1 日早上 10 时 15 分结算。自 1996 年 12 月 9 日起，CHATS 支付指令已在实时全额基础上结算。一旦付款行通过其香港金融管理局账簿完成资金转账，结算就是最终的和不可改变的。

实时全额结算系统的实施在相当大的程度上降低了清算所自动转账系统支付中的结算风险。通过香港金融管理局账簿完成结算的支付是最终的和不可改变的。除特殊情况之外，香港金融管理局不允许由银行保持的结算账户发生透支，因此那些没有足够的贷方结余或用于日间回购的合法证券以完成外发指令的银行必须将其指令在系统中排队。排队机制允许银行通过取消、重新排队和修正等来管理它们自己的支付指令队列。

在一个实时全额结算系统中，需要提及的一个重要问题就是为了减少支付堵塞而提供的日间流动资金。香港的实时全额结算系统通过提供一种银行间资金转账系统和中央货币市场单位之间的无缝界面来解决这个问题。中央货币市场单位是由香港金融管理局操作的簿记债务证券清算系统，它允许银行通过外汇基金票据的日间回购协议来获得无息的日间流动资金。日间回购交易是完全自动的。如果某一银行在其结算账户中没有足够的余额来完成其发出的支付，但是它在其日间回购账户中有足够的合法证券，系统将自动引发一笔日间回购交易，以生成用来补足亏空所需的贷方结余总额。当日晚些时候，若其结算账户中有足够流动资金，那么该银行可在任何时间反向做一笔回购交易。无论如何，日间回购将在营业日结束之前自动完成一笔反向交易。

（二）国际结算惯例

1. 国际贸易术语解释通则

国际商会（ICC）于 1936 年开始修订《国际贸易术语解释通则》后，为了适应国际贸易的发展，特别是国际贸易运输方式的发展，先后于 1953 年、1967 年、1976 年、1980 年做了修订和补充。1980 年以来，随着集装箱运输和联合运输的发展以及电子数据处理系统的广泛使用，国际商会对 1980 年的解释规则做了进一步修订和更新。

2010 年，国际商会重新编写的《国际贸易术语解释通则》（INCOTERMS 2010，2010 通则），是国际商会根据国际货物贸易的发展对 2000 通则的修订，于 2010 年 9 月 27 日公布，2011 年 1 月 1 日开始全球实施。2010 通则较 2000 通则更准确地标明了各方承担货物运输风险和费用的责任条款，令船舶管理公司更易理解货物买卖双方支付各种收费时的角色，有助于避免现时经常出现的码头处理费（THC）纠纷。此外，2010 通则亦增加了大量指导性贸易解释和图示以及电子交易程序的适用方式。

2010 通则与 2000 通则相比，主要变化有：1）贸易术语的数量由原来的 13 种变为 11 种；2）删除 2000 通则中 4 个 D 组贸易术语，即 DDU（Delivered Duty Unpaid）、DAF（Delivered At Frontier）、DES（Delivered Ex Ship）、DEQ（Delivered Ex Quay），只保留了 2000 通则 D 组中的 DDP（Delivered Duty Paid）；3）新增加两种 D 组贸易术语，即 DAT（Delivered At Terminal）与 DAP（Delivered At Place）；4）E 组、F 组、C 组的贸易术语不变。

2. 托收统一规则

国际商会为统一托收业务的做法，减少托收业务各有关当事人可能产生的矛盾和纠纷，曾于 1958 年草拟《商业单据托收统一规则》（The Uniform Rules for Collection，ICC Publication No. 322）。

为了适应国际贸易发展的需要，国际商会在总结实践经验的基础上，1995 年对该规则进行了修订，改名为《托收统一规则》，即国际商会第 522 号出版物（URC522），1996 年 1 月 1 日实施。《托收统一规则》自公布实施以来，被各国银行所采用，已成为托收业务的国际惯例。需要注意的是，该规则本身不是法律，因而对一般当事人没有约束力。只有在有关当事人事先约定的条件下，才受该惯例的约束。

《托收统一规则》共 7 部分、26 条，包括：总则和定义，托收的形式和结构，提示的形式，义务和责任，付款，利息、手续费及其他费用，其他规定。《托收统一规则》规定，托收意指银行根据收到的指示处理金融单据或商业单据，目的在于取得付款和/或承兑，凭付款和/或承兑交单，或按其他条款及条件交单。上述定义中所涉及的金融单据是指汇票、本票、支票或其他用于付款或款项的类似凭证；商业单据是指发票、运输单据、物权单据或其他类似单据，或除金融单据之外的任何其他单据。

3. 跟单信用证统一惯例

国际商会为明确信用证有关当事人的权利、责任、付款的定义和术语，减少因解释不同而引起各有关当事人之间的争议和纠纷，调和各有关当事人之间的矛盾，于 1930 年拟订了《商业跟单信用证统一惯例》（Uniform Customs and Practice for Commercial Documentary Credits），并于 1933 年正式公布。

随着国际贸易变化，国际商会分别在 1951 年、1962 年、1974 年、1978 年、1983 年、1993 年进行了修订，称为《跟单信用证统一惯例》（Uniform Customs and Practice for Documentary Credits），被各国银行和贸易界广泛采用，已成为信用证业务的国际惯例，但其本身不是一个国际性的法律规章。从 2007 年 7 月起，《跟单信用证统一惯例（2007 年修订本）》（国际商会第 600 号出版物）开始执行，简称 UCP600。

现行 2007 年版的《跟单信用证统一惯例》共 39 条，包括适用范围、定义、解释、当事人责任、单据处理、信用证种类、时间确定、内容解读等。其已被银行、贸易、航运、法律等领域广泛采纳，成为世界范围内最具有影响力的处理信用证业务的国际惯例。

4. 国际备用信用证惯例

1983 年国际商会制定的《跟单信用证统一惯例》（UCP400）首次明确规定该惯例适用于备用信用证。1993 年的 UCP500 也明确规定，UCP500 适用于所有在正文中标明按本惯例办理的跟单信用证（包括本惯例适用范围内的备用信用证）。1998 年 4 月 6 日，在美国国际金融服务协会、国际银行法律与实务学会和国际商会银行技术与实务委员会的共同努力下，《国际备用信用证惯例》（International Standby Practices，ISP98 为国际商会第 590 号出版物）公布，于 1999 年 1 月 1 日起正式实施，填补了备用信用证在国际规范方面的空白。

ISP98 共有 10 部分、89 条，包括：总则，责任，交单，审单，通知拒付、放弃拒付及单据处理，转让、让渡及依法转让，取消，偿付责任，时间规定，联合/参与等。

ISP 的规定符合《联合国关于独立保函和备用证的公约》，也和当地法律（不论是成文法还是判例法）相一致，并具体体现了该法律下的备用信用证惯例。如果这些规则在诸如法定款项让渡和转让等问题上与强制性法律相冲突，则当然以适用的法律为准。ISP 不仅适用于司法诉讼，也适用于仲裁［如按信用证仲裁规则国际中心（ICLOCA）规则建立的以专家为基础的信用证仲裁体系或一般国际商会商业仲裁］，或其他解决争议的方式。

5. 见索即付保函统一规则

随着银行保函在国际上使用的范围不断扩大，其内容也逐渐复杂化。为了便于研究和使用，国际商会于 1978 年制定了《合同保函统一规则》（URCG325），1982 年又制定了《开立合约保证书模范格式》，供实际业务参考和使用。随着国际经济贸易的发展和变化，1991 年国际商会又对《合同保函统一规则》进行了修订，并于 1992 年 4 月出版发行了《见索即付保函统一规则》（URDG458）。

《见索即付保函统一规则》由导言与规则的适用范围、定义及总则、义务与责任、要求、效期的规定、适用法律及司法管辖权 6 个部分、共 28 条组成。

《见索即付保函统一规则》阐述了该规则的目的及适用范围、各当事人的合理愿望及国际商会对鼓励采用好的、有关各方均感公平的见索即付保函惯例所给予的关注。当出现违约时，在要求快速补偿的受益人和要求防范不适当要求的委托人之间保持一种公正的平衡。该规则为担保人与受益人之间、指示人与担保人之间，在某些方面还为委托人与担保人或指示人之间的交易提供了一个合同框架。

6. 国际保理业务惯例

国际保理商联合会（Factors Chain International，FCI）成立于 1968 年，总部设在荷兰的阿姆斯特丹，是一个由全球各国保理公司参与的开放性跨国民间会员组织，其制定的《国际保理业务通用规则》（Code of International Factoring Customs）和《仲裁规则》（Rulers of Arbitration）为国际保理业务的基本准则。

《国际保理业务通用规则》共 8 部分、32 条，包括：总则，应收账款的转让，信用风险，应收账款的催收，资金的划拨，争议，陈述、保证与承诺，杂项。1994 年，国际保理联合会启用国际保理业务电子数据交换系统（Factoring Aided by Computers and Telecommunication System，FACT），通过此系统，FCI 成员间的保理业务往来报文采用规定的标准格式，信息传递通过计算机网络进行电子数据交换。

7. UCP 电子交单增补

为顺应电子商务的发展，国际商会于 2002 年制定了 eUCP，2002 年 4 月 1 日生效，对信用证业务中电子交单的有关问题做出了专门规定。eUCP，即《UCP 电子交单增补》（UCP Supplement for Electronic Presentation，简称“eUCP 1.0 版”）。

eUCP 共 12 条，主要包括：适用范围、eUCP 与 UCP 的关系、定义、格式、交单、审核、拒绝通知、正本与副本、出单日期、运输、交单后电子记录的损坏、eUCP 电子交单的额外免责。eUCP 明确了一些贸易术语在电子单据与纸制单据中的不同定义，规定了电子交单的格式与电子拒绝通知的操作，明确了银行系统无法收到电子记录以及电子记录损坏的后果，定义了电子正本单据等核心问题。与 UCP 一样，eUCP 也不是法律，而是习惯规则的成文法典化。但不同于 UCP 的是，eUCP 涉及商法中多个方面的问题，包括信用证法和电子商务法。因此，在 eUCP 中会碰到许多 UCP 中没有的潜在法律分支问题。

电子信用证的诞生解决了电子商务中结算支付的电子化问题，eUCP 和电子商务法在立法目的、立法精神以及主要内容上有着紧密的联系。

8. 国际银行标准实务

《国际银行标准实务》全称为《关于审核跟单信用证项下单据的国际标准银行实务》(International Standard Banking Practice for the Examination of Documents Under Documentary Credit, ISBP)，是一个供单据审核员在审核跟单信用证项下提交的单据时使用的审查项目清单。ISBP 于 2002 年首次通过，作为《跟单信用证统一惯例》必不可少的补充，得到了各界广泛的接纳。ISBP 通过详细规定跟单信用证操作中的细节，如如何签发海运提单、保险单据的关键特征、如何处理拼写和打印错误等，填补了概括性的 UCP 规则与信用证使用者日常操作之间的差距。

ISBP 的 200 个条文共分为 11 部分，包括：先期问题，一般原则，汇票与到期日的计算，发票，海洋/海运提单（港到港运输），租船合约提单，多式联运单据，空运单据，公路、铁路或内河运输单据，保险单据，原产地证书。ISBP 是国际商会在信用证领域编纂的国际惯例，不仅是各国银行、进出口公司信用证业务单据处理人员在工作中的必备工具，也是法院、仲裁机构、律师在处理信用证纠纷案件时的重要依据，它的生效在各国的金融界、企业界、法律界均产生了重大影响。

四、外汇兑换

（一）国际结算货币的发展

国际结算货币经历了从金本位制到纸币本位制的发展阶段。国际金本位制是以黄金作为国际本位货币的制度。金本位制主要包括金币本位制、金块本位制和金汇兑本位制三种形式。金币本位制始于 1816 年英国颁布的《金本位制度法案》，随后德国于 1871 年，丹麦、瑞典、挪威等于 1873 年相继实行，盛行于 1880—1914 年。随着第一次世界大战的爆发，各国为了备战，加紧对黄金的掠夺，使金币自由铸造、价值符号与金币自由兑换受到严重剥削，黄金的输入和输出都受到严格限制，从根本上破坏了金币本位制赖以存在的基础，导致金币本位制的彻底崩溃。

第一次世界大战后，资本主义国家经济受到通货膨胀、物价上涨的影响，加上黄金分配的极不均衡，只能实行没有金币流通的金本位制，即金块本位制和金汇兑本位制。实行金块本位制的国家主要有英国、法国、美国等。在金块本位制下，货币单位仍然规定含金量，但黄金只作为货币发行的准备金集中于中央银行，流通中的货币完全由银行券等价值符号所代替，银行券在一定数额以上可以按含金量与黄金兑换。金汇兑本位制又称为“虚金本位制”，其特点是国内不能流通金币，只能流通有法定含金量的纸币，纸币不能直接兑换黄金，只能兑换外币。金块本位制和金汇兑本位制都是被削弱了的国际金本位制。1929—1933 年的世界经济危机迫使各国放弃金块本位制和金汇兑本位制，金本位制退出了历史舞台。

第二次世界大战以后，建立了以美元为中心的国际货币体系，即布雷顿森林体系。这实际上是一种金汇兑本位制，它明确了美元与黄金挂钩，其他货币与美元挂钩，在实质上确立了美元的国际地位。后来受到美元危机的影响，该制度体系开始动摇，直到 1971 年美国政府停止美元兑换黄金，该体系随即崩溃。

1978 年国际货币基金组织颁布的《国际货币基金协定》规定：黄金不再作为货币定值标准，废除黄金官价，可在市场上自由买卖黄金。至此，国际结算货币由金本位制过渡到纸币本位制，黄金与纸币已不发生直接联系。由于各国对本国货币的可兑换性和资金移动施加不同程度的限制，因此国际结算中使用的货币必须是可自由兑换的货币。

（二）自由兑换货币

当一种货币的持有人能将该种货币兑换为任何其他国家货币而不受限制时，这种货币就称为可自由兑换货币。根据《国际货币基金协定》规定，自由兑换是指对国际经常往来的付款和资金转移不得施加限制，即这种货币在国际经济往来中可以无条件地作为支付手段使用，对方应无条件地接受并承认其法定价值，不实行歧视性货币政策措施或多种货币汇率。目前，世界上有 50 多个国家和地区接受了该规定，也就是说这些国家和地区的货币可以被认为是可自由兑换的货币，其中主要有美元、欧元、英镑、港币、澳大利亚元、日元等。

（三）跨境贸易人民币结算

所谓跨境贸易人民币结算，是指以人民币报关并以人民币结算的进出口贸易结算。其业务种类包括进出口信用证、托收、汇付等多种结算方式。

1. 操作模式

商业银行开展跨境贸易人民币结算业务有两种操作模式，即代理模式和清算模式。代理模式是指中资行委托外资行作为其海外的代理行，境外企业在中资企业的委托行开设人民币账户的模式；清算模式是指在中资行境内总行和境外分支行之间进行的业务，即境外企业在中资行境外分行开设人民币账户。

2. 重要地位

（1）从宏观层面分析，国际贸易人民币结算首先有利于加强中国对外经济、贸易和投资往来，促进中国经济更好地融入世界经济。

（2）有利于进一步完善人民币汇率形成机制。人民币在区域范围内用于国际结算之后，币值有了更大范围和更新角度的参照标准，这有利于人民币汇率形成机制的完善。

（3）有利于促进国际货币体系多极化发展。金融危机暴露了国际货币体系的弱点，因此，促进人民币用于国际结算，提升人民币的国际地位，有利于逐步改变以美元为中心的国际货币体系，抑制其弊端和负面影响。

（4）有利于促进中国金融业的发展与开放，有利于增强中国在国际市场上的金融资源配置能力。

(5) 有利于加快推进上海国际金融中心建设。随着人民币用于国际结算范围和规模的发展，上海可能逐步成长为区域性人民币清算中心，这样上海的金融功能将更为完备，同时将带动其他金融功能进一步发展，从而推动上海逐步树立其国际金融中心的地位。

(四) 外币兑换

1. 外币兑换的内涵

外币兑换是指自由流通币种的外币现钞的兑入和兑出业务。国家确定某种外币能否收兑，主要考虑两个因素：一是货币发行国对本国货币出入境是否有限制，二是这种货币在国际金融市场上能否自由兑换。我国银行可兑换的外币现钞为：美元、英镑、日元、港币、欧元、澳大利亚元等。

外汇牌价，即外汇指定银行外汇兑换挂牌价，是各银行（指总行，分支行与总行外汇牌价相同）根据中国人民银行公布的人民币市场中间价以及国际外汇市场行情制定的各种外币与人民币之间的买卖价格。这种价格在同一天中不变，不同日期则价格可有变动。

如表 0－1 所示，银行的外汇牌价一般是 4 个：现汇买入价、现汇卖出价、现钞买入价、现钞卖出价。将它们的价格相加并求平均数，就得到了现汇中间价和现钞中间价。中间价又叫中间汇率，是买入汇率和卖出汇率的平均数，其计算公式为：

中间汇率＝（买入汇率＋卖出汇率）÷ 2

表 0－1　　中国银行 2012 年 3 月 18 日外汇牌价（部分）

货币名称	现汇买入价	现钞买入价	现汇卖出价	现钞卖出价
英镑	936.35	907.44	943.87	943.87
美元	620.26	615.29	622.74	622.74
欧元	802.46	777.68	808.90	808.90
港币	79.93	79.29	80.23	80.23
加拿大元	604.98	586.30	609.84	609.84
澳大利亚元	642.20	622.37	647.35	649.78

买入价是指银行买入外汇的价格，卖出价是指银行卖出外汇的价格，其差价就是银行的收入。现汇买入价是指你账户里从国外收回国内的外币，银行是不会直接给你外币的，它会按照规定的现汇买入价直接收掉你的外币，按汇率给你人民币；现钞买入价是指你手持外币直接去银行兑换人民币。

买入价、卖出价是从银行的角度来看的。你向银行售汇时，对于银行来说是买入，叫买入价；你向银行换汇时，银行是卖出，叫卖出价；而计算外汇牌价时，取两者的平均数，叫中间价。还有一个叫钞买价（也叫钞价），是指你向银行出售外币现金的价格。因为银行买入外币现金的成本周转大于外汇，所以钞买价远低于汇买价。银行除贷款赚钱外，还赚卖出和买入外汇的差价。

2. 兑入外币

凡属中国人民银行公布的“人民币外汇汇率表”内所列的各种外国货币，银行均可办理收兑。银行办理收兑外币，按当天牌价兑付，没有收兑牌价的外币不予收兑。

兑入外币的折算办法为：

应付人民币金额=兑入外钞金额×外钞买入价

兑入外币时，银行要审定外币的币别，识别真伪，并鉴定其流通情况，合乎兑换条件后才能办理收兑。已停止流通的旧版货币，不能直接兑现，只能办理托收。发现外币假钞时，银行将没收假钞，并开具没收假钞证明。

3. 兑出外币

银行兑出外币即客户向银行购汇，指的是境内居民在因私、商务出境或其他符合国家规定用途的条件下，持用汇凭证向银行申请购买外汇的业务。单位或个人申请购买国家公布的可自由兑换外币时，应按外汇管理局有关规定向银行申请购买，经银行审核无误后办理兑付。

兑出外币的折算方法为：

应收人民币金额=兑出外钞金额×外钞卖出价

我国银行兑出外币有三种情况：

(1) 对私售汇。境内居民因私、商务出境或其他符合国家规定用途的条件下，持用汇凭证向银行申请购买外汇，银行根据外汇管理局的授权办理。

(2) 对公供汇。境内居民个人因公务临时出行，按规定可以在银行一次性以人民币自费换取不超过 400 美元的外汇。客户凭因公出国任务批件等材料和身份证明到银行办理换汇手续，银行审核无误后按规定标准予以供汇。

(3) 外籍员工换汇。包括两种情况：1) 外商投资企业中外籍人士、华侨、港澳台职工，凭身份证明、税票（税务凭证）、单位工资支出明细单或本人人民币收入清单和雇佣证明到银行兑付；如果未能提供税票，则应提供税务局出具的完税证明。2) 境外人员出境时的退汇业务。境外人员离境前，要求将入境时兑换的未用完的人民币兑回外币，可凭本人护照和本人的有效期（6 个月）之内的外币兑换水单到原兑换机构办理。银行办理兑回外币业务时，应同时收回原兑换水单，加盖“已兑换”戳记，作为外汇买卖传票的附件。

课后思考

1. 为什么国际结算要通过银行来办理？
2. 国际间银行清算支付系统的组成及其作用是怎样的？
3. 什么是代理行关系？如何建立代理行关系？

学习情境一

电汇业务

学习目标

能力目标：

1. 能以汇款人（进口商）身份，根据进口合同制作汇款申请书，申请办理电汇手续
2. 能以汇出行（进口地银行）身份，制作 SWIFT 报文和办理电汇业务

知识目标：

1. 理解汇款的定义、基本当事人和相互关系
2. 掌握汇款业务的基本流程和汇款的头寸调拨
3. 掌握电汇的种类和业务操作流程
4. 掌握境外汇款申请书的内容
5. 熟悉 MT103 和 MT202 格式的报文内容

工作项目

2015 年 3 月 8 日，上海卓越贸易有限公司进口部的李明与德国 OVERSEAS IMP. & EXP. CO.，LTD. 公司签订了一份价值为 12 万美元的合同。合同见表 1－1。

根据合同约定，李明要先到银行汇款。Jack 告诉李明他们公司的开户行为 Deutsche Bank，Thüringer Str. 4a，96450 Coburg，Berlin，Germany（A/C No. 3594593217）。

2015 年 4 月 12 日，出口商发货并取得海运提单，Jack 把副本传真给了李明。李明在收到副本后 7 天内，于 4 月 16 日准备付款。去之前，他准备好了报关单（No. 3176579）、商业发票（No. 15-SH0421）、核销单（No. SH201504237），了解到公司的报关经营单位代码是 3301187654，组织机构代码是 74849421-8。

李明选择去上海卓越贸易有限公司的账户行——中国银行上海分行（地址：上海市北京南路 215 号）进行汇款，该行与 Deutsche Bank 有账户往来。款项从上海卓越贸易有限公司的现汇账户（No. 78954326）支出。

中国银行上海分行收到上海卓越贸易有限公司的申请后，在 2015 年 4 月 18 日为其发送编号为 15TT716 的汇款指示，并要求 Deutsche Bank 在收到指示后，把款项记入中国银行上海分行在其银行设置的账户（A/C No. SH3014576825）中，银行发送报文的密押为 3754。

Deutsche Bank 在收到中国银行上海分行的汇款指示和所有款项后，于 2015 年 4 月 20 日向其客户 OVERSEAS IMP. & EXP. CO.，LTD. 发送贷记通知（编号为 TTIN091610C），告知其钱款已经汇入其账户。

表 1-1

销售合同

SALES CONTRACT

SELLER:
OVERSEAS IMP. & EXP. CO., LTD.
NO. 2-5 CUTCH ROAD, BERLIN, GERMANY
BUYER:
SHANGHAI ZHUOYUE TRADING CO., LTD.
NO. 5 LANXI ROAD, SHANGHAI, CHINA

NO.: 10VS-001
DATE: MAR. 8, 2015
SIGNED IN: SHANGHAI, CHINA

This contract is made by and agreed between the BUYER and SELLER, in accordance with the terms and conditions stipulated below:

1. Commodity & Specification	2. Quantity	3. Unit Price & Trade Terms	4. Amount
		CFR SHANGHAI	
001X WUYANG BRAND BICYCLE	1 000 PCS	USD 120.00	USD 120 000.00
Total:			USD 120 000.00

With 10% More or less of shipment allowed at the seller's option
5. Total Value: SAY TOTAL U. S. DOLLARS ONE HUNDRED TWENTY THOUSAND ONLY
6. Packing: CARTON
7. Shipping Marks: SZTCL/10VS-001/SHANGHAI/NO. 1-1 000
8. Time of Shipment & Means of Transportation: TO BE EFFECTED BEFORE APR. 16, 2015 BY SEA
9. Port of Loading & Destination: FROM BERLIN TO SHANGHAI
10. Insurance: TO BE COVERED BY THE BUYER
11. Terms of Payment: THE BUYER SHALL SEND 30% OF THE CONTRACT VALUE BY T/T TO THE SELLER WITHIN 7 DAYS AFTER RECEIPT OF COPIES OF SHIPPING DOCUMENTS. THE BALANCE OF 70% MUST BE SENT TO THE SELLER BY T/T WITHIN 10 DAYS AFTER THE GOODS ARRIVES AT THE WAREHOUSE.

The Seller
OVERSEAS IMP. & EXP. CO., LTD.
(signature)
Jack

The Buyer
SHANGHAI ZHUOYUE TRADING CO., LTD.
(signature)
李明

请根据合同，以进口商和汇出行、汇入行的身份分别模拟完成电汇业务。

工作任务 1：以进口商的身份完成电汇申请书

工作任务 2：以汇出行的身份书写 Cable 或 Telex 格式的报文

工作任务 3：以汇出行的身份书写 SWIFT 格式的报文

工作任务 4：以汇入行的身份撰写贷记通知

操作
示范

工作任务1　以进口商的身份完成电汇申请书

【步骤1】进口企业仔细阅读外贸合同的支付条款，梳理该业务中涉及的相关当事人

1. 阅读合同中有关支付的条款

Terms of Payment：THE BUYER SHALL SEND 30% OF THE CONTRACT VALUE BY T/T TO THE SELLER WITHIN 7 DAYS AFTER RECEIPT OF COPIES OF SHIPPING DOCUMENTS. THE BALANCE OF 70% MUST BE SENT TO THE SELLER WITHIN 10 DAYS AFTER THE GOODS ARRIVES AT THE WAREHOUSE.

合同中要求买方在取得装船单据副本后的7日内付合同金额的30%，剩余的70%款项在货物达到最终目的地仓库后10日内付清。

分析：本次汇款分两次，第一次付款金额为USD 120 000.00×30%=USD 36 000.00，第二次付款金额为USD 84 000.00。

2. 梳理业务中的相关当事人

Applicant：SHANGHAI ZHUOYUE TRADING CO.，LTD.
NO. 5 LANXI ROAD，SHANGHAI，CHINA

Beneficiary：OVERSEAS IMP. & EXP. CO.，LTD.
NO. 2-5 CUTCH ROAD，BERLIN，GERMANY
A/C No. 3594593217

Remitting bank：BANK OF CHINA，SHANGHAI BRANCH
NO. 215 BEIJING SOUTH ROAD，SHANGHAI，CHINA
A/C No. SH3014576825

Paying bank：DEUTSCHE BANK
Thüringer Str. 4a，96450 Coburg，Berlin，Germany

3. 梳理业务中的其他信息

业务中的其他信息包括：申请付款的日期是2015年4月16日，发电类型是电汇、等级是普通，现汇账户号是No. 78954326，报关经营单位代码是3301187654，组织机构代码是74849421-8，德国的报关国别编号是304，发票号是15-SH0421，核销单号是No. SH201504237，报关单号是3176579。

【步骤 2】熟悉银行境外汇款申请书的主要内容

境外汇款申请书（见表 1－2）是汇款人与汇出行权利和义务的凭证，汇出行必须根据境外汇款申请书的各项指示操作，因此汇款人必须认真填写境外汇款申请书。境外汇款申请书的内容主要有：

（1）致：汇出行的名称，此栏填写接受汇款申请汇出汇款的银行。

（2）日期：填写到银行办理业务的日期。

（3）汇款方式：根据合同要求在相应的框内标记“×”，表示选中该项。如果合同中要求采用电汇方式，就在电汇前的框内标记“×”。

（4）发电等级：可在“普通”和“加急”中选择。一般银行的 SWIFT 系统设置默认发送“普通”级别报文。由于多数银行是 24 小时接收报文，采用普通和加急一般差别不大，因此该栏可以不填写。

（5）申报号码：根据国家外汇管理局有关申报号码的编制规则，由银行填写。

（6）20 银行业务编号：这里“20”是使用 SWIFT 发送信息时“银行业务编号”这项内容的代码，不同项目各有自己的代码，如“汇款币种及金额”的代码是 32A。银行业务编号留空由银行填写，是该笔业务在汇出行的业务编号。

（7）收电行/付款行：该栏目由银行填写。

（8）32A 汇款币种及金额：用国际标准组织（ISO）代码表示币种，用阿拉伯数字写出汇款的总金额。

（9）金额大写：此处填上汇款金额的大写，用“SAY…ONLY”格式。

（10）其中：“现汇金额”指汇款人申请汇出的实际付款金额中，直接从外汇账户或以外币现钞支付的金额；“购汇金额”指汇款人申请汇出的实际付款金额中，向银行购买外汇直接对境外支付的金额；“其他金额”指汇款人除购汇和现汇以外对境外支付的金额，包括跨境人民币交易以及经常贸易项下交易等的金额。

（11）50a 汇款人名称及地址：进口商公司全称和地址，以及汇款人预留银行印鉴或国家质量监督检验检疫总局颁发的组织机构代码证或国家外汇管理局及其分支局签发的特殊机构代码赋码通知书上的名称及地址。

（12）在对公或对私业务中选择，若是对公业务，按照国家质量监督检验检疫总局颁发的组织机构代码或国家外汇管理局及其分支局签发的特殊机构代码赋码通知书上的单位组织机构代码或特殊机构代码填写组织机构代码。

（13）54/56a 收款银行之代理行名称及地址：当汇出行和汇入行没有往来账户时，需要通过中转行划拨头寸；如果需要中转行，在没有特殊要求的情况下也可以留空，让汇出行找。不需要中转行的，可留空。

（14）57a 收款人开户银行名称及地址：收款人在出口地的开户行，一般汇出行就把该行定为汇入行；如果该开户行和汇出行没有往来账户，最好填写收款人开户银行在其中的转行账号。

（15）59a 收款人名称及地址。

（16）70 汇款附言：对所汇款项的必要说明。要注意容量，这里只限 140 个字符。

（17）70A 国内外费用负担：分三种支付方式，即汇款人支付、收款人支付、双方共同支付。境外清算费用由对方承担时，如果汇入行与汇出行属同一家银行或有互开往来账户关系，则款项一般可全额汇达对方；如果不是以上关系，款项则将通过另一家或几家银行转至收款行，每家转汇行都会从中扣收一笔转汇费。按惯例，汇款费用由汇款人承担，其他汇转费用由对方承担时，可以在“共同 SHA”前的框里标记“×”。

（18）收款人常驻国家（地区）名称及代码：根据银行提供的代码表（见附表 1）填写。

（19）在预付货款和货到付款以及退款项中，根据业务实际情况在相应的名称前的方框内标记“×”。

（20）最迟装运日期：根据合同规定填写。

（21）交易编码：根据本笔付款交易性质对应的“国际收支部分交易编码对照表”（见附表 2）编写，有多种交易性质时按金额从大到小填最大的两项。

（22）相应币种及金额：根据交易编码填写，多种交易性质下第一行写最大金额的那笔，第二行填其余金额。如果只有一种交易性质，则在第一栏填写汇款全部金额即可。

（23）交易附言：描述交易性质，此栏按照情况如实填写，如“一般贸易”。

（24）是否为进口核销项下付款：如果是预付货款，要选择是进口核销项下付款，因此在“是”前面的方框里标上“×”，表示选中即可。

（25）外汇局批件/备案表号：指外汇管理局签发的，凭以对境外付款的各种批件或进口付汇备案表号。外汇报批业务由银行代理，汇款申请表和申报表合一。银行一般都在汇款业务发生后的 1 个工作日内向相关机构报批。

（26）报关单经营单位代码：此栏填写公司的报关经营单位代码。

（27）报关单号：在货到付款时这栏要填写单号，币种及总金额等都按照报关单的内容填写，本次核注金额是这次汇款的金额。在预付货款时无须填写。

（28）银行专用栏：包括购汇汇率、等值人民币、支付费用方式等，留空，由银行填写。

（29）申请人签章：一般需加盖进口商的财务印鉴，并由具体办理业务的公司人员留下签章、电话。

（30）银行签章：此栏留空由银行填写。

【步骤 3】根据外贸合同，填写境外汇款申请书

这笔业务中分两次进行汇款，我们仅以第一次汇款，即金额为 36 000 美元的汇款作为案例分析，第二次汇款申请留给读者自己完成。

表 1－2

境外汇款申请书
APPLICATION FOR FUNDS TRANSFERS（OVERSEAS）

致（1）：　　　　　　　　　　　　　　　　　　日期（2）：
TO：BANK OF CHINA，SHANGHAI BRANCH　　　　　Date：April 16，2015

☒电汇 T/T □票汇 D/D □信汇 M/T（3）	发电等级 Priority ☒普通 Normal □加急 Urgent（4）		
申报号码 BOP Reporting No.（5）	□□□□□□□□□□□□□□□□□□□□□		
20 银行业务编号 Bank Transac. Ref. No.（6）		收电行/付款行 Receiver/Drawn on（7）	
32A 汇款币种及金额（8） Currency & Interbank Settlement Amount	USD 36 000.00	金额大写（9） Amount in Words	SAY U.S. DOLLARS THIRTY-SIX THOUSAND ONLY
其中（10） 现汇金额 Amount in FX	USD 36 000.00	账号 Account No./Credit Card No.	78954326
其中（10） 购汇金额 Amount of Purchase		账号 Account No./Credit Card No.	
其中（10） 其他金额 Amount of Others		账号 Account No./Credit Card No.	
50a 汇款人名称及地址（11） Remitter's Name & Address	SHANGHAI ZHUOYUE TRADING CO.，LTD. NO. 5，LANXI ROAD，SHANGHAI，CHINA		
☒对公组织机构代码 Unit Code（12） 74849421-8	□ 对私	个人身份证件号码 Individual ID No. □中国居民个人 Resident Individual □中国非居民个人 Non-Resident Individual	
54/56a 收款银行之代理行名称及地址 Correspondent of Beneficiary's Bank Name & Address（13）	收款人开户银行在其代理行账号 Beneficiary's Bank A/C No.		
57a 收款人开户银行名称及地址 Beneficiary's Bank Name & Address（14）	DEUTSCHE BANK Thüringer Str. 4a，96450 Coburg，Berlin，Germany		
59a 收款人名称及地址 Beneficiary's Name & Address（15）	收款人账号 Beneficiary's A/C No. 3594593217 OVERSEAS IMP. & EXP. CO.，LTD. NO. 2-5 CUTCH ROAD，BERLIN，GERMANY		
70 汇款附言 Remittance Information（16）	只限 140 个字符 Not Exceeding 140 Characters AS PER S/C 10VS-001	71A 国内外费用承担（17） All Bank's Charges If Any Are To Be Borne By □ 汇款人 OUR ☒收款人 BEN □ 共同 SHA	
收款人常驻国家（地区）名称及代码 Resident Country/Region Name & Code（18）德国 304			
请选择（19）：☒预付货款 Advance Payment □货到付款 Payment Against Delivery □退款 Refund □其他 Others	最迟装运日期（20）	APR. 16，2015	
交易编码（21） BOP Transac. Code：1 0 1 0 1 0 / □□□□□□	相应币种及金额（22） Currency & Amount：USD 36 000.00	交易附言（23） Transac. Remarks	
是否为进口核销项下付款（24） ☒是 □否	合同号 10VS-001	发票号	15-SH0421
外汇局批件/备案表号（25）	No. SH201504237	报关单经营单位代码（26）	3301187654
报关单号（27） 3176579	报关单币种及总金额 USD 120 000.00	本次核注金额	
报关单号	报关单币种及总金额	本次核注金额	

<table>
<tr><th colspan="2">银行专用栏（28）
For Bank Use Only</th><th colspan="2">申请人签章（29）
Applicant's Signature</th><th colspan="2">银行签章（30）
Bank's Signature</th></tr>
<tr><td>购汇汇率
Rate @</td><td></td><td colspan="2" rowspan="6">请按照贵行背页所列条款代办以上汇款并进行申报
Please Effect The Upwards Remittance, Subject To The Conditions Overleaf:

SHANGHAI ZHUOYUE TRADING CO., LTD.

申请人签名：李明
Name of Applicant
电话：
Phone No.</td><td colspan="2" rowspan="6">核准人签字：
Authorized Person
日期：
Date</td></tr>
<tr><td>等值人民币
RMB Equivalent</td><td></td></tr>
<tr><td>手续费
Commission</td><td></td></tr>
<tr><td>电报费
Cable Charges</td><td></td></tr>
<tr><td>合计
Total Charges</td><td></td></tr>
<tr><td>支付费用方式
In Payment of the Remittance</td><td>□现金 by Cash
□支票 by Check
□账户 from Account</td></tr>
<tr><td>核印 Sig. Ver.</td><td></td><td>经办 Maker</td><td></td><td>复核 Checker</td><td></td></tr>
</table>

工作任务 2 以汇出行的身份书写 Cable 或 Telex 格式的报文

【步骤 1】汇出行审核境外汇款申请书

在收到汇款人递交的汇款申请书后，汇出行应该仔细审核境外汇款申请书的内容，并准备办理相关的汇款手续。

在审核汇款申请时，汇出行应注意审核的要点包括：

（1）申请汇出国外汇款，必须符合国家外汇管理的相关规定。

（2）审核资金来源。使用现汇存款账户办理汇出汇款时，汇款人填制支取凭条，先到原币存款部门核对余额和印鉴，连同境外汇款申请书一并提交。如果汇款人的现汇存款账户为美元，汇出款项是英镑，则通过外汇交易部办理兑换；若无此机构，通过人民币汇价套汇。

（3）审核境外汇款申请书。境外汇款申请书常出现的错误有：1）收款人名称拼写错误、无账号或地址不详。2）有收款人账号，但户名与账号不符。3）汇入行城市名称遗漏或错误。

【步骤 2】汇出行熟悉 Cable 或 Telex 报文格式，准备相关信息

1. Cable 或 Telex 格式的报文

电报可分为普通电报和加急电报。电报（Cable）或电传（Telex）方式的汇款应具备下列内容：

FM：（汇出行名称）

TO：（汇入行名称）

DATE：（发电日期）

TEST（密押）

OUR REF NO. ________________（汇款编号）

NO ANY CHARGES FOR US（我行不负担费用）

PAY（AMT）VALUE（DATE）（付款金额、起息日）

TO（BENEFICIARY）（收款人）

MESSAGE ________________（汇款附言）

ORDER ________________（汇款人）

COVER ________________（头寸拨付）

说明：

（1）TO：汇入行名称可用电报挂号。

（2）NO ANY CHARGES FOR US：有时可写在电文最后一句。例如：YOUR CHARGES FOR BENEFICIARY。

（3）收款人的表示：

1）PAY TO ____________ BANK（账户行）FOR CREDITING A/C NO. ____________ OF MR. SMITH（OR ____________ CO.，LTD.）：收款人的账户行是第三家银行。

2）PAY TO YOURSELVES（账户行）FOR CREDIT OF A/C NO. ____________ OF MR. SMITH（OR ____________ CO.，LTD）：收款人的账户行是汇入行。

3）PAY TO ____________ BANK（账户行）FOR ACCOUNT OF NO. ____________ FAVOUR ____________：收款人的账户行是第三家银行。

（4）汇款附言：有时写 DETAILS OF PAYMENT。

（5）ORDER：实际上是 BY ORDER OF，有时可写为 B/O。

（6）头寸拨付：根据账户设置情况有几种拨付头寸的方法，常见的是汇出行在汇入行开设账户“PLEASE DEBIT OUR A/C WITH YOU. 借记我行账户”，就可拨付头寸。

2. 汇出行阅读材料中给定的信息，收集发送报文的信息

包括：（1）SWIFT 密押 3754；（2）汇款编号 15TT716；（3）入账的账号 SH3014576825。

【步骤 3】汇出行根据客户提交的境外汇款申请书的内容，撰写 Cable 格式的报文

FM：BANK OF CHINA，SHANGHAI BRANCH

TO：DEUTSCHE BANK

DATE：150418

TEST 3754

OUR REF NO. 15TT716

NO ANY CHARGES FOR US

PAY USD 36 000.00 VALUE 150418

TO OVERSEAS IMP. & EXP. CO.，LTD.，NO. 2-5 CUTCH ROAD，BERLIN，GER-

MANY

MESSAGE AS PER S/C 10VS-001

ORDER BY SHANGHAI ZHUOYUE TRADING CO.，LTD.，NO.5 LANXI ROAD, SHANGHAI，CHINA

COVER PLS DEBIT OUR ACCOUNT NO. SH3014576825 WITH YOU

工作任务 3　以汇出行的身份书写 SWIFT 格式的报文

【步骤 1】熟悉 SWIFT 报文格式，梳理必选项（M）和可选项（O），准备相关信息

中国银行上海分行国际结算部的业务员汪勇在收到上海卓越贸易有限公司递交的境外汇款申请书及相关单据后，首先查看上海卓越贸易有限公司是否在外汇管理局公布的进口付汇名录中，然后查看预付货款付汇网上系统登记情况，最后审核境外汇款申请书及相关单据。

经查无误后，由于中国银行上海分行与 DEUTSCHE BANK 有往来账户，因此汪勇只需要拟写 MT103 报文（MT103 报文各栏目内容见表 1-7），具体栏目内容如下。

（1）20：Sender's Reference。这是汇出行编制的，根据前述材料可以知道该笔业务编号是 15TT716。

（2）23B：Bank Operation Code。SWIFT 定义了"SWIFT 支付服务等级""优先服务等级"和"标准服务等级"，并规定了五种操作类型来指示用什么样的服务来完成汇款操作，这五种操作类型用相应代码表示，在 SWIFT 中只能出现其中一种代码。

1）CRED：指有资金划拨，但不限定服务等级。这是最常见的操作类型，目前商业银行多数往来报文都是这个类型。

2）CRTS：指资金划拨仅为测试。

3）SPAY：指资金划拨要根据 SWIFT 定义的"SWIFT 支付服务等级"进行。

4）SPRI：指资金划拨要根据 SWIFT 定义的"优先服务等级"进行。

5）SSTD：指资金划拨要根据 SWIFT 定义的"标准服务等级"进行。

根据这笔业务往来的性质，应该采用第一种操作类型，因此在这栏应该填入"CRED"。

（3）32A：Value date，Currency Code，Amount。汇款日期就是汇入行接受汇款申请的日期，SWIFT 报文的日期表示方法为 YYMMDD（年月日）。因此本项业务应该填写 150418。

SWIFT 报文的金额中，货币是由三个英文字母构成的标准代码，数字不使用分格号，小数点用逗号","表示，如 23458.30 表示为 23458,30。本业务应填写为"USD 36000,00"。

（4）50a：Ordering Customer。50a 在操作中有两种形式，即 a 用 A 或 K 替代：

1）50A：填写汇款人账号及开户行 BIC 代码。

2）50K：填写汇款人账号、名称和地址。

在本业务中，汇出行知悉汇款人的详细信息，可以选填 50K："SHANGHAI ZHUOYUE

TRADING CO.，LTD.”。

（5）57a：Account with Institution。在本业务中，由于上海银行在 DEUTSCHE BANK 设有账户，因此 DEUTSCHE BANK 是账户行，填在此栏目中。

（6）59a：Beneficiary Customer。59a 在操作中有两种形式：

1）59A：填写收款人账号及开户行 BIC 代码。

2）59：填写收款人账号、名称及地址。

在本业务中，我们已经了解到汇款人账号、名称及地址，可以选填 59：“OVERSEAS IMP. & EXP. CO.，LTD. NO. 2-5 CUTCH ROAD，BERLIN，GERMANY”。

（7）70：Remittance Information。交易信息在本业务中是合同号 10VS-001 AMOUNT 项下的 30%的预付款，因此填写“REMIT FOR 30 PERCENT OF S/C 10VS-001 AMOUNT”。

（8）71A：Details of Charges。SWIFT 中分别用三种代码表示汇款费用支付方式：

1）BEN：表示收款人支付所有汇款费用。

2）OUR：表示汇款人支付所有汇款费用。

3）SHA：表示双方共同支付汇款费用，各自承担境内费用。

本业务中根据境外汇款申请书的内容，填写 BEN。

（9）72：Sender to Receiver Information。附言中主要附上汇出行指示汇入行的记账方式，本业务中汇出行在汇入行设置账户，该款项记入此账户，因此应填入“COVER PLS DEBIT OUR ACCOUNT NO. SH3014576825 WITH YOU”。

【步骤 2】书写 SWIFT 格式的报文

MT103　　Single Customer Credit Transfer

：20/Sender's Reference
15TT716
：23B/Bank Operation Code
CRED
：32A/Value Date，Currency Code，Amount
150418 USD 36000,00
：50K/Ordering Customer
SHANGHAI ZHUOYUE TRADING CO.，LTD.
：57a/Account with Institution
DEUTSCHE BANK
：59/Beneficiary Customer
OVERSEAS IMP. & EXP. CO.，LTD.，NO. 2-5 CUTCH ROAD，BERLIN，GERMANY
：70/Remittance Information
REMIT FOR 30 PERCENT OF S/C 10VS-001 AMOUNT
：71A/Details of Charges
BEN
：72/Sender to Receiver Information
COVER PLS DEBIT OUR ACCOUNT NO. SH3014576825 WITH YOU

工作任务4　以汇入行的身份撰写贷记通知

【步骤1】熟悉贷记通知的内容，搜集相关信息

当汇入行收到汇款行汇来的资金后，会向客户（即受益人）发送一张贷记通知（Credit Advice），通知客户钱已经到账，财务拿到此单据即可确认入账金额。

因此，贷记通知是结汇水单的一联，是公司财务人员的记账凭证。一张完整的贷记通知包含的主要内容有：（1）汇款编号；（2）汇款日期；（3）汇款人的名称；（4）收款人的名称；（5）汇出行的名称；（6）汇款币种和金额。

【步骤2】汇入行撰写贷记通知

本例中，汇入行在收到Cable或SWIFT格式的汇款指示后，阅读汇款指示的详细内容，列出相关信息，包括贷记通知号TTIN091610C、客户账号3594593217等，然后撰写贷记通知（见表1-3）给客户。

表1-3

CREDIT ADVICE
贷记通知

OUR REF（1）：TTIN091610C		DATE（2）：2015-04-20
TO致（4）OVERSEAS IMP. & EXP. CO.，LTD.		
WE HAVE PLEASURE IN ADVISING YOU THAT WE HAVE TODAY CREDITED YOUR ACCOUNT NO. **3594593217** WITH THE PROCEEDS UNDER THE INWARD REMITTANCE IN YOUR FAVOUR，AS MENTIONED HEREUNDER： 我行已于即日将你公司之下述汇入款贷记你 **3594593217** 账户，特此函告。		
AMT（6）：USD 36 000.00 NET AMT：USD 36 000.00	RATE：	
BENEFICIARY（4）：OVERSEAS IMP. & EXP. CO.，LTD. 收款人　NO. 2-5 CUTCH ROAD，BERLIN，GERMANY		
REMT BANK（5）：BANK OF CHINA，SHANGHAI BRANCH 汇款行　NO. 215 BEIJING SOUTH ROAD，SHANGHAI，CHINA		
REF：15TT716 汇款编号	DATED：2015-04-28 起息日	ORG. AMT：USD 36 000.00 汇款金额
REMITTER（3）：SHANGHAI ZHUOYUE TRADING CO.，LTD. 汇款人　NO. 5 LANXI ROAD，SHANGHAI，CHINA		
MESSAGE：PAYMENT OF GOODS OCMT：0.00 （if any）附言		
OUR CHGS：NON-EXCH 我行费用	COMM：RMB 0.00 CABLE/POST CHGS：RMB 0.00	TRANSMIT FEE：RMB 0.00 INQUIRY CHGS：RMB 0.00
DECL. NO： 申报单号	VERIFY NO： 核销单号	
根据国家外汇管理局有关规定，请于5个工作日内向我行申报，以免可能的处罚。（注："申报栏号"栏内没有号码的无须申报）		
		BANK OF CHINA，SHANGHAI BRANCH 中国银行上海分行

知识
链接

一、汇款的定义和汇款当事人

（一）汇款的定义

汇款（Remittance），又称汇付，是指由付款人主动向银行提出申请，把一定金额的货币通过银行或者其代理行和国外联行，汇给指定的收款人的一种结算方式。

（二）汇款的当事人

1. 汇款人

汇款人（Remitter）是指向银行提出申请，要求汇出款项的人。在进出口业务中通常为合同的进口商。

2. 汇出行

汇出行（Remitting Bank）是指受到汇款人的委托并根据其指示，向其分行或代理行发出付款委托书，委托它们向收款人解付汇款的银行。在进出口业务中通常为进口商所在地的银行。

3. 汇入行

汇入行（Paying Bank）又称付款行或解付行，是指接受汇出行的委托，把款项付给指定收款人的银行。在进出口业务中通常为出口商所在地的银行，汇入行经常是汇出行的海外分行或者代理行。

4. 收款人

收款人（Payee）是指收取汇款款项的人，也就是汇款业务的受益人。在进出口业务中通常为合同的出口商。

二、汇款的类型

（一）电汇

电汇（Telegraphic Transfer，T/T）是汇出行应汇款人的申请，用加押电报（Tested Cable）、电传（Telex）或 SWIFT 形式指示汇入行（分行或代理行）付款给指定收款人的一种汇款方式。

电汇业务在银行业务中一般为当天处理，因此具有资金转移速度快、安全可靠、效率较高的特点。但是因为交款速度快，银行不能利用客户的资金，所以汇款人要承担较高的电汇费用。由于电讯技术的飞速发展，电讯业务的成本大大降低，现在国际汇款业务中大多数采用电汇方式，而且多用于急需用款和大额汇款。

（二）信汇

信汇（Main Transfer，M/T）是汇出行应汇款人的申请，将信汇委托书或支付委托书邮寄给汇入行，授权汇入行（分行或代理行）付款给指定的收款人的一种汇款方式。

信汇业务由于资金转移的速度较慢，银行可以短期占用资金，因此汇费相对低廉。由于信汇方式费时费力，因此目前许多欧洲银行已不再使用和接受信汇。我国银行除对个别国家或除非有特殊要求外，对外也不使用信汇。

（三）票汇

票汇（Demand Draft，D/D）是汇出行应汇款人的申请，开出一张以其分行或代理行作为解付行的银行即期汇票作为汇款工具，交由汇款人自行寄给收款人，用来支付一定金额给收款人的一种汇款方式。

票汇结算方式有很大的灵活性，只要抬头允许，汇款人可以将汇票带到国外亲自去取款，也可以由汇款人将汇票寄给国外收款人取款。票汇中使用的汇票只要国外银行能够核对汇票上签字的真实性，即可被买入，不必像信汇、电汇那样，只能从汇入行取款。票汇的收款人可以通过背书的方式转让汇票，因此汇票可以在市场上流通。如果汇款在到达付款行之前经过了多次转让，那么银行可以利用汇款资金的时间也就越长，这也为银行提供了更多的利润。

三、汇款的偿付

汇款的偿付（Reimbursement of Remittance Cover），即汇款头寸的调拨，俗称拨交头寸，是指汇出行将汇款金额拨交给其汇入行，让其代为解付款项的行为。汇入行要掌握“收妥头寸、解付汇款”的原则，它们只有在接到国外汇款头寸报单或者可以立即借记国外汇款行账户的通知后方可办理解付。

汇出行和汇入行之间如何偿付款项，主要取决于汇款使用的货币和双方账户的设立情况。具体分析，有以下两种类型：账户行直接入账型和“碰头行”型。

（一）账户行直接入账型

1. 汇入行在汇出行设有账户

汇出行在委托汇入行解付汇款时，应在信汇委托书中明确指出“In cover，we have credited your A/C with us”并以贷记通知的形式告知汇入行。汇入行接到支付委托书，确认汇款头寸已经拨入自己的账户，即可使用头寸解付汇款给收款人。如图 1-1 所示。

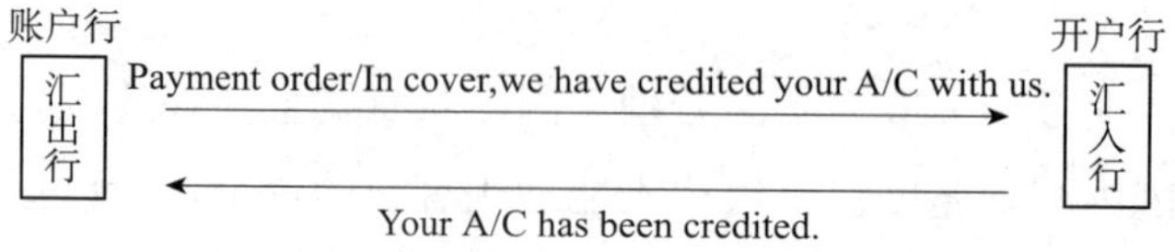

图 1-1 直接入账型偿付（汇出国货币）

2. 汇出行在汇入行设有账户

汇出行可以要求汇入行在解付汇款后，借记汇出行账户。汇出行在汇款委托中要标明“In cover，please debit our A/C with you”。汇入行按照汇款委托指示，解付资金给收款人，并借记汇出行账户，同时向汇出行寄出借记报单（Debit Advice）。如图 1－2 所示。

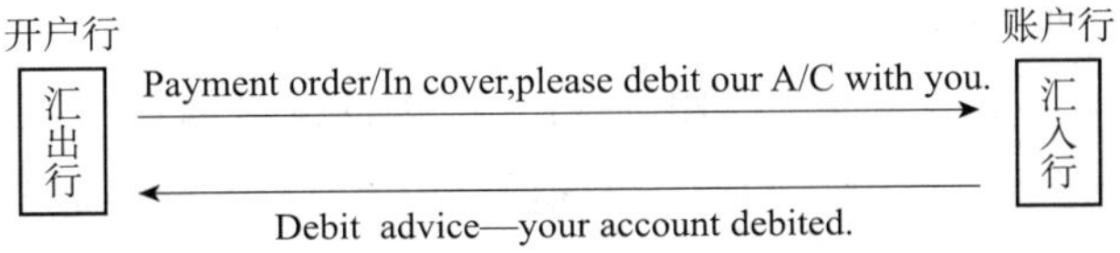

图 1－2　直接入账型偿付（汇入国货币）

（二）“碰头行”型

1. 通过共同的账户行拨交头寸

汇入行和汇出行没有互为账户关系，但是双方有共同的账户行（Intermediary Bank），则通过共同账户行偿付，即汇出行在汇款时，主动通知账户行（代理行）将款项拨付汇入行在该行的账户。汇入行接到汇款委托书和贷记报单，即可将款项付给收款人。如图 1－3 所示。

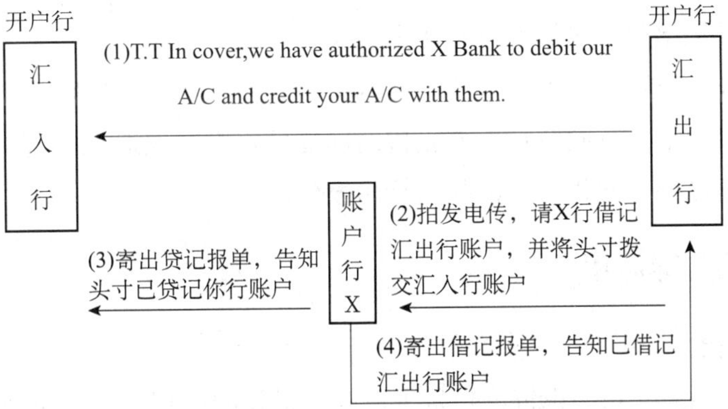

图 1－3　通过“碰头行”拨交头寸型偿付

2. 通过账户行的共同账户行转账

如果汇入行与汇出行之间没有“碰头行”，就需要通知它的账户行的“碰头行”来拨交头寸。这种拨交头寸的方法通知和传递环节多、时间长、费用高、资金转移效率低，因此应尽量避免采用这种方法偿付。如图 1－4 所示。

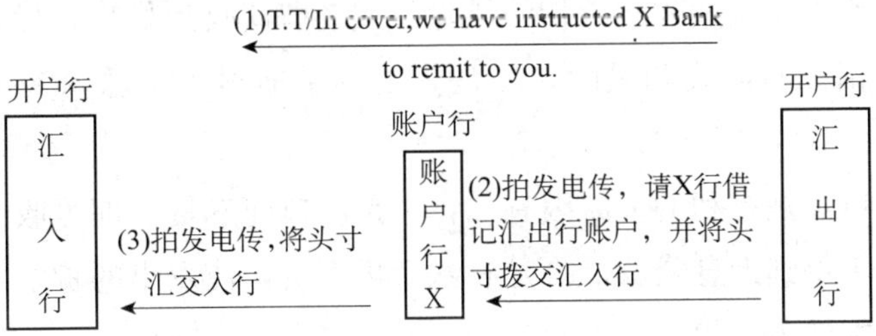

图 1－4　通过账户行的共同账户行转账型偿付

四、退汇

汇款的退汇是指在付款行解付汇款款项之前，由汇款人或收款人要求撤销该笔汇款的行为。一旦汇入行已经解付汇款，则不能退汇。退汇包括汇款的撤销和汇款的失效。

（一）信汇和电汇的退汇

若收款人拒收电汇、信汇，并通知汇入行，汇入行就可以作为收款人拒收汇款处理。汇出行将汇款委托书退回汇出行，同时说明退汇原因。汇入行再通知汇款人办理退汇手续，取回所汇款项即可。

若由汇款人提出退汇，汇款人应首先填写退汇申请书、汇款回单，汇出行凭此向汇入行要求退汇。汇入行收到退汇通知后，如果尚未解付款项，一般可以同意照办。汇出行接到汇入行同意退汇的答复并收妥汇款头寸后，方可办理退汇。

（二）票汇的退汇

票汇业务中，若由收款人提出退汇，只要由收款人将汇票寄给汇款人，由汇款人持原汇票正本办理并背书，由汇出行注销原汇票，即可办理退汇手续。

若由汇款人提出退汇，如汇票还未寄出，则汇款人只需持票向汇出行交涉办理即可；若汇票已经寄出，汇出行一般情况下不予退汇。

如果汇票遗失或被盗，由汇款人向汇出行提出书面申请，汇出行凭此向汇入行发出挂失止付通知，在接到汇入行同意挂失或止付的回复后，再办理退汇。若汇票在挂失、止付前或在途中汇入行已办理解付，由汇款人承担损失。

五、汇款业务的实际应用

（一）预付货款

预付货款（Payment in Advance）是进口商将货款的一部分或全部支付给出口商，出口商收到货款后再发货的汇款方式，在实际业务中通常称为“前 T/T”。

预付一部分货款的目的，主要是出口商防止进口商不履行买卖合同，以预收部分货款作为担保。如果进口商毁约，出口商就会没收该笔款项。这种方式其实是出口商对进口商收取的预付定金。

预付货款是不利于进口商的。原因有二：一是进口商未收到货时，已先垫付款项，他将面临收不到货物或不能按期收到货物的风险，或者即使收到货物，货物也与合同规定不相符，因而将遭受相应的损失和风险；二是货物到手前付出货款，资金被他人长时间占用，造成利息损失。

预付货款对出口商是有利的。原因有二：一是出口商发货前即可收到货款，可以占用他人资金，或者等于得到无息贷款；二是收款后再发货，使发出的货物有担保，降低了发货风险，掌握了货物的主动权。

（二）货到付款

货到付款（Payment after Arrival of the Goods）是出口商先发货，待进口商收到货物后，立即或在一定时间内将货款汇交出口商的一种汇款结算方式。它又被称为交货付现（Cash on Delivery，C. O. D）或赊销方式（Open Account，O/A），业务中通常称为“后 T/T”。

货到付款方式对出口商不利。原因有二：一是出口商先发货物，他要承担进口商收货后不履行付款的风险；二是货款往往不能及时收回，出口商的资金被人占用，造成一定的损失。

货到付款方式对进口商有利。原因有二：一是进口商不用承担资金风险，货物如不符合要求就可以不付款，在交易中处于主动地位；二是进口商如迟付货款，实际上是占用了出口商的资金。

货到付款在国际贸易结算中有两种形式：售定和寄售。

1. 售定

售定，又称“先出后结”，即出口商在货物装运出口后，将货运单据不通过银行而直接递交给进口商，进口商收到货运单据时或其后一定时期内，按售定的价格将货款通过银行汇付给出口商。这种方式实际上是延付货款，对进口商有利，对出口商不利，最初只限于广东、广西、福建三省区。

2. 寄售

寄售，亦称“委托交易”，是指出口方先将货物运到国外，委托国外商人按照事先规定的条件代为出售的方式。寄售的一切运费、保费、杂费和佣金等均由委托人负担，从销售款项内扣除，受托人汇寄净款给委托人。

这种方式对出口商不利，寄售项目的货款能否收到取决于代销人的经营能力、作风和资信。如果选择代销人不当，或出现事先预料不到的情况，出口商有可能面临钱货两空的风险。另外，资金周期长、费用高，也是寄售业务的缺点。

六、电汇业务流程

电汇是一种快捷的汇款方式，它在收取汇款时还要加收电报费，通常用于紧急款项或大额款项的支付、资金调拨、各种支付指示等。电汇业务结算程序如图 1－5 所示。

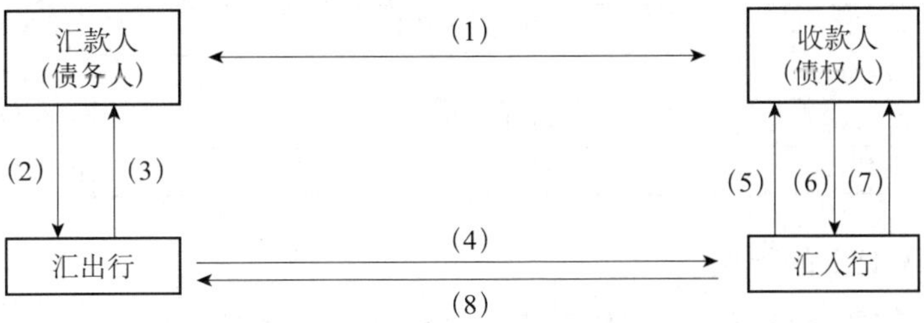

图 1－5　电汇业务结算程序

（1）汇款人（进口商）与收款人（出口商）在贸易合同中约定采用电汇结算方式。

（2）汇款人向汇出行递交电汇申请书，并支付汇款款项和手续费。

（3）汇出行接受申请书，将电汇回执交汇款人。

（4）汇出行根据申请书的指示，向汇入行以电讯方式发出电汇委托书。

（5）汇入行审核电汇委托书正确无误后，通知收款人收款。

（6）收款人凭电汇取款通知书及有效证件到汇入行收取款项。

（7）汇入行按照委托书的指示，将款项解付给收款人。

（8）汇入行向汇出行寄付讫借记通知书以清算款项。

七、SWIFT 简介

（一）中国境内加入 SWIFT 组织的银行

SWIFT 即环球银行金融电讯协会（Society for Worldwide Interbank Financial Telecommunication），是一个国际银行同业间非营利性的合作组织，总部设在比利时的布鲁塞尔，成立于 1973 年。

通过 SWIFT 系统汇付的业务与日俱增，因为该系统具有速度快、费用低、安全性高、自动加校密押的特点。中国最早使用 SWIFT 系统办理业务并成为其会员行的中国银行早在 10 多年前就推出了深受客户欢迎的“环球汇兑一日通”业务，利用的就是 SWIFT 的便利。

目前，中国有 180 家银行在使用 SWIFT 的服务，其中 100 家是外资银行，另外 80 家是中国本地银行，如中国工商银行、中国农业银行、中国建设银行、中信银行、广发银行、深圳发展银行、中国民生银行、华夏银行、中国光大银行、北京银行、交通银行等。表 1－4 列出了加入 SWIFT 组织的中国境内部分银行的识别代码。

表 1－4　　加入 SWIFT 组织的中国境内银行识别代码（部分）

银行名称	银行识别代码	资格
中国银行	BKCHCNBJ	MEMBER
中国工商银行	ICBCCNBJ	MEMBER
中国农业银行	ABCCNBJ	MEMBER
交通银行	COMMCNBJ	MEMBER
中国建设银行	PCBCCNBJ	MEMBER
中国人民银行	PBOCCNBJ	MEMBER
中信银行	CIBKCNBJ	MEMBER
美洲银行上海分行	BOFXCNSX	SUB-MEMBER
汇丰银行上海分行	HSBCCNSX	SUB-MEMBER

（二）采用 SWIFT 的特点

（1）SWIFT 需要会员资格。我国的大多数专业银行都是其会员。

（2）SWIFT 的费用较低。同样多的内容，SWIFT 的费用只有 Telex（电传）的 18%

左右，只有 Cable（电报）的 2.5%左右。

（3）SWIFT 的安全性较高。SWIFT 的密押比电传的密押可靠性强、保密性高，且具有较高的自动化。

（4）SWIFT 的格式具有标准化。对于 SWIFT 电文，SWIFT 组织有着统一的要求和格式。每种报文都以 3 位数字定义，具有规范的格式，见表 1-5。

表 1-5　　SWIFT 格式

MT1++：客户汇款及支票	MT6++：重金属辛迪加贷款
MT2++：金融机构汇款	MT7++：跟单信用证、保函
MT3++：外汇	MT8++：旅行支票
MT4++：托收	MT9++：银行账户
MT5++：证券	MT0++：其他

（三）SWIFT 电文表示方式

1. 项目表示方式

SWIFT 由项目（Field）组成，如“59：Beneficiary”就是一个项目，59 是项目的代号。项目的代号可以用两位数字表示，也可以用两位数字加上字母来表示，如“51a：Applicant”。不同的代号表示不同的含义。项目还规定了一定的格式，各种 SWIFT 电文都必须以这种格式表示。

在 SWIFT 电文中，一些项目是必选项目（Mandatory Field），一些项目是可选项目（Optional Field）。必选项目是必须具备的，如“59：Beneficiary Customer”；可选项目是另外增加的项目，并不一定是每个 SWIFT 电文都有的，如“71A：Details of Charges”。

2. 日期表示方式

SWIFT 电文的日期表示为 YYMMDD（年月日）。例如：1999 年 5 月 12 日表示为 990512；2000 年 3 月 15 日表示为 000315；2001 年 12 月 9 日表示为 011209。

3. 数字表示方式

在 SWIFT 电文中，数字不使用分格号，小数点用逗号“,”来表示。例如：5 152 286.36 表示为 5152286,36；4/5 表示为 0,8；5% 表示为 5 PERCENT。

4. 货币表示方式

澳大利亚元：AUD；奥地利元：ATS；比利时法郎：BEF；加拿大元：CAD；人民币元：CNY；丹麦克朗：DKK；德国马克：DEM；荷兰盾：NLG；芬兰马克：FIM；法国法郎：FRF；港币：HKD；意大利里拉：ITL；日元：JPY；挪威克朗：NOK；英镑：GBP；瑞典克朗：SEK；美元：USD。

（四）适用于汇款的 SWIFT 格式

适用于汇款的 SWIFT 格式见表 1-6。

表 1-6　　适用于汇款的 SWIFT 格式

报文格式	MT 格式名称	说明
MT101	汇款要求	要求资金借记客户账户
MT103	单笔客户汇款	请求调拨资金
MT110	通知支票的有关情况	通知付款行支票开立情况
MT111	要求止付汇票	要求付款行止付汇票
MT112	支票止付情况	显示支票止付详细情况
MT200	单笔金融机构头寸调拨到发报行自己的账户	请求将发报行的头寸调拨到其他金融机构的该行账户
MT201	多笔金融机构头寸调拨到它自己的账户上	多笔 MT200
MT202	单笔普通金融机构头寸调拨	请求在金融机构之间的头寸调拨
MT203	多笔普通金融机构头寸调拨	多笔 MT200
MT204	金融市场直接借记电文	用于向 SWIFT 会员银行索款
MT205	金融机构头寸调拨执行	国内转汇请求
MT210	收款通知	通知收报行，它将收到的头寸记入发报行的账户

（五）SWIFT 格式的报文

在电汇业务操作中，银行用得最多的是 MT103 和 MT202，此外还有 MT200。

1. MT103 报文

MT103 报文的名称是单笔客户汇款（Single Customer Credit Transfer），包括的项目情况见表 1-7。在拟写报文时，必选项目必须写，可选项目视实际情况而定。其中，M 是指必选项目（Mandatory Field），O 是指可选项目（Optional Field）。

这类报文格式是由汇款行或受汇款行委托的银行直接或通过代理行发送给另一家银行，用来发送付款指示。从发报行的角度看，汇款人和收款人中至少一方是非金融机构。该报文格式只能用于发送无条件的付款指示，不能用于向托收行发送光票托收（支票）项下的付款通知。

表 1-7　　MT103 报文项目

M/O	Tag（项目编号）	Field Name（项目名称）	说明
M	20	Sender's Reference	发报行给该汇款业务的参考号
O	13C	Time Indication	要求银行借记或贷记款项的时间指示
M	23B	Bank Operation Code	银行操作代码，通过五种代码表示五种处理类型
O	23E	Instruction Code	指示的通知方式，如电话、电报等。有 13 种代码表示不同方式，可多选，但必须按特定顺序
O	26T	Transaction Type Code	交易类型代码，通过代码表示交易目的或属性
M	32A	Value Date/Currency/Interbank Settled Amount	结算起息日/币种/银行间清算金额

续前表

M/O	Tag（项目编号）	Field Name（项目名称）	说明
O	33B	Currency/Instructed Amount	指示币种/金额，当汇款金额没有包括对汇款人或收款人的收费，也没有汇率转换时，此金额等同于 32A
O	36	Exchange Rate	汇率，以发送方币种金额为计算基数
M	50a	Ordering Customer	汇款人
O	51A	Sending Institution	发报行的 BIC 代码
O	52a	Ordering Institution	汇款人账户行
O	53a	Sender's Correspondent	发报行的分行或代理行
O	54a	Receiver's Correspondent	收报行的分行或代理行
O	55a	Third Reimbursement Institution	第三方偿付行，除汇出行的分行或代理行外的另一家银行，且是汇入行的分行
O	56a	Intermediary Institution	中间行
O	57a	Account with Institution	账户行
M	59a	Beneficiary Customer	收款人
O	70	Remittance Information	交易信息
M	71A	Details of Charges	费用承担细则
O	71F	Sender's Charges	发报行费用
O	71G	Receiver's Charges	收报行费用，若费用由汇款人承担，这里显示的金额已结清
O	72	Sender to Receiver Information	附言
O	77B	Regulatory Reporting	汇款人或收款人所在国家要求的法规信息代码
O	77T	Envelope Contents	其他汇款信息传达格式

MT103 报文范例：

MT103　　　　Single Customer Credit Transfer

：20/Sender's Reference
TT0005789/01
：32A/Value Date，Currency Code，Amount
030930 USD 200000,00
：50a/Ordering Customer
CHINA INTERNATIONAL WATER AND ELECTRIC CORP. BEIJING
：57a/Account with Institution
BANQUE NATIONALE DE TUNISIETUNIS
：59a/Beneficiary Customer
Y10-0127-033254
CORPORATION INTERNATIONAL DES EAUX ET DE l'ELECTRICITE DE CHINE
：70/Remittance Information
REMIT FOR CUSTOMS DUTY ETC
：71A/Details of Charges
FOR BENEFICIARY
：72/Sender to Receiver Information
COVER DEBIT US

2. MT202 报文

MT202 报文的名称是单笔普通金融机构头寸调拨（General Financial Institution Transfer），包括的项目情况见表 1－8。

表 1－8　　**MT20 报文项目**

M/O	Tag（项目编号）	Field Name（项目名称）	说明
M	20	Transaction Reference Number	业务参考号
M	21	Related Reference	相关参考号
O	13C	Time Indication	要求银行借记或贷记款项的时间
M	32A	Value Date, Currency Code, Amount	结算起息日/币种/金额
O	52a	Ordering Institution	汇款人账户行
O	53a	Sender's Correspondent	发报行的分行或代理行
O	54a	Receiver's Correspondent	收报行的分行或代理行
O	56a	Intermediary	中间行
O	57a	Account with Institution	账户行
M	58a	Beneficiary Institution	汇入行
O	72	Sender to Receiver Information	附言

如果汇出行（发报行）与汇入行（收报行）之间没有直接账户往来关系，需要通过汇出行（发报行）的分行或代理行进行资金划拨，则汇出行（发报行）除了给汇入行（收报行）发 MT103 报文之外，还要给汇出行（发报行）的分行或代理行发 MT202 报文。

例如：Hozerieple G. T. C 指示 Oesterreichiche Laender Bank，Vienna 从其账户 39586204 向 Franz H. M. G 开在 Alegemene Bank Nederland，Amsterdam 的账户 59230593 支付 USD 2 950. 20，起息日为 2015 年 9 月 16 日，发报行的代理行设在 Midland Bank，London。

Citic Bank，New York Branch 发出以下两份 SWIFT 报文，报文路线如图 1－6 所示。

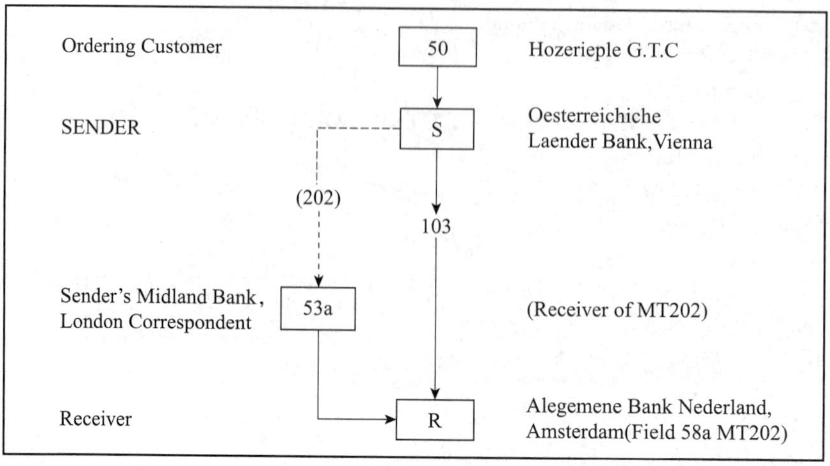

图 1－6　报文路线

A：给 Alegemene Bank Nederland，Amsterdam 的汇款通知 MT103，编号为 890235/OLV。

B：给 Midland Bank，London 的头寸电 MT202，指示 Midland Bank，London 从发报行的账户 203956334 支付该笔款项。

MT202 报文范例：

MT202　　GENERAL FINANCIAL INSTITUTION TRANSFER

20：Transaction Reference Number
1395205/903
21：Related Reference
890235/OLV
32A：Value date，Currency Code，Amount
150916 USD 2950,20
53B：Account Used Reimbursement
23023395396
58A：Beneficiary Institution
ABNANL2A

能力实训

一、单选题

1. 采用寄售方式出售商品时，（　　）承担的风险很大。

A. 进口商　　B. 代销商　　C. 银行　　D. 出口商

2. 适宜采用电汇结算的债权债务，一般是（　　）。

A. 零星的、小额货款　　B. 付款时间紧急的大额货款

C. 贸易从属费用　　D. 不紧急的款项

3. 对出口商有利的贸易结算汇款方式是（　　）。

A. 先结后出　　B. 赊销　　C. 延期付款　　D. 售定

4. 对进口商不利的贸易结算汇款方式是（　　）。

A. 延期付款　　B. 赊销　　C. 售定　　D. 预付货款

5. 在汇款业务中，若汇出行给汇入行的汇款通知中指示“In cover，Please debit our account with you”，则表明（　　）。

A. 汇出行在汇入行开设有该笔汇款业务所使用货币的账户

B. 汇入行在汇出行开设有该笔汇款业务所使用货币的账户

C. 这两家银行之间没有该笔汇款业务所使用货币的账户，必须联系其共同账户行办理头寸划拨

D. 这两家银行将通过其共同账户行办理该笔汇款业务的头寸划拨

二、判断题

1. 使用电汇时资金到账速度快，但是费用比信汇高。（　　）

2. 汇款结算都是通过银行来传递资金的，所以是以银行信用为基础的结算方式。（　　）

3. 汇款一经解付，汇款人就不能要求银行办理退汇了。（　　）

4. 要求进口商以电汇方式支付货款可以加速出口商的资金周转，降低出口商的汇率风险。（　　）

5. 使用电汇方式办理出口货款结算，可能增加出口商的出口成本。（　　）

三、能力拓展

[工作任务 1] 请以进口商的身份完成电汇申请书。

背景资料：杭州白桦林休闲用品有限公司（Hangzhou Birchwoods Leisure Products Co.，Ltd.，Address：No. 212 Jingzhou Road，Xihu District，Hangzhou，China）向美国盛柏林科技有限公司（Chamberlain Technology Co.，Ltd.，Address：201 E St SW，Washington，D. C.，USA）采购边推遮阳伞（Side Push Umbrellas）5 000 把，合同号为 SMT2019529，价值 USD 460 950.00。出货日期为 2017－01－12，预计到货日期为 2017－02－10，付汇方式为 CFR，结算方式为 T/T。

2017 年 2 月 12 日，杭州白桦林休闲用品有限公司的业务员张玉芬到中信银行杭州分行办理电汇业务。去之前，她从美国客商处收到电邮，告知其报关单号（No. 3039452）、商业发票号（No. 11-HZ2395）、核销单号（No. HZ2011030245），汇款付至他们公司在渣打银行华盛顿分行的账户（A/C No. HZ303395876）中，汇款费用由美国客户承担。经查，杭州白桦林休闲用品有限公司的报关经营单位代码是 20395829245，组织机构代码是 33920537-6，款项需要公司以 A/C No. 2305823507 为账号进行购汇支付。

[工作任务 2] 以汇出行的身份书写 Cable 或 Telex 格式的报文。

背景资料：中信银行杭州分行收到杭州白桦林休闲用品有限公司的申请后，在 2017 年 2 月 15 日为其发送编号为 11TT523 的汇款指示，并要求渣打银行华盛顿分行在收到指示后，把款项记入中信银行杭州分行在其银行设置的账户（A/C No. HZ303395876）中，银行发送报文的密押为 8613。

[工作任务 3] 以汇出行的身份书写 SWIFT 格式的报文。

背景资料：2017 年 9 月 24 日，南京封宇进出口贸易有限公司向弗曼科斯电子有限公司（Fermax Electronics Co.，Ltd.）购买了数字电视插座（Digital TV Outlet）450 箱，价值 CAD 72 301.50，合同号为 SC13-FY23065。该公司外贸业务员李子林到中国银行南京分行递交了一张汇款申请书，要求银行代其办理汇款手续。电汇款从南京封宇进出口贸易有限公司的现汇账户（No. 30592386395）支出，汇款费用由汇款人承担。中国银行南京分行与弗曼科斯电子有限公司的账户行加拿大蒙特利尔银行（Bank of Montreal）无直接账户往来，因此该笔汇款需通过加拿大蒙特利尔银行的代理行、中国银行多伦多分行

（Bank of China，Toronto Branch，No. 37 Queen Road Toronto）转账。

中国银行南京分行国际结算部的工作人员王霞审核境外汇款申请书及相关单据后，经查无误，于 2017 年 9 月 27 日以 SWIFT 方式向汇入行发出解付指示，并需制作 MT103 和 MT202 报文。其中，MT103 的业务编号为 OT33938476，MT202 的业务编号为 OU09359267，相关参考号为 3920352OELV。

学习情境二

信汇和票汇业务

学习目标

能力目标：

1. 能以汇款人（进口商）身份，根据汇款申请书，制作信汇委托书和支付委托书，进行信汇业务操作
2. 能以汇款人（进口商）身份，根据进口合同制作票汇汇票，并办理票汇业务
3. 能进行汇票的背书、承兑、贴现业务

知识目标：

1. 掌握票汇和信汇的业务流程
2. 熟悉票据的概念和基本特征
3. 熟悉汇票的含义、内容、当事人、种类和票据行为
4. 掌握本票和支票的含义和内容

工作项目

信汇业务

2015年3月，上海卓越贸易有限公司与埃及的ALAMODE IMP. & EXP. CO., LTD.（A/C No. 9459335219）签订了一份外贸合同，出口摩托车一批，并约定采用信汇方式付款，合同条款见表2-1。

根据合同约定，2015年4月15日，出口商发货并取得海运提单，Alice把副本传真给了张晓。张晓在收到副本后，于4月18日准备付款。去之前，他准备好了报关单（No. 92385130524）、商业发票（SH2015934460）、核销单（No. CN32055692），了解到公司的报关经营单位代码是3301187654，组织机构代码是74849421-8。

张晓选择去上海卓越贸易有限公司的账户行——中国银行上海分行（地址：NO. 215 BEIJING SOUTH ROAD, SHANGHAI, CHINA）进行汇款，该行与HSBC BANK EGYPT SAE, EIREMAYA SQUARE, PYRAMIDS GIZA, EGYPT有账户往来。款项从上海卓越贸易有限公司的现汇账户（No. 78954326）支出。

中国银行上海分行收到上海卓越贸易有限公司的申请后，在2015年4月20日为其制作编号为15MT803的信汇指示，通知HSBC BANK款项记入其在中国银行上海分行设置的账户（A/C No. HB6825301457）中。

工作任务1：以进口商的身份完成信汇申请书

工作任务2：以汇出行的身份制作信汇委托书或支付委托书

表2-1

销售合同

SALES CONTRACT

BUYER:
SHANGHAI ZHUOYUE TRADING CO., LTD.
NO. 5 LANXI ROAD, SHANGHAI, CHINA

NO.: 010AL-021
DATE: MAR. 13, 2015
SIGNED IN: SHANGHAI, CHINA

SELLER:
ALAMODE IMP. & EXP. CO., LTD.
21 EL MANSHA SQUARE, SAID, EGYPT

This contract is made by and agreed between the BUYER and SELLER, in accordance with the terms and conditions stipulated below:

1. Commodity & Specification	2. Quantity	3. Unit Price & Trade Terms	4. Amount
		FOB SAID	
210X TIANHE BRAND MOTOBICYCLE	200 PCS	USD 300.00	USD 60 000.00
Total:			USD 60 000.00

With 10% More or less of shipment allowed at the seller's option

5. Total Value: SAY TOTAL U.S. DOLLARS SIXTY THOUSAND ONLY

6. Packing: CARTON

7. Shipping Marks: 210X TIANHE/NO. 1-200

8. Time of Shipment & Means of Transportation: TO BE EFFECTED BEFORE MAY. 5, 2015 BY SEA

9. Port of Loading & Destination: FROM SAID TO SHANGHAI

10. Insurance: TO BE COVERED BY THE BUYER

11. Terms of Payment: BY M/T SIGHT FOR FULL INVOICE AMOUNT AFTER RECEIPT OF BILL OF LADING.

The Seller
ALAMODE IMP. & EXP. CO., LTD.
(signature)
Alice

The Buyer
SHANGHAI ZHUOYUE TRADING CO., LTD.
(signature)
张晓

操作示范

工作任务1　以进口商的身份完成信汇申请书

【步骤1】进口企业仔细阅读外贸合同的支付条款，梳理该业务中涉及的相关当事人

1. 阅读合同中有关支付的条款

Terms of Payment: BY M/T SIGHT FOR FULL INVOICE AMOUNT AFTER RE-

CEIPT OF BILL OF LADING.

合同中要求买方在收到提单后即期支付全部价款，即 USD 60 000.00。

分析：支付要求①SIGHT PAYMENT；支付要求②FULL INVOICE AMOUNT。

2. 梳理业务中的相关当事人

Applicant：SHANGHAI ZHUOYUE TRADING CO.，LTD.
NO. 5 LANXI ROAD，SHANGHAI，CHINA

Beneficiary：ALAMODE IMP. & EXP. CO.，LTD.
21 EL MANSHA SQUARE，SAID，EGYPT
A/C No. 9459335219

Remitting bank：BANK OF CHINA，SHANGHAI BRANCH
NO. 215 BEIJING SOUTH ROAD，SHANGHAI，CHINA

Paying bank：HSBC BANK EGYPT SAE，
EIREMAYA SQUARE，PYRAMIDS GIZA，EGYPT.

3. 梳理业务中的其他信息

业务中的其他信息包括：申请付款的日期是 2015 年 4 月 18 日，汇款人现汇账户号是 No. 78954326，报关经营单位代码是 3301187654，组织机构代码是 74849421-8，埃及的报关国别编号是 215，发票号是 SH2015934460，核销单号是 No. CN32055692，报关单号是 No. 92385130524。

【步骤 2】根据外贸合同，填写境外汇款申请书（见表 2-2）

表 2-2

境外汇款申请书
APPLICATION FOR FUNDS TRANSFERS（OVERSEAS）

致（1）：
TO：BANK OF CHINA，SHANGHAI BRANCH

日期（2）：
Date：April 18，2015

<table>
<tr><td colspan="3">□电汇 T/T □票汇 D/D ☒信汇 M/T（3）</td><td colspan="2">发电等级 Priority □普通 Normal □加急 Urgent（4）</td></tr>
<tr><td colspan="2">申报号码 BOP Reporting No.（5）</td><td colspan="3">□□□□□□□□□□□□□□□□□□□□□□</td></tr>
<tr><td colspan="2">21 银行业务编号
Bank Transac. Ref. No.（6）</td><td></td><td>收电行/付款行
Receiver/Drawn on（7）</td><td></td></tr>
<tr><td colspan="2">32A 汇款币种及金额（8）
Currency & Interbank Settlement Amount</td><td>USD 60 000.00</td><td>金额大写（9）
Amount in Words</td><td>SAY U.S. DOLLARS SIXTY THOUSAND ONLY</td></tr>
<tr><td rowspan="3">其中（10）</td><td>现汇金额 Amount in FX</td><td>USD 60 000.00</td><td>账号 Account No./Credit Card No.</td><td>78954326</td></tr>
<tr><td>购汇金额 Amount of Purchase</td><td></td><td>账号 Account No./Credit Card No.</td><td></td></tr>
<tr><td>其他金额 Amount of Others</td><td></td><td>账号 Account No./Credit Card No.</td><td></td></tr>
</table>

50a 汇款人名称及地址（11） Remitter's Name & Address	SHANGHAI ZHUOYUE TRADING CO.，LTD. NO. 5 LANXI ROAD，SHANGHAI，CHINA		
☒对公组织机构代码 Unit Code（12） 74849421 - 8	□对私	个人身份证件号码 Individual ID No.	
		□中国居民个人 Resident Individual □中国非居民个人 Non-Resident Individual	
54/56a 收款银行之代理行名称及地址 Correspondent of Beneficiary's Bank Name & Address（13）	收款人开户银行在其代理行账号 Beneficiary's Bank A/C No.		
57a 收款人开户银行名称及地址 Beneficiary's Bank Name & Address（14）	HSBC BANK EGYPT SAE， EIREMAYA SQUARE，PYRAMIDS GIZA，EGYPT		
59a 收款人名称及地址 Beneficiary's Name & Address（15）	收款人账号 Beneficiary's A/C No. 9459335219 ALAMODE IMP. & EXP. CO.，LTD. 21 EL MANSHA SQUARE，SAID，EGYPT		
70 汇款附言 Remittance Information（16）	只限 140 个字符 Not Exceeding 140 Characters AS PER S/C 010AL-021	71A 国内外费用承担（17） All Bank's Charges If Any Are To Be Borne By □汇款人 OUR ☒收款人 BEN □共同 SHA	
收款人常驻国家（地区）名称及代码 Resident Country/Region Name & Code（18）埃及 215			
请选择（19）：□预付货款 Advance Payment ☒货到付款 Payment Against Delivery □退款 Refund □其他 Others		最迟装运日期（20）	MAY 5，2015

交易编码（21） BOP Transac. Code	□□□□□□□ □□□□□□□	相应币种及金额（22） Currency & Amount	USD 60 000. 00	交易附言（23） Transac. Remarks	
是否为进口核销项下付款（24）	☒是□否	合同号	010AL-021	发票号	SH2015934460
外汇局批件/备案表号（25）	CN32055692	报关单经营单位代码（26）	3301187654		
报关单号（27）	92385130524	报关单币种及总金额	USD 60 000. 00	本次核注金额	
报关单号		报关单币种及总金额		本次核注金额	

银行专用栏（28） For Bank Use Only		申请人签章（29） Applicant's Signature	银行签章（30） Bank's Signature
购汇汇率 Rate @		请按照贵行背页所列条款代办以上汇款并进行申报 Please Effect The Upwards Remittance，Subject To The Conditions Overleaf： SHANGHAI ZHUOYUE TRADING CO.，LTD. 申请人签名：张晓 Name of Applicant 电话： Phone No.	核准人签字： Authorized Person 日期： Date
等值人民币 RMB Equivalent			
手续费 Commission			
电报费 Cable Charges			
合计 Total Charges			
支付费用方式 In Payment of the Remittance	□现金 by Cash □支票 by Check □账户 from Account		
核印 Sig. Ver.		经办 Maker	复核 Checker

工作任务 2　以汇出行的身份制作信汇委托书或支付委托书

【步骤 1】汇出行中国银行上海分行的业务员熟悉信汇委托书或支付委托书的内容，准备相关信息

支付委托书的内容主要包括：（1）收款人的姓名、地址、账号和户名；（2）币种和金额；（3）汇款人名称和地址；（4）汇款人附言；（5）汇入行名称和地址；（6）头寸调拨的方法和起息日；（7）编号和汇出日期；（8）汇出行签字。

本例中，除了基本当事人信息以外，编制汇款编号为 15MT803 的信汇委托书或支付委托书，还要注意记账的方式，即头寸调拨的方式。根据给定的材料，HSBC BANK 在中国银行设立的账户是来账。

【步骤 2】汇出行中国银行上海分行的业务员仔细审查境外汇款申请书的内容，填写信汇委托书或支付委托书

以下以支付委托书作为示范（见表 2-3）。

表 2-3

BANK OF CHINA，SHANGHAI BRANCH
PAYMENT ORDER
中国银行支付委托书

致（5）TO
HSBC BANK EGYPT SAE，
EIREMAYA SQUARE，PYRAMIDS GIZA，EGYPT

支付委托书号码（7） No. of payment order	收款人（1） To be paid or credited to	金额（2） Amount
15MT803	ALAMODE IMP. & EXP. CO.，LTD. 21 EL MANSHA SQUARE，SAID，EGYPT	USD 60 000.00

大写金额（2）
Amount in words：SAY TOTAL U. S. DOLLARS SIXTY THOUSAND ONLY.

XS 汇款人（3）
By order of
SHANGHAI ZHUOYUE TRADING CO.，LTD.
NO. 5 LANXI ROAD，SHANGHAI，CHINA

附言
Remarks（4）
AS PER S/C 010AL-021

☐You are authorized to debit our account with you（6）
☒We have credited your A/C with us.

中国银行上海分行（8）
BANK OF CHINA，SHANGHAI BRANCH

工作项目

票汇业务

2015 年 8 月 16 日，上海卓越贸易有限公司的陈飞与美国的 MODANA B. V. 公司签订了进口合同（见表 2-4），同时约定要亲自去看货后以汇票支付，汇入行是 CITIC BANK，SEATTLE BRANCH（P. O. BOX 203，39 HARRIS STREET，SEATTLE，USA）。

表 2-4

销售合同

SALES CONTRACT

BUYER:
SHANGHAI ZHUOYUE TRADING CO.，LTD.
NO. 5 LANXI ROAD，SHANGHAI，CHINA

NO.: 027ML-073
DATE: August 16，2015
SIGNED IN: SHANGHAI，CHINA

SELLER:
MODANA B. V.
P. O. BOX 209，21 HARRIS STREET，SEATTLE，USA

This contract is made by and agreed between the BUYER and SELLER，in accordance with the terms and conditions stipulated below:

1. Commodity & Specification	2. Quantity	3. Unit Price & Trade Terms	4. Amount
		CFR SHANGHAI	
210X BUTTERFLY BRAND LADIES SWEATER	5 000 PCS	USD 16.00	USD 80 000.00
Total:			USD 80 000.00

With 10% more or less of shipment allowed at the seller's option
5. Total Value: SAY TOTAL U. S. DOLLARS EIGHTY THOUSAND ONLY
6. Packing: CARTON
7. Shipping Marks: 210X BUTTERFLY/SHANGHAI/NO. 1-200
8. Time of Shipment & Means of Transportation: TO BE EFFECTED BEFORE SEPTEMBER 5，2015 BY SEA
9. Port of Loading & Destination: FROM SEATTLE TO SHANGHAI
10. Insurance: TO BE COVERED BY THE BUYER
11. Terms of Payment: BY D/D SIGHT FOR FULL INVOICE VALUE BEFORE SHIPMENT.

The Seller
MODANA B. V.
(signature)
Smith

The Buyer
SHANGHAI ZHUOYUE TRADING CO.，LTD.
(signature)
陈飞

陈飞在签完合同两天后来到中国银行上海分行填写汇款申请书，要求银行开出汇票。中国银行上海分行国际结算部的工作人员赵钢在接收到这份申请书后仔细核查了内容以及附属单据，并获知发票号（NO. SX201534096）。

2015 年 9 月 2 日，出口商备好货，取得了报关单（No. 29387524）、商业发票（SX201534096）、核销单（No. CN39569216），在装船前电告上海卓越贸易有限公司的陈飞准备付款。Smith 告知陈飞，他们公司在 CITIC BANK，SEATTLE BRANCH 的账号为 395038962。

陈飞在收到电函后，于 9 月 3 日到中国银行上海分行（地址：NO. 215 BEIJING SOUTH ROAD，SHANGHAI，CHINA）开立即期汇票准备付款。他了解到公司的报关经营单位代码是 3301187654，组织机构代码是 74849421-8。款项从上海卓越贸易有限公司的现汇账户

（No. 78954326）支出。

中国银行上海分行收到上海卓越贸易有限公司的申请，在 2015 年 9 月 4 日为其制作即期汇票，通知 CITIC BANK，SEATTLE BRANCH 代其付款给 MODANA B. V. 公司，款项从其在 CITIC BANK 的账户（A/C No. HB6825301457）中支出。

工作任务 1：以进口商的身份完成票汇申请书

工作任务 2：以汇出行的身份制作即期汇票

工作任务 3：进口企业背书银行即期汇票

操作示范

工作任务 1　以进口商的身份完成票汇申请书

【步骤 1】进口企业仔细阅读销售合同的支付条款，梳理该业务中涉及的相关当事人

1. 阅读合同中有关支付的条款

Terms of Payment：BY D/D SIGHT FOR FULL INVOICE VALUE BEFORE SHIPMENT.

合同中要求买方在货物装船前用即期汇票的方式支付全部价款，即 USD 80 000.00。

分析：支付要求①SIGHT PAYMENT；支付要求②FULL INVOICE AMOUNT。

2. 梳理业务中的相关当事人

Applicant：SHANGHAI ZHUOYUE TRADING CO.，LTD.
NO. 5 LANXIN ROAD，SHANGHAI，CHINA

Beneficiary：MODANA B. V.
P. O. BOX 209，21 HARRIS STREET，SEATTLE，USA
A/C No. 395038962

Remitting bank：BANK OF CHINA，SHANGHAI BRANCH
NO. 215 BEIJING SOUTH ROAD，SHANGHAI，CHINA

Paying bank：CITIC BANK，SEATTLE BRANCH
P. O. BOX 203，39 HARRIS STREET，SEATTLE，USA
A/C No. HB6825301457

3. 梳理业务中的其他信息

业务中的其他信息包括：申请付款的日期是 2015 年 9 月 2 日，汇款人现汇账户是 No. 78954326，报关经营单位代码是 3301187654，组织机构代码是 74849421-8，美国的报关国别编号是 502，发票号是 SX201534096，核销单号是 No. CN39569216，报关单号是 No. 29387524。

【步骤 2】根据合同，填制境外汇款申请书（见表 2－5）

表 2－5

境外汇款申请书
APPLICATION FOR FUNDS TRANSFERS（OVERSEAS）

致（1）：
TO：BANK OF CHINA，SHANGHAI BRANCH

日期（2）：
Date：Sep. 2，2015

☐电汇 T/T ☒票汇 D/D ☐信汇 M/T（3）		发电等级 Priority ☐普通 Normal ☐加急 Urgent（4）	
申报号码 BOP Reporting No.（5）	☐☐☐☐☐☐☐☐☐☐☐☐☐☐☐☐☐☐☐☐☐☐		
22 银行业务编号 Bank Transac. Ref. No.（6）		收电行/付款行 Receiver/Drawn on（7）	
32A 汇款币种及金额（8） Currency & Interbank Settlement Amount	USD 80 000.00	金额大写（9） Amount in Words	SAY U. S. DOLLARS EIGHTY THOUSAND ONLY
其中（10） 现汇金额 Amount in FX	USD 80 000.00	账号 Account No./Credit Card No.	78954326
其中（10） 购汇金额 Amount of Purchase		账号 Account No./Credit Card No.	
其中（10） 其他金额 Amount of Others		账号 Account No./Credit Card No.	
50a 汇款人名称及地址（11） Remitter's Name & Address	SHANGHAI ZHUOYUE TRADING CO.，LTD. NO. 5 LANXI ROAD，SHANGHAI，CHINA		
☒对公组织机构代码 Unit Code（12） 74849421 - 8	☐ 对私	个人身份证件号码 Individual ID No. ☐中国居民个人 Resident Individual ☐中国非居民个人 Non-Resident Individual	
54/56a 收款银行之代理行名称及地址 Correspondent of Beneficiary's Bank Name & Address（13）	收款人开户银行在其代理行账号 Beneficiary's Bank A/C No.		
57a 收款人开户银行名称及地址 Beneficiary's Bank Name & Address（14）	CITIC BANK，SEATTLE BRANCH P. O. BOX 203，39 HARRIS STREET，SEATTLE，USA		
59a 收款人名称及地址 Beneficiary's Name & Address（15）	收款人账号 Beneficiary's A/C No. 395038962 MODANA B. V. P. O. BOX 209，21 HARRIS STREET，SEATTLE，USA		
70 汇款附言 Remittance Information（16）	只限 140 个字符 Not Exceeding 140 Characters AS PER S/C 027ML-073	71A 国内外费用承担（17） All Bank's Charges If Any Are To Be Borne By ☐汇款人 OUR ☒收款人 BEN ☐共同 SHA	
收款人常驻国家（地区）名称及代码 Resident Country/Region Name & Code（18） 美国 502			
请选择（19）：☒预付货款 Advance Payment ☐货到付款 Payment Against Delivery ☐退款 Refund ☐其他 Others		最迟装运日期（20）	SEP. 5，2015
交易编码（21） BOP Transac. Code	1 0 1 0 1 0 ☐☐☐☐☐☐	相应币种及金额（22） Currency & Amount	USD 80 000.00
交易附言（23） Transac. Remarks			
是否为进口核销项下付款（24）	☒是☐否	合同号 027ML-073	发票号 SX201534096
外汇局批件/备案表号（25）	CN39569216	报关单经营单位代码（26）	3301187654
报关单号（27） 29387524	报关单币种及总金额 USD 80 000.00	本次核注金额	
报关单号	报关单币种及总金额	本次核注金额	

<table>
<tr><th colspan="2">银行专用栏（28）
For Bank Use Only</th><th colspan="2">申请人签章（29）
Applicant's Signature</th><th colspan="2">银行签章（30）
Bank's Signature</th></tr>
<tr><td>购汇汇率
Rate @</td><td></td><td colspan="2" rowspan="6">请按照贵行背页所列条款代办以上汇款并进行申报
Please Effect The Upwards Remittance, Subject To The Conditions Overleaf:

SHANGHAI ZHUOYUE TRADING CO., LTD.
申请人签名：陈飞
Name of Applicant
电话：
Phone No.</td><td colspan="2" rowspan="6">核准人签字：
Authorized Person
日期：
Date</td></tr>
<tr><td>等值人民币
RMB Equivalent</td><td></td></tr>
<tr><td>手续费
Commission</td><td></td></tr>
<tr><td>电报费
Cable Charges</td><td></td></tr>
<tr><td>合计
Total Charges</td><td></td></tr>
<tr><td>支付费用方式
In Payment of the Remittance</td><td>□现金 by Cash
□支票 by Check
□账户 from Account</td></tr>
<tr><td>核印 Sig. Ver.</td><td></td><td>经办 Maker</td><td></td><td>复核 Checker</td><td></td></tr>
</table>

工作任务 2　以汇出行的身份制作即期汇票

【步骤 1】熟悉即期汇票的内容，准备相关信息

1. 注明“汇票”的字样

汇票上要注明“汇票”的字样以表示票据的种类，如“Bill of Exchange”“Exchange”“Draft”。

2. 无条件支付命令

无条件支付命令（Unconditional Order）是指票据支付的文义不能附加某项条件，即支付方式不能受限制，否则票据无效。票据必须采用书面形式，包括印刷、手写和打字等，但不能以铅笔或类似书写工具做成。

支付命令用英语的祈使或命令的语气，如“Pay to C Co. or order the sum of U. S. Dollars ten thousand”，不能使用商量或请求语气书写，如“We would be glad if you will pay…”“Would you please pay…”。

如果汇票上注明出票条款、对价文句和偿付方式，不能作为有条件的支付。如：

（1）出票条款：

Drawn under ＊＊＊ Bank，L/C No. ____________，dated ____________.

凭＊＊＊银行＊月＊日第＊号信用证开立。

（2）对价文句：

for value received. 汇票的开具是有对价的。

for value received against shipment of ＊＊＊. 汇票的开具是由于出运了＊＊＊。

对价是指凡能构成契约行为者，货币、商品或服务交易等都属于有价值的对价。

（3）偿付方式：

Pay Jason the sum of USD 10.00 and debit our account with you.

3. 出票地点和日期

出票地点（Place of Issue）应该与出票人的地址相同，它是仲裁汇票案例的依据，因为通常出票的规定必须按照出票地法律。

出票日期（Date of Issue）即汇票签发日期。列明出票日期有三个作用：

（1）确定汇票到期日。假设汇票付款期限为出票日后 30 天付款（At 30 days from the hereof），如汇票出票日为“Jul. 13，2006”，则汇票付款到期日为“Aug. 12，2006”。

（2）确定汇票提示期限，是付款提示或承兑提示的依据。按照《日内瓦统一票据法》，见票即付的汇票必须自出票日起 1 年内提示汇票，否则汇票失效，受票人可以拒付。

（3）判定票据行为人能力。若出票时，出票人已宣告破产或被清算，则该汇票不能成立。若出票人是出票在先、宣告破产在后，则持票人在受票人拒付后可以持汇票作为一般债权人进入出票人的破产清算。

注意：

1）英美票据法认为出票日期不是必要事项。

2）为避免混淆，出票日期建议使用月份的名称（如 JAN.，FEB.，MAR. 等或 JANUARY，FEBRUARY，MARCH 等），而不要使用数字。

4. 付款时间

付款时间（Time of Payment）又称付款期限（Tenor），常用的有两种：

（1）即期付款汇票［Bills Payable（at sight）/（on demand）/（on presentation）］，又称即期汇票（Sight/Demand Bill），是指持票人提示汇票的当天即为到期日。即期汇票无须承兑。若汇票没有明确表示付款期限，即为见票即付的汇票。

（2）定期付款汇票，或在可以确定的将来时间付款的汇票，俗称远期汇票。远期汇票又可以分为固定远期汇票和可推算远期汇票。可推算远期汇票又可分为“见票后若干天付款”和“出票后若干天付款”两种情况。

远期付款常见的记载方式有以下四种：①定期付款（Payable on a fixed future date）；②出票后定期付款（Payable at a fixed time after date）；③见票后定期付款（Payable at a fixed time after sight）；④某一特定事件发生后定期付款（Payable at a fixed time after the happening of a specified event）。我国票据法规定：汇票上未记载付款日期的，为见票即付。

5. 一定金额的货币

汇票包括确定的金额或可确定的金额，不能用大约或选择性的表达方式。金额中含利息或要求分期支付或要求以其他货币等值支付时，具体支付金额应能明确计算。

汇票上的金额必须用文字大写（amount in words）和数字小写（amount in figure）分别表示。如果大小写金额不符，则以大写为准。

6. 付款人名称和付款地点

汇票上付款人的姓名、地点（Name and Address of Payer）必须书写清楚，以便持票人向其提示承兑或提示付款。付款人可以是多人，且多人之间的关系必须是并列的、非有所侧重或有选择的。如汇票上付款人为“A or B”或“first A then B”则不能接受。

7. 收款人名称

汇票收款人既可以是确定的某一人（记名式），也可以是确定的某人的指示人（指示式），还可以是任何来人（来人式）。我国票据法不允许做成“来人抬头”的汇票。

（1）记名式：

Pay to John. 付给约翰。（非限制记名式，通过背书即可转让给约翰）

Pay to John only. 仅付给约翰。（限制记名式，不得通过背书转让）

Pay to John not transferable. 付给约翰且不得转让。（限制记名式，不得通过背书转让）

（2）指示式：

Pay John or order. 付给约翰或其指示人。

Pay to the order of John. 根据约翰的指示付款。

（3）来人式：

Pay to bearer. 付给来人。

Pay John or bearer. 付给约翰或来人。

Pay to the order of John or bearer. 付给约翰的指示人或来人。

8. 出票人名称和签字

出票人在开出汇票时，首先要签字，承认自己的债务责任，汇票方可生效。如果签字是伪造的，或是未经授权的人签字，则汇票无效。出票人如为公司，应由公司法人代表签字（最好是手签）加盖公司公章；出票人如为个人，如果代理他的委托人签字，而委托人是公司、单位、银行或团体，则应在公司名称前加上“FOR”“ON BEHALF OF”“FOR AND ON BEHALF OF”或“PER PRO.”字样，并在个人签字后面写上职务名称，如：

FOR ABC CO.，LTD.，NEW YORK

JOHN SMITH，MANAGER

【步骤 2】汇出行国际结算部业务员仔细审查境外汇款申请书的内容后，根据汇款申请书的内容逐项填写银行即期汇票（见表 2－6）的各栏目内容

表 2－6

汇票

BILL OF EXCHANGE
No. SX201534096
Exchange for USD 80 000.00 SHANGHAI，CHINA，SEPT. 4，2015
At ＊＊＊＊＊＊ sight of this FIRST of exchange（second of exchange Being Unpaid）pay to the order of
MODANA B. V.
the sum of SAY U. S. DOLLARS EIGHTY THOUSAND ONLY
To：For and on behalf of
CITIC BANK，SEATTLE BRANCH
BANK OF CHINA，SHANGHAI BRANCH

工作任务 3　进口企业背书银行即期汇票

上海卓越贸易有限公司业务员张明从中国银行上海分行拿到银行即期汇票，于 9 月 10 日验货合格后，采用指示性背书方式把汇票转让给 MODANA B. V. 公司，完成付款。

【步骤 1】熟悉背书这种票据行为的流程

背书包括两个动作：第一，在汇票背面签字；第二，交付被背书人。指示性背书方式一般要在汇票背面首行注明被背书人，然后注明背书人并签名盖章。

【步骤 2】业务员张明根据银行即期汇票内容和相关交易信息，完成汇票的指示性背书

PAY TO THE ORDER OF MODANA B. V. FOR：SHANGHAI ZHUOYUE TRADING CO.，LTD. 张明

知识链接

一、信汇业务

（一）信汇业务的特点

信汇业务是汇款人向当地银行交付款项，由银行开具信汇委托书或支付委托书，用航空邮寄交国外分行或代理行，办理外汇付出业务。信汇方式的人工手续繁多，且汇款速度比电汇慢，但费用比电汇低廉，目前欧洲多数银行已不再办理信汇业务。因为信汇是用邮寄支付凭证传递汇款，所以信汇汇率一般低于电汇汇率，而差额部分相当于邮程期间的利息。

（二）信汇业务流程

在进出口业务中，信汇业务流程具体如图 2-1 所示。

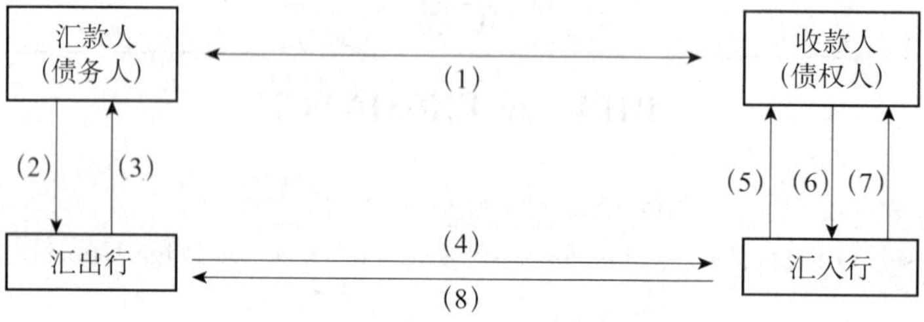

图 2-1　信汇业务结算程序

（1）汇款人（进口商）与收款人（出口商）在贸易合同中约定采用信汇结算方式。

（2）汇款人向汇出行递交信汇申请书，并支付汇款款项和手续费用。

（3）汇出行接受申请书，将信汇回执交汇款人。

（4）汇出行根据申请书的指示，向汇入行以信汇方式发出信汇委托书。

（5）汇入行审核信汇委托书正确无误后，通知收款人收款。

（6）收款人凭信汇取款通知书及有效证件到汇入行收取款项。

（7）汇入行按照信汇委托书的指示，将款项解付给收款人。

（8）汇入行向汇出行寄付讫借记通知书以清算款项。

（三）信汇委托书的审核

收到国外银行寄来的信汇委托书后，若经过核实无误，应签收并审核以下内容：

（1）委托书上是否有印鉴部门加盖的“印鉴相符”戳记。

（2）委托书上是否有明显的“支付委托书”或“信汇委托书”字样。

（3）委托书上的付款指示是否明确。

（4）币别是否正确，金额大小写是否一致。

（5）汇款头寸调拨方式是否正常。

（6）委托书上有无“电报证实书”或“副本”字样。对有类似字样的委托书，在查明确未凭电报或正本委托书解付款项的情况下，方可视作有效委托书。

（7）委托书的发送和接收日期是否正常。如果出现超长的邮寄时间，应注意核对登记以防止出现重复。

二、票汇业务

（一）票汇业务流程

在进出口业务中，票汇的业务流程如图 2-2 所示。

（1）汇款人（进口商）与收款人（出口商）在贸易合同中约定采用票汇结算方式。

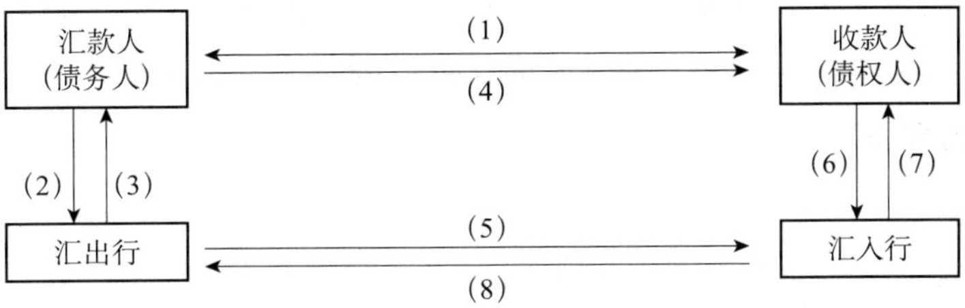

图 2-2 票汇业务结算程序图

（2）汇款人向汇出行递交票汇申请书，并交付款项和手续费。

（3）汇出行根据申请人的指示，开立银行即期汇票后，将票据交给汇款人。

（4）汇款人将票据自行交给或通过邮局寄给收款人。

（5）汇出行将票据通知书寄交汇入行。

（6）收款人携带银行汇票到汇入行取款。

（7）汇入行核对银行汇票与票据通知书相符后立即解付票款，或核对汇票印鉴相符后立即付款。

（8）汇入行向汇出行寄付讫借记通知书以清算款项。

（二）银行汇票的审核

客户提交汇票提示要求解付时，汇入行办事员需对汇票仔细审核：

（1）汇票上的印鉴是否相符，若相符，是否有印鉴管理部门加盖的“印鉴相符”戳记。

（2）汇票金额是否在签字人签字权限之内。

（3）汇票是否在有效期内。

（4）汇票的付款行是否为汇入行。

（5）汇票上是否注明收款人详细名称、地址或收款人、开户银行及账号。

（6）汇票上是否注明头寸偿付条款。

（7）汇票的货币名称是否正确，金额大小写是否一致。

（8）背书手续是否齐全。

（9）有无特殊条款。

三、票据

（一）票据的定义

广义的票据是指商业上的权利凭证（Document of Title），这些权利凭证是作为某人的、不在他实际占有下的金钱或商品的所有权的证据，又称商业单据。由于凭证的权利是可以转让的，因此票据具有可以流通转让的特性，故票据又是流通证券。

狭义的票据是指以支付金钱为目的的特种证券，是由出票人签名于票据上，无条件地约定由自己或由他人支付一定金额的、可以流通转让的证券，又称金融单据。若约定由出票人本人付款，则是本票；若约定由另一人付款，则是汇票或支票。

（二）票据的性质

1. 设权性

设权性是指票据持有人的票据权利随票据的设立而产生，离开了票据，就不能证明其票据权利。而票据权利的产生的前提是必须做成票据，权利的转移要交付票据，权利的行使要提示票据。这里的票据权利是指付款请求权、追索权及转让票据权。

2. 流通性

书面凭证的权利转让有三种类型。一是过户转让（Assignment），如股票、政府证券等的转让。股票所有人只有办理过户手续才能转让股权，即只有通知债权人转让才能成立。二是交付转让（Transfer），如提单、仓单的转让。如果是一张可转让的提单，其代表的物权可以由持有人将提单交付他人而完成所有权的转让而无须通知债权人。三是流通转让（Negotiation），如票据的转让。

票据的流通转让性保护受让人的权利，受让人甚至可以得到让与人所没有的权利。流通转让具有以下特点：（1）票据所有权通过交付或背书及交付进行转让；（2）票据的受让人获得票据的全部法律权利，可以用自己的名义提出诉讼；（3）票据转让人不必向债务人发出通知；（4）如果受让人是以善意并付对价获得票据的，其权利不受前手权利缺陷的影响。

3. 无因性

票据当事人的权利、义务是以某些基本关系为原因的，这种关系成为票据原因。但是，票据是否成立不受票据原因的影响，票据当事人的权利、义务也不受票据原因的影响。对于票据受让人来说，他无须调查这些原因，只要票据记载合格，他就取得了票据文义载明的权利。票据的这种特性就称为无因性，这种无因性使票据得以流通。

4. 要式性

票据从形式上要求记载的必要项目必须齐全，各个必要项目又必须符合票据法律规定，方可使票据产生法律效力。各国的票据法对这些必要项目都做了详细规定，使票据文义做到简单明了，并根据文义来解释票据，明确当事人的责权。票据的要式性，有时也可说成票据是书面形式的要件，即有效的票据，其书面形式上包含的必要条件要符合票据法的规定。

5. 提示性

票据上的债权人在请求票据债务人履行票据义务时，必须向付款人提示票据，方能请求付给票款。如果持票人不提示票据，付款人就没有履行付款的义务。因此，票据法规定了票据的提示期限，超过期限，付款人的责任即被解除。

6. 返还性

票据的持票人收到票款后，应将已收款的票据交还付款人。该票据一经正当付款即被解除责任而归入付款人的档案。由于票据的返还性特点，因此它不能无限期地流通，而是在到期日付款后就结束流通。

（三）票据的作用

1. 结算作用

当代的国际结算中，非现金结算取代了现金结算。在非现金结算条件下，必须使用一定的支付工具，来结清位于不同国家的两个当事人之间的债权债务关系，而票据就是这样一种支付工具。

2. 信用作用

票据本身并不是商品，没有内在价值，它是建立在信用基础上的书面支付凭证。出票人在票据上立下书面的支付信用保证，付款人或承兑人允诺按照票面规定履行付款义务。

3. 流通作用

票据作为一种支付工具，可以减少现金的使用。票据经过背书还可以连续地转让，使票据在市场上广泛地流通，成为一种重要的流通工具，扩充了市场流通手段。

4. 融资作用

票据的融资作用主要是通过票据贴现来实现的。在现代金融中，票据贴现业务已成为一项重要业务。这一业务出现后，票据的融资功能日益突出。银行经营票据贴现业务，实际上是向需要资金的人提供资金。当需要资金的人为了调度资金而用持有的到期票据要求银行贴现时，票据实际上已成为单纯的融资手段。

四、汇票

（一）汇票的定义

汇票是由出票人向另一人签发的，要求即期、定期或在可以确定的将来的时间，向某人或其指定人或来人无条件地支付一定金额的书面命令。

（二）汇票的主要内容

汇票要式中所包含的必要项目，即汇票的形式要项，也即从形式上应具备的必要项目包括：（1）表明“汇票”的字样；（2）无条件支付命令；（3）出票地点和日期；（4）付款时间；（5）一定金额货币；（6）付款人名称和付款地点；（7）收款人名称；（8）出票人名称和签字（见表 2-7）。

汇票的内容中还包括可选项目，即汇票的出票依据，写在“Drawn under”栏。出票依据主要出现在信用证业务中，汇票中的出票依据主要注明的信息包括：（1）开证行的名称；（2）信用证的号码；（3）开证日期。

表 2-7　　　　汇票

Exchange for USD 20 000.00　　　　Nanjing, July 5 th, 2017
(1)　　　(5)　　　　　　　　　　　(3)

At 30 days after sight pay to ABC Co. or order the sum of U. S. Dollars twenty thousand only.
(4)　　　(2)　　　(7)　　　　　　　(5)

To　CITIC BANK
　　NEW YORK
(6)

For A Company Nanjing
(signature)
(8)

（三）汇票的当事人

汇票的当事人分为汇票进入流通领域前的当事人和汇票进入流通领域后的当事人。指示性抬头和来人抬头的汇票可以进入流通领域，限制性抬头的汇票不能进入流通领域。汇票进入流通领域前，有三个基本当事人，即出票人、付款人、收款人；汇票进入流通领域后，有持票人、背书人、被背书人、承兑人、参加承兑人、参加付款人、保证人等当事人。

1. 出票人

出票人（Drawer）是指签发并交付汇票的当事人。出票人在汇票上签章，即对汇票承担付款责任，向收款人或者持票人保证汇票在提示时，付款人一定付款或者承兑。出票人在承兑前是主债务人（Principal Debtor），在承兑后是次债务人（Secondary Debtor）。

2. 付款人

付款人（Payer）是指接受无条件支付命令的当事人，即受票人（Addressee）。付款人有选择不付款或者不承兑的权利。若付款请求权不能实现，持票人就可以对出票人等票据债务人行使追索权。远期汇票的付款人一旦承兑汇票，就成为票据的主债务人，即承兑人（Acceptor）。承兑人在汇票上签章，表示接受出票人的无条件支付命令，应当保证按照其所承兑的文义于到期日付款。

3. 收款人

收款人（Payee）是指收取票款的当事人。收款人可以自己持票向付款人请求权利从而得到票款，也可以将票据的权利通过背书转让给他人。

4. 持票人

持票人（Holder）是指正持有汇票的人。持票人可以是汇票的收款人，也可能是汇票流通过程中的被背书人或者来人。根据获取汇票情形的不同，持票人可以分为一般持票人（General Holder）、付对价持票人（Holder for Value）、正当持票人（Holder in due Course）。

付对价持票人是指持票者本人或因付出对价而取得票据的前手持票人。正当持票人是指在汇票流通的合理时间内，在付给相应的对价后，成为一张表面合格、完整、无任何所有权缺陷的汇票的持票人。正当持票人首先应该是一般持票人，其次应该是付对价持票人。鉴于正当持票人比一般持票人、付对价持票人尽了更多的义务，因而应该享有更大的权利，即正当持票人的权利优于前手（前手是指转让汇票的人以及以前持有汇票的人）。正当持票人的权利，可不受汇票当事人之间债务纠葛的影响。

任何一个票据持有人，无论是一般持票人、付对价持票人，还是正当持票人，都有权决定由本人或他人收取票款。若本人对付款做出提示，他则成为汇票的收款人。若本人以他人作为汇票的收款人，则可将经过交付或者背书交付转让的票据转让给其他人，此时，持票人就成为背书人。

5. 背书人

背书人（Endorsor）是指在票据背面签章，将票据权利通过背书转让给他人的人。收款人将汇票背书转让给他人后成为第一背书人，受让人依次将票据背书再转让，相应成为第二背书人、第三背书人等。

背书人在票据背面签章，即对受让人承担保证其所持汇票承兑和付款的责任。背书人在汇票得不到承兑或者付款时，应当向持票人或者被迫付款的后手背书人清偿票款。背书人是票据的次债务人。

6. 被背书人

被背书人（Addressee）是指接受票据背书转让的受让人，即受票人。被背书人通过受让票据的权利，成为票据的债权人，有权持票对付款人或者其他票据债务人主张付款请求权和追索权。被背书人若不拟凭票取款，也可以将汇票转让给其他人，而自己成为另一个背书人。

7. 承兑人

承兑人（Acceptor）是指在票据的正面签署承诺到期支付票款的付款人。他以自己的签名表示他同意执行出票人发给他的无条件命令。他应承担的责任是：按照他的承兑文义保证到期日自己付款。承兑人是汇票的主债务人，汇票的持票人、被迫付款的背书人或出票人，都可凭票向承兑人要求付款。

8. 参加承兑人

参加承兑人（Acceptor for Honor）是指当票据提示被拒绝承兑时，在票据上签章，表示参加承兑汇票的人。参加承兑人是票据的债务人，当票据到期，付款人拒绝付款时，由参加承兑人承担支付票款的责任。参加承兑人应在汇票上记载参加承兑的意旨、被参加承兑人姓名、参加承兑日期并签字。参加承兑的记载形式如下：

Accepted for Honor

Of ________________________________

On ________________________________

Signed on ___________________________

参加承兑人做出参加承兑后，并不是像承兑人那样成为汇票的主债务人。持票人在到期日仍应先向付款人或预备付款人做出提示，若拒付则须在做成拒付证书后才能向参加承兑人请求付款。对于持票人来说，要求参加承兑人付款与向他直接进行追索效果几乎是一样的。另外，参加承兑人只对持票人及被参加承兑人的后手负责，参加承兑人付款后票据并不注销，他可向被参加承兑人的前手追索，因此参加承兑的实际效果只是推迟追索的行使。

英国票据法规定：参加承兑人是票据债务人之外的第三者。《日内瓦统一票据法》规定参加承兑人或参加付款人可以是除承兑人以外的任何人，包括出票人、背书人、保证人、预备付款人等。我国票据法没有这项规定。

9. 参加付款人

因拒绝付款而退票，并已做成拒绝付款证书的情况下，非票据债务人可以参加支付汇票票款。参加付款者出具书面声明，表示愿意参加付款并由公证人证明后，即成为参加付款人（Payment for Honor）。参加付款和参加承兑的作用相同，都是为了防止持票人行使追索权，维护出票人、背书人的信誉，而且两者都可指定任意债务人作为被参加人。所不同的是，参加付款人无须征得持票人的同意，任何人都可以作为参加付款人，而参加承兑须经持票人的同意。参加付款是在汇票拒绝付款时为之，而参加承兑则是在汇票拒绝承兑时为之。

参加付款后，参加付款人对于承兑人、被参加付款人及其前手取得持票人的权利，有权向其请求偿还。被参加付款人之后手，因参加付款而免除票据责任。例如：出票人 A 交付一张汇票给收款人 B，B 背书后将汇票转让给 C，再由 C、D、E、F 依次背书转让给 G，由 G 向付款人 H 做出付款提示，当 H 拒付时，L、M、N 三人同时请求作为参加付款人，L、M、N 分别以 H、D、A 为被参加付款人。若由 L 付款，因为 H 无后手，所以不能免除任何人的债务；若由 M 付款，可免除 D 的后手 E、F、G、H 的债务；若由 N 付款，则因为被参加人是出票人，所有背书人都是他的后手，所以可免除的债务人最多，N 有参加付款优先权。

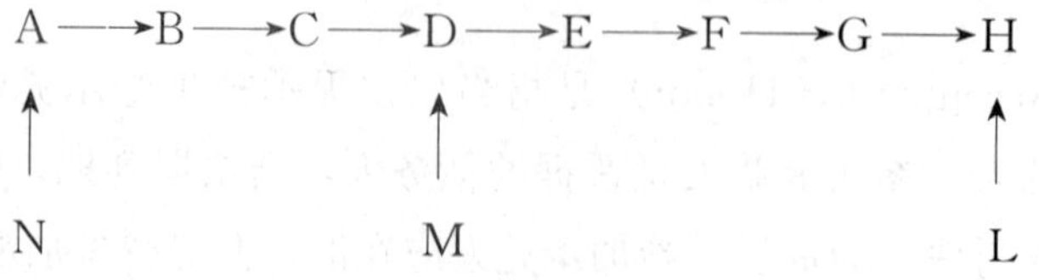

10. 保证人

保证人（Guarantor）是指对汇票的出票人、承兑人或者参加承兑人的票据行为作保证的人。保证人必须在汇票上或者汇票的粘贴单上记载相应的保证事项。保证人的责任与被保证人相同。

汇票是以第三者作为保证人，出票人、背书人、承兑人、参加承兑人均可作为被保证人。当为出票人、背书人保证时，应付担保承兑及担保付款之责任。在票据记载合格时，即使被保证人的债务因手续不齐而无效，保证人仍要对票据债务负责。保证人可以只对汇票金额的一部分做保证。保证人付款后，可向承兑人、被保证人及其前手追索。

由于保证人与被保证人同责，票据被保证后，票据债务的担保人就增加了。当票据由资力雄厚、信誉良好者担保后，其可接受性大大增强。

（四）汇票的票据行为

1. 出票

出票（Issue）即票据的签发，包括两个环节：一是做成汇票，并由出票人本人或授权人签名；二是将汇票交付给收款人。

交付（Delivery）是法律上的一个重要行为，是指实际的或推定的所有权从一个人转移至另一个人的行为。若出票人仅有开票行为而无交付行为，汇票就是无效的。出票在票据诸行为中是主要的票据行为，其他的行为都是在出票的基础上进行的，称附属票据行为。

2. 背书

汇票的持有者在汇票背面加注签章并将汇票交给被背书人的行为称为背书（Endorsement）。背书的作用是表明票据权利由背书人转让给被背书人。背书包括两个动作：第一，在汇票背面签字；第二，交付被背书人。背书人对票据所负的责任与出票人是相同的，只不过他是次债务人，只有在汇票的主债务人即出票人或承兑人拒付时，才会被追索。

背书主要包括记名背书、空白背书、限制性背书、附有条件背书四种。

（1）记名背书（Named Endorsement）。记名背书又称为特别背书（Special Endorsement），即汇票背书给某一特定的人或特定人的指示人。例如：

Pay B A（Endorsor）	Pay to the order of B A（Endorsor）

被背书人 B 可用背书和交付方法继续转让汇票。从一系列的记名背书可以看出，背书具有连续性，见表 2-8。

表 2-8　汇票背书的连续性

当事人	第一	第二	第三	第四	第五	
被背书人	B	C	D	E	F	最后的被背书人是持票人
背书人	A	B	C	D	E	

（2）空白背书（Blank Endorsement）。空白背书是指背书人只在汇票背后签名，而不注明付给某人。当汇票空白背书后，若交付转让给一个不记名的受让人，该受让人与来人抬头汇票的来人相同，可以无须背书，仅凭交付再次转让。

已做空白背书的汇票，任何持票人均可将空白背书转变为记名背书，只要在背书人名称签字上面写明“支付给 * * * *（持票人自己的名称或第三者的名称）的指定人”即可。此后，被背书人还可以将其恢复为空白背书的汇票。

持票人应以不间断的连续背书证明他的权利是正当的，即使最后背书是空白背书，他仍然是合法持票人。当空白背书后面跟着其次一个背书时，其次的背书人被视为前面空白背书的被背书人。

指示性抬头的汇票做成空白背书后，与来人抬头汇票相同，两者都是仅凭交付而转让。但前者还可再做记名背书，将其转变成指示性抬头；而后者自始至终总是付给来人的，即使再做记名背书，也不能改变仅凭交付转让汇票的性质。例如：

B（Endorsor）

Pay bearer B（Endorsor）

（3）限制性背书（Restrictive Endorsement）。限制性背书是指禁止汇票继续转让或仅表明汇票授权的背书。此类背书有两种：

1）禁止转让背书（Non-negotiable Endorsement）。它是阻止汇票继续转让的背书。

Pay A not transferable B（Endorsor）

Pay to the order of A only B（Endorsor）

2）委托代收背书（Agency Endorsement）。它是授权被背书人代理背书人行使汇票的权利。例如：

Pay A for account of C B（Endorsor）

Pay A or order for collection B（Endorsor）

（4）附有条件背书（Conditional Endorsement）。汇票的开立是无条件的，但是背书可以带有条件。附带条件仅对背书人和被背书人有约束作用，它与付款人、出票人无关。

当汇票持票人向付款人提示要求付款时，付款人不管条件是否履行，可以照常付款给持票人，汇票即被解除责任。附有条件背书实际是指背书行为中的交付，只有在条件完成时方可把汇票交给背书人。例如：

Pay to the order of B Co.

On delivery of B/L No. 127

For A Co. USA

(Signature)

3. 提示

汇票持票人将汇票交给付款人，要求付款或承兑的行为叫作提示（Presentation）。即期汇票一经提示，付款人就要付款，称为付款提示；远期汇票提示时，付款人要承兑，称为承兑提示，到期时再进行付款提示。提示一般要在付款地进行，且要在合理时间内提示。

关于提示期限，我国票据法规定即期汇票必须自出票日起一个月内提示付款，而《日内瓦统一票据法》则规定自出票日起一年内提示。对于远期汇票，我国票据法规定承兑提示期限为出票日起一个月，《日内瓦统一票据法》规定为出票日起一年。对于远期汇票的付款提示期限，我国票据法规定自到期日起十日内，《日内瓦统一票据法》规定为到期日或者前后两个营业日中之一日。

4. 承兑

承兑（Acceptance）是远期汇票的付款人签章于汇票的正面，明确表示于到期日支付票据金额的一种票据行为。承兑包括两个动作：一是写明"已承兑"（Accepted）字样并签字，二是将已承兑汇票交付持票人。交付可以是实际的交付，即在承兑后将汇票交给持票人，也可以是推定的交付，只要付款人通知持票人在某日已作承兑，就算交付。国际上习惯的做法是，对180天以内的远期汇票承兑后不退给持票人，而只是书面通知（发一个"承兑通知"）。

承兑人保证他将按汇票的文义来付款，他是主债务人，而且不能以出票人的签字是伪造的或出票人不存在或未经授权而否认汇票的效力。

付款人有权决定是否予以承兑，但应尽快决定同意承兑或者拒绝。付款人考虑的时间，即承兑时间，《日内瓦统一票据法》规定为第一次提示后的次日到第二次提示的这段时间，而我国票据法则规定为收到提示承兑的汇票之日起三日内承兑或者拒绝。

承兑一般在汇票的正面做出。承兑可以分为两种，即一般承兑（General Acceptance）和保留承兑（Qualified Acceptance）。一般承兑也称为普通承兑，即对汇票的内容无限制地予以承兑；保留承兑是"有限制"地承兑汇票，这种"限制"包括：

（1）有条件的（Conditional），即以某种行为的发生为前提条件。

如：ACCEPTED

1 Mar. 2017

Payable on delivery of bills of lading

For Bank of China，London

（2）部分的（Partial），即对汇票的部分金额予以承兑。

如：ACCEPTED

3 Mar. 2017

Payable for amount of USD 8 000.00 only

For Bank of China，London

（3）规定地点的（Local），即在汇票上的指定地点外，另择付款地点。

如：ACCEPTED

3 Mar. 2017

Payable at the Hambors Bank and there only

For Bank of China，London

（4）规定时间的（as to time），即改变汇票付款的时间，通常是迟于原先的付款日期。如：3 Mar. 2017

Payable at 6 months after date

For Bank of China，London

5. 付款

付款（Payment）是指汇票的付款人于汇票到期日支付汇票金额以消灭票据关系的行为，是票据关系的最后一个环节。其具体过程是：汇票的持票人向付款人提示汇票，请求付款，然后付款人付款并收回汇票，从而使汇票上的法律关系结束。

6. 拒付

当持票人提示汇票要求承兑或付款时，遭到拒绝就叫拒付（Dishonor），也叫退票。事实上，不可能的付款，如破产、死亡等，也属于拒付。汇票在合理时间内提示遭到拒绝承兑时，或汇票在到期日提示遭到拒绝付款时，对持票人立即产生追索权，他有权向背书人和出票人追索票款。

7. 拒付通知

一旦发生拒付，持票人要及时通知前手，即发出退票通知，或叫拒付通知（Notice of Dishonor）。这个通知可以是书面的，也可以由人传达，措辞不限，只要能说明是哪一张汇票遭退票即可。

退票通知在实践中有两种做法。第一种是依次通知其前手，也就是持票人应在退票后一个营业日内，将退票事实通知前手背书人，前手应于接到通知后一个营业日内再通知他的前手背书人，一直通知到出票人。若持票人或背书人未在规定时间内将退票通知送达前手背书人或出票人，则该持票人或背书人即对接受通知的前手丧失追索权。第二种是持票人通知全体前手。如图 2－3 所示。

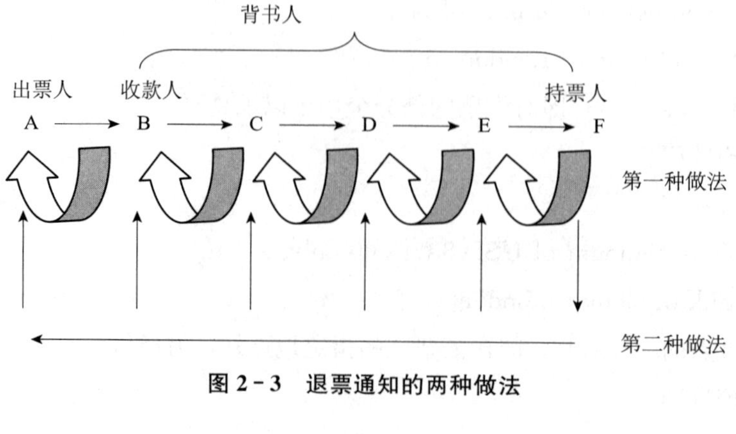

图 2－3　退票通知的两种做法

8. 拒付证书

拒付证书（Protest）是由拒付地点的法定公证人（Notary Public）做出证明拒付事实的文件。持票人请求公证人做成拒付证书时，应将汇票交出，由公证人向付款人再做提示，仍遭拒付时，即由公证人按规定格式做成拒付证书，连同汇票交还持票人，持票人凭拒付证书及退回的汇票向前手背书人行使追索权。

若拒付地点没有法定公证人，则拒付证书可以由当地知名人士在两个见证人面前做成。在我国可请公证处做成拒付证书。

9. 追索

汇票遭拒付时，持票人要求前手偿还票款和费用的行为称为追索（Recourse）。持票人是主债权人，有权向背书人、承兑人、出票人及其他的债务人追索。持票人可以依背书人的次序，也可越过前手，向其中任何一个债权人请求偿还。为节省时间，甚至可以跨越所有的中间环节，向最主要的债务人追索。未承兑前向出票人追索，已承兑时，如承兑人拒付，也是向出票人追索。出票人清偿之后，还可向承兑人追索，承兑人若仍不付款，出票人可以向法院起诉。

索偿的金额包括：①汇票金额，包括汇票上规定的利息；②损失的利息，即期汇票从付款提示日起计息，远期汇票从汇票到期日起计息；③做成拒付证书和退票通知的费用。

索偿分为期前索偿和期后索偿：

（1）期前追索金额＝票据金额－未到期利息＋费用。

（2）期后追索金额＝票据金额＋利息＋费用。

若出票时注明“PROTEST WAIVED OR NOTICE OF DISHONOR EXCUSED”，则出票人和全体背书人对拒付证书和退票通知的费用免责。

10. 参加承兑

参加承兑（Acceptance for Honor）是汇票遭到拒绝承兑而退票时，非汇票债务人在得到持票人同意的情况下，参与承兑已遭拒绝承兑的汇票的一种附属票据行为。其目的是防止追索权的行使，维护出票人和背书人的信誉。

汇票到期时，如付款人不付款，持票人可向参加承兑人提示要求付款，通知他付款人因拒绝付款而退票，并已做成拒付证书的事实。参加承兑人即应照付票款，从而成为参加付款人。

参加承兑应在票据上记载，由参加人签章，并记载被参加人的姓名。参加承兑未记载的被参加承兑人，被参加承兑人视为出票人。参加承兑行为一般表示如下：

ACCEPTED FOR HONOR OF B COMPANY

JULY 26，2016

FOR K COMPANY

（SIGNATURE）

持票人若接受其参加承兑，则持票人对被参加承兑人及其后手不得于到期日前行使追索权。参加承兑人对持票人以及被参加人后手，承担与承兑人相同的责任。若持票人到期向付款人做付款提示被拒付，则参加承兑人应当承担付款责任。

11. 参加付款

在因拒绝付款而退票，并已做成拒付证书的情况下，非票据债务人可以参加支付汇票票款。参加付款（Payment for Honor）与参加承兑的作用，都是为了防止持票人行使追索权，维护出票人、背书人的信誉，而且都可以指定任意债务人作为被参加人。

参加付款的金额应包括票面金额、利息和拒付证书费用。付款时，参加付款人收回汇票和拒付证书，然后向被参加付款人及其前手请求偿还。

12. 保证

保证（Guarantee）是指非汇票债务人对于出票、背书、承兑等行为予以担保，也是对汇票债务的担保。保证人一般是第三者，被保证人可以是出票人、承兑人、背书人等。保证人与被保证人所负的责任完全相同。经过保证后，票据的付款责任增强，促使票据更加易于流通转让。常见的汇票保证行为做法如下：

PAYMENT GUARANTEED

FOR ACCOUNT OF

SIGNED BY

DATED ON

GOOD AS AVAL

13. 贴现

贴现（Discount）是指远期汇票承兑后尚未到期，由银行或贴现公司从票面金额中扣减按照一定贴现率计算的贴现息后，将净款付给持票人，从而贴进票据的行为。

贴现行持贴进汇票直至到期日，提示给承兑人要求付款，承兑人支付票面金额，归还贴现行的垫款，并使贴现行赚取了贴现息。因此，贴现业务既是票据买卖业务，也是资金融通业务。

（1）贴现息的计算。贴现息的计算是按照贴现天数，即指距离到期日提早付款天数乘以贴现率。但因为贴现率多是用年率表示，所以应将其折成日率，英镑按一年 365 天作为基本天数，美元按一年 360 天作为基本天数。贴现息的计算公式为：

贴现时间

$$贴现息=票面金额\times\frac{贴现天数}{360(或365)}\times贴现率$$

净款（Net Proceeds）又称汇票现值的计算。净款的计算公式为：

净款=票面金额-贴现息

或者：

$$\text{净款}=\text{票面金额}\times\left(1-\frac{\text{贴现天数}}{360(\text{或}\ 365)}\times\text{贴现率}\right)$$

（贴现时间）

案例分析 1：

一张见票后 60 天付款、票面金额为 20 000 美元的汇票已经被承兑，承兑日为 5 月 1 日，持票人要求承兑行于承兑当日贴现，该行按贴现率 6%P. A.（每年）计算。请你计算贴现息和实际可以得到的金额。

贴现息＝ 20 000×60/360×6%＝200（美元）

净款＝20 000－200＝19 800（美元）

（2）贴现费用。贴现时发生的费用有承兑费、印花税和贴现率三种：

1）承兑费（Acceptance Commission）。伦敦银行对于远期汇票的承兑费，按承兑期每月 1‰算收，最少收 2‰，即最少按 60 天承兑期收费。远期付款交易的承兑费，一般由买方负担，但卖方开出远期汇票，要求承兑公司承兑，请贴现公司贴进时，承兑费用与买卖交易无关，则由卖方负担。

2）印花税（Stamp Duty）。英国对于 3 个月的远期国内汇票按 2‰计算收取，6 个月的远期国内汇票按 4‰贴印花，外国汇票按国内汇票的一半贴印花。印花税由卖方负担。

3）贴现率（Discount Rate）。伦敦贴现市场的贴现率由伦敦贴现市场公会（London Discount Market Association）决定，按年率计算。若汇票出票人和承兑人的名誉好，则贴现率低；若名誉差，则贴现率高。贴现率一般略低于银行对客户的放款利率。

（3）汇票的重贴现（Re-discount）。贴现人贴进远期汇票，占压了自己的资金，如果等不及到期日需要用款，则可以提前抛售汇票收回资金。汇票的贴现人售出他所贴进的汇票，称为重贴现。

英国规定汇票重贴现的条件是：汇票上必须带有两个英国头等银行的名号（Two first class British Bank's name）。其中：一个是汇票的付款人，也就是汇票的承兑人，必须是英国的银行；另一个是贴现公司，也必须是英国的。因为贴现公司属于银行性质，汇票贴进后，贴现公司如果拟出售，即须在汇票上背书，所以汇票上有了第二个英国银行的名号。只有银行承兑汇票才具备重贴现条件，商业承兑汇票不具备重贴现条件。只有中央银行才能做重贴现业务。

由此可知，贴现人就是指贴现的执行人，他在资金运用上有较大的灵活性。当商人以未到期票据向他兑换现款时，他能根据出票条款、出票人、承兑人资信以及他们与自己的关系决定贴现与否。如果贴现，则自行决定贴现率。当贴现人手头资金较紧张时，他又可将贴入的票据再贴现。

案例分析 2：

2017 年 3 月 5 日，在纽约做生意的 Joan 开立了一张金额为 USD 20 000.00、以 Smith 为付款人、出票后 90 天付款的汇票，因为他出售了价值为 USD 20 000.00 的货物给 Smith。3 月 21 日，Joan 又从 Brown 那里买进了价值相等的货物，所以，他就把这张汇票交给了 Brown。Brown 持该票于同年 4 月 5 日向 Smith 提示，Smith 次日见票承兑。4 月 10 日，Brown 持该票向花旗银行贴现，当时的贴现利率为 10%P. A.（按 360 天计算）。请根据上述给定的背景材料完成。

（1）熟悉汇票的基本内容，开立一张汇票，并在票据的正面和背面分别表示出其流转过程。

（2）计算汇票的到期日、贴现天数及实得金额。

分析过程：

步骤一：开立一张汇票

Exchange for USD 20 000.00 Mar. 5，2017，New York
At 90 days after date pay to the order of Joan the sum of U. S. Dollars twenty thousand only for value received.
To：Smith

Joan

步骤二：票据的正面应该是承兑行为。根据给定的材料，承兑日是 2017 年 4 月 6 日，承兑人是 Smith。

Accepted
Smith
Apr. 6，2017

步骤三：票据的反面应该是背书行为。根据给定的材料，背书行为发生在 2017 年 3 月 21 日，背书人是 Joan，被背书人是 Brown，一般进行的是指示性背书。

Pay to the order of Brown
Joan
Mar. 21，2017

步骤四：计算到期日

到期日：2017 年 6 月 3 日

计算过程如下：3 月 26 天，4 月 30 天，5 月 31 天，6 月 3 天。则：

$$26+30+31+3=90\text{（天）}$$

步骤五：计算贴现天数

贴现天数就是贴现日与到期日的差额，为 54 天。

计算过程如下：4 月 20 天，5 月 31 天，6 月 3 天。则：

20＋31＋3＝54（天）

步骤六：计算实得金额

实得金额＝本金－（本金×贴现率×贴现天数/360）

＝20 000－（20 000×10%×54/360）

＝19 700（美元）

（五）汇票的分类

1. 按照汇票上的主债务人分类，汇票可以分为商业汇票和银行汇票

（1）商业汇票（Commercial Draft）。凡是出票人和付款人都是私人、公司或商号者均为商业汇票。即期商业汇票不像银行汇票那样能在市场上自由流转，这是因为出票人和付款人的资信不一定为社会大众所熟悉，出票人开立汇票是否有根据，在汇票表面上很难做出判断。如果出票人出票毫无根据，付款人拒绝付款可完全不负法律责任。为使这类票据能为人们所接受，通常由银行进行承兑，将之变成银行承兑汇票（Banker's Acceptance Draft）。

（2）银行汇票（Bank Draft）。出票人为银行并以另一家银行为付款人的汇票称为银行汇票。根据英国习惯，如汇票上的出票人和付款人系属同一机构者，可视为本票。

2. 按照有无附属单据，汇票可以分为跟单汇票和光票

（1）跟单汇票（Documentary Draft）。凡是汇票后随附货运单据的称为跟单汇票。跟单汇票一般都为商业汇票。它和光票不同，除了票面上当事人的信用以外，尚有物资保证。跟单汇票的流通转让和能否取得资金融通，在很大程度上取决于货运单据所代表的物资是否有价值。

根据交付单据的方式，跟单汇票可分为付款交单汇票（Document Against Payment Draft）和承兑交单汇票（Document Against Acceptance Draft）。付款交单汇票是指付款人付清票款后才交付给货运单据的汇票；承兑交单汇票是指付款人承兑汇票之后即交付给货运单据的汇票。

（2）光票（Clean Draft）。凡是汇票后不附带货运单据的，称为光票。这类汇票全凭票面信用在市面上流转而无物资作为后盾。银行汇票多为光票。出票行应客户的要求开立以其国外联行或代理行为付款人的汇票，一般用于国际的资金转移、非贸易的债权债务结算。

3. 根据付款期限不同，汇票可以分为即期汇票和远期汇票

（1）即期汇票（Sight Draft）。汇票上注明是即期付款的汇票为即期汇票；汇票上既未注明即期付款，也未明确表示付款日期的也是即期汇票。即期汇票的持票人必须在合理时间内向汇票付款人提示付款，否则出票人和所有背书人就可以解除责任；但如果发生延迟提示不是持票人的过失或疏忽造成的，或不是持票人所能控制的，则延迟提示是允许

的，但这样的原因一旦消失后就应立即提示。

（2）远期汇票（Time Draft）。汇票上规定到期日为未来某一天，或未来可以推算的某一天，如出票后若干天付款、见票后若干天付款等的汇票，为远期汇票。远期汇票在付款前需要提示承兑。根据承兑人身份的不同，可分为商业承兑汇票（Commercial Acceptance Draft）和银行承兑汇票（Banker's Acceptance Draft）。若远期汇票的承兑人是进口商或其指定的个人，则此汇票是商业承兑汇票；若远期汇票的承兑人是银行，则此汇票为银行承兑汇票。

4. 根据当事人居住地不同，汇票可以分为国际汇票和国内汇票

（1）国际汇票（International Bill of Exchange）。国际汇票是指汇票出票人、付款人、收款人的居住地中有两个是在不同的国家（地区），汇票也在两个不同的国家（地区）之间流通。国际结算中使用的汇票多为国际汇票。

（2）国内汇票（Domestic Bill of Exchange）。国内汇票是指出票人、付款人、收款人的居住地都在一个相同的国家（地区），该汇票在国内（地区内）流通。

五、本票

（一）本票的定义

本票是一项书面的无条件的支付承诺，由一人做成，并交给另一人，经制票人签名承诺即期或定期或在可以确定的将来时间，支付一定数目的金额给一个特定的人或其指定人或来人。

（二）本票的内容

本票的必要项目主要包括以下内容：（1）写明"本票"字样；（2）无条件支付承诺；（3）收款人；（4）出票人签字；（5）出票日期和地点（未载明出票地点的，出票人名字旁的地点即为出票地点）；（6）付款期限（未注明付款期限的，该本票应视为见票即付）；（7）一定金额；（8）付款地点（未注明付款地点的，出票地视为付款地）。

本票示例见表 2 - 9。

表 2 - 9　　本票

Promissory Note for USD 8 000.00　　　　New York，Jun. 6，2017
(1)　　(7)　　(5)

At 60 days after date we promise to pay Nanjing Import and Export Corp.
(6)　　(2)　　(3)

or order the sum of U. S. Dollars eight thousand only.
(7)

For CITIC BANK
New York
signature
(4)

（三）本票的种类

1. 商业本票

商业本票（Trader's Note）是以贸易公司作为制票人而发出的即期本票。由于制票人

的支付信誉没法把握，因此商业本票的收款人不愿接受。

2. 银行本票

本票广泛地应用于银行，由商业银行签发即期付给记名收款人的不定额的银行本票（Banker's Note）可以当作现金，交给提取存款的客户。商业银行还发行即期定额付给来人的银行本票，又称银行券，一般形式见表 2－10。

表 2－10　　　　银行券

Note for USD 200.00　　　　New York，Jul. 2，2017 On demand we promise to pay bearer the sum of U. S. Dollars two hundred only. For CITIC BANK New York signature

客户拿现钱购买后，便于携带，也可当作货币相互支付。但是，如果各大商业银行竞相发行即期定额付给来人的银行本票流通到市场上，容易造成货币投放量骤增，扰乱国家纸币发行制度。因此，各国不允许商业银行发行定额不记名（来人）的本票，而归中央银行垄断发行。商业银行可以发行不定额的记名银行本票。

3. 国际小额本票

国际小额本票（International Money Order）是由设在货币清算中心的银行作为签票行，发行该货币的国际银行本票，交给购票的记名收款人持票，带到该货币所在国以外的世界各地旅游时，如需用钱，即将本票提交当地任何一家愿意兑付的银行，经审查合格，即可垫款予以兑付。然后将国际小额本票寄给货币清算中心的代理行，经票据交换，收进票款归垫。兑付的代理行如有签票行账户，即可借记账户归垫。发行国际小额本票的银行不拨头寸，收取了购票人的资金，可以待国外寄来本票托收时再把资金付出，这对于签票行非常有利。

纽约各大银行常常发行美元国际小额本票代替旅行支票，其形式见表 2－11。

表 2－11　　　　国际小额本票

INTERNATIONAL MONEY ORDER MANUFACTURERS HANOVER TRUST COMPANY NEW YORK，10015	
PAY TO THE ORDER OF ______________ AMOUNT Maximum of two thousand five hundred（USD 2 500.00）U.S. dollars *Henry C. Prahel* MANUFACTURERS HANOVER TRUST COMPANY NEW YORK，10015	______________，2017 PAY AT YOUR BUYING RATE FOR EXCHANGE ON NEW YORK UNITED STATES DOLLARS *Georg D. Schiela* (NOT VALID UNLESS COUNTER SIGNED ABOVE) AUTHORIZED SIGNATURE

4. 旅行支票

旅行支票（Traveller's Cheque）仅从付款人就是该票的签发人这一点来看，它是带有本票性质的票据。但旅行支票的发行实际上是购票人在发票机构的无息存款，兑付旅行支票等于支取这笔存款，所以旅行支票又带有支票性质。

购买旅行支票时，旅游者要当着出售银行职员的面，在票上初签，然后带到国外旅游。当需要兑付时，持票人要当着付款代理行的面，在票上复签，经代理行核对复签与初签相符，即予付款，但需要扣减贴息，支付净款。旅行支票发行时，签发行占用旅游者的资金，直到旅行支票寄回索款时。每当兑付之际，付款代理行向旅游者扣收贴息，所以银行两头都占旅游者的便宜。

旅行支票的发行银行应位于某个货币清算中心，并在其他几个通用货币清算中心有自己的分支机构，这样便于旅行支票的兑付和偿还。旅行支票的发行量比国际小额本票的发行量大得多。

旅行支票示例如图 2-4 所示。

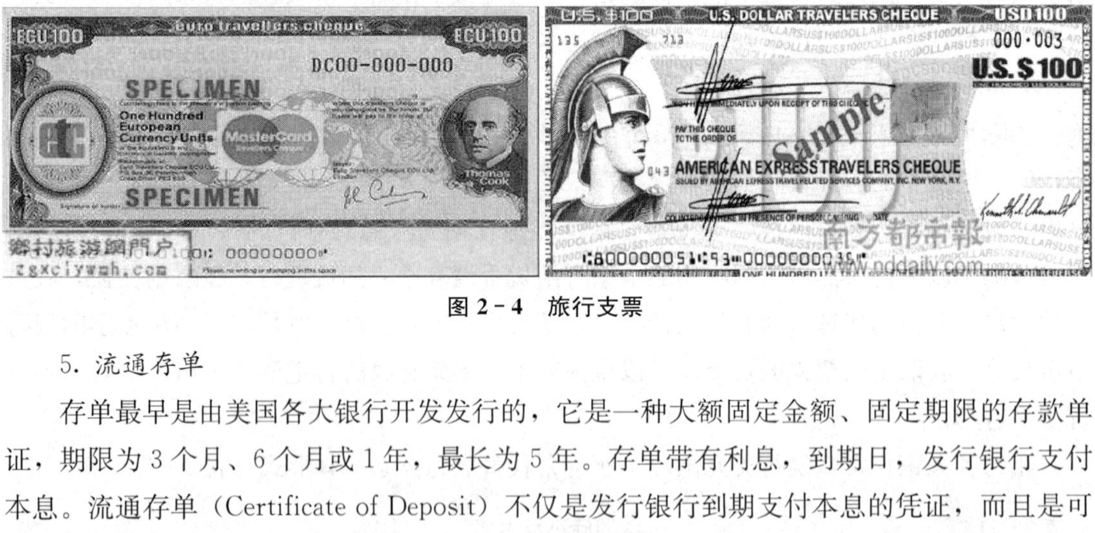

图 2-4 旅行支票

5. 流通存单

存单最早是由美国各大银行开发发行的，它是一种大额固定金额、固定期限的存款单证，期限为 3 个月、6 个月或 1 年，最长为 5 年。存单带有利息，到期日，发行银行支付本息。流通存单（Certificate of Deposit）不仅是发行银行到期支付本息的凭证，而且是可以在金融市场买卖的商品。发行银行可用流通存单从市场上筹集资金：投资人购买存单时，相当于向金融市场投放资金；投资人出售存单时，相当于从金融市场收回资金。因此，流通存单就成为一种融通资金的工具。

6. 中央银行本票

中央银行本票（Central Banker's Note）又称中央银行券，是等同于纸币的银行票据。一个国家可以通过法律规定，在国内强制无限期地流通本票。特别是中央银行发行的定额、不记名的银行本票，视同钞票使用。这种定额本票，可以由中央银行自己发行，也可以委托商业银行代为发行。中国人民银行印就的定额银行本票就是委托商业银行代为发行的，中国人民银行把它视同发行基金看待。对于已兑付的定额本票如拟销毁，则比照损伤人民币的销毁办法予以销毁，反映了中央银行本票与纸币是一样的。

7. 国库券

国库券（Treasury Bill）是在金融界流通性很强的票据，购买人持有国库券就获得了财政部的付款保证。持有国库券的银行遇到资金紧张时，可持国库券向中央银行要求再贴现，这时财政部就要投放资金到市场上，商业银行则收回资金。中央银行贴现率经常公布在官方媒体上，也就是持票银行所说的再贴现率，它是一个国家的利率标准。我们把再贴现率称为银行利率（Bank Rate）。银行的放款利率就是参照再贴现率确定的。

六、支票

（一）支票的定义

支票（Cheque）是由银行的存款人签发的，要求银行见票即付的汇票。英美票据法对支票给予下述定义："支票是银行存款户对银行签发的，授权银行对某人或其指示人，或来人，即期支付一定金额的无条件书面支付命令。"

（二）支票的内容

支票必须具备如下几项主要内容：（1）写明"支票"字样；（2）无条件支付命令；（3）付款银行名称；（4）出票人签字；（5）出票日期和地点（未载明出票地点的，出票人名字旁的地点视为出票地）；（6）付款地点（未载明地点的，付款银行所在地视为付款地）；（7）一定金额；（8）收款人或其指示人。

支票示例见表 2 - 12。

表 2 - 12　　　　支票

Cheque for USD 10 000.00　　　　London, Sep. 26, 2017
(1)　(7)　　　　(5)

Pay to the order of ABC CO. the sum of TEN THOUSAND POUNDS ONLY.
(2)　(8)　　　　(7)

TO Midland Bank Ltd.
(3)

London
(6)

For D Co.
Signature
(4)

（三）支票的种类

1. 未划线支票

未划线支票（Uncrossed Cheque）是指在支票票面上没有两道平行横线的支票，也称为公开支票或现金支票（Open Cheque）。这种支票既可以通过银行转账，又可以提取现金。

2. 划线支票

划线支票（Crossed Cheque），又称为转账支票，是指在支票票面上有两道平行横线的支票，是一种只能通过银行转账、不能提取现金的支票。支票划线的目的在于保障出票人和持票人的利益，当支票遗失或被盗时，出票人或持票人可通过收款银行查明并追回票款。

划线支票可分为普通划线支票（General Crossed Cheque）和特别划线支票（Special Crossed Cheque）。

（1）普通划线支票。普通划线支票有以下几种：

1）支票带有横过票面的两条平行线，中间无任何加注，如：

2）加注"Banker"字样：

Banker

3）加注"& Co."字样：

& Co.

4）划线中可加注"不可流通"（Not Negotiable）字样，意旨不要转让，如仍转让，受让人的权利不得优于前手转让人：

Not Negotiable

5）划线中可加注"记入收款人账户"（Account Payee）字样，这是对代收行的指示，要求它将票款记入收款人账户：

Account Payee

（2）特别划线支票。特别划线支票是指在支票票面上带有横过票面的两条平行线的支票，中间有一家银行名称。

CITIC Bank

除旅行支票外，支票大部分限于国内使用，很少在国际使用。支票不能作为信贷工具，它只是一种结算工具。由于支票的这种特性，国际贸易一般不通过支票结算。在国内贸易中，支票也很少见。在远期国内贸易中，我们有时会遇到"期票"，这种期票实际上是填迟日期的支票（Post-dated Cheque），那个日期实际上应该被视为出票日，对那个日期来说，支票仍是见票即付的即期支票。

（四）支票的拒付和止付

1. 支票的拒付

支票的拒付（Dishonor of Cheque）是指付款行对于不符合付款条件的支票拒付并退票的行为。付款行退票的理由通常有：（1）出票人的签名不符；（2）大小写金额不符；（3）支票未到期；（4）存款不足；（5）奉命拒付；（6）支票开出不符规定；（7）大写金额须出票人确认；（8）支票逾期提示或过期支票；（9）须收款人背书；（10）须与出票人联系；（11）要项涂改须出票人确认。此外，缺付款人名字、托收款项尚未收到等均可构成银行拒付的理由。

2. 支票的止付

支票的止付（Stop Payment of Cheque）是指出票人向付款行发出书面通知，要求银行停止对某张支票付款的行为。当持票人遗失支票，要求付款银行止付时，该行应告诉持票人立即与出票人联系，由出票人发出书面通知后，止付才能成立。以后该支票如提示时，付款行在支票上注明“奉命止付”（orders not to pay）字样，并退票给提示人。

（五）支票的有效期

支票作为替代现金的即期支付工具，有效期较短。《日内瓦统一票据法》规定的支票提示期限是：若出票和付款在同一国家，是自出票日起算 8 天；不在同一国家但在同一洲的是 20 天；在不同国家又不同洲的是 70 天。追索的期限是从上述提示期限到期起算 6 个月。

七、汇票、本票、支票的比较

支票是汇票的一种，所以支票与汇票有许多共性。汇票、本票、支票作为国际结算的主要工具，它们有着类似的流通性质，但各自又有其特点。表 2－13 是对这三种主要国际结算票据的对比分析：

表 2－13　　**汇票、本票、支票的异同点比较**

<table>
<tr><th></th><th colspan="2">种　类</th><th>汇票</th><th>本票</th><th>支票</th></tr>
<tr><td rowspan="2">相同点</td><td colspan="2">性　质</td><td colspan="3">属于以支付一定金额为目的的票据，都具备必要的内容，都具有一定的票据行为</td></tr>
<tr><td colspan="2">流　通</td><td colspan="3">记名式和指示式的票据，经过背书可以转让，来人式的票据，经过交付即可转让，转让后在市场上流通，成为流通工具</td></tr>
<tr><td rowspan="9">不同点</td><td colspan="2">用　途</td><td>结算工具、信贷工具</td><td>结算工具、信贷工具</td><td>多用于结算工具</td></tr>
<tr><td colspan="2">期　限</td><td>即期、远期</td><td>即期、远期</td><td>即期</td></tr>
<tr><td colspan="2">当事人</td><td>出票人、付款人、收款人</td><td>出票人、收款人</td><td>出票人、付款人、收款人</td></tr>
<tr><td colspan="2">份　数</td><td>多份（正本与副本）</td><td>一份（只有正本）</td><td>一份（只有正本）</td></tr>
<tr><td colspan="2">承　兑</td><td>远期汇票尤其是见票后若干天后付款汇票必须承兑</td><td>无须承兑</td><td>无须承兑</td></tr>
<tr><td colspan="2">贴　现</td><td>可贴现</td><td>可贴现</td><td>不能贴现</td></tr>
<tr><td colspan="2">责　任</td><td>汇票在承兑前，出票人是主债务人。承兑后，承兑人是主债务人。所有承兑人需对汇票共同负责</td><td>出票人始终是主债务人。本票出票人（即付款人）超过一人时，可以对本票共同负责，也可以分别负责</td><td>出票人始终是主债务人</td></tr>
<tr><td rowspan="2">追索权</td><td>在票据有效期内</td><td>①遇拒付若要保留追索权，应做拒付证书
②持有人对出票人、背书人、承兑人都有追索权</td><td>①无须做拒付证书
②只对出票人有追索权</td><td>①无须做拒付证书
②只对出票人有追索权</td></tr>
<tr><td>票据过期</td><td>过期遭拒付，对票据上的一切当事人丧失追索权</td><td>过期拒付，对票据背书人丧失追索权，对出票人仍可行使追索权（6 年内）</td><td>过期拒付，持票人仍可向出票人追索</td></tr>
</table>

能力实训

一、单选题

1. 票据的做成，形式上需要记载的必要项目必须齐全，各个必要项目又必须符合票据法律规定，方可使票据产生法律效力，这是票据的（　　）性质。

A. 要式性　　B. 设权性　　C. 提示性　　D. 流通转让性

2. 票据所有权通过交付或背书及交付进行转让，这是票据的（　　）性质。

A. 要式性　　B. 设权性　　C. 提示性　　D. 流通转让性

3. 票据上的债权人在请求票据债务人履行票据义务时，必须向付款人提示票据，方能请求付给票款，这是票据的（　　）性质。

A. 要式性　　B. 设权性　　C. 提示性　　D. 流通转让性

4. 关于汇票的付款期限的下述记载方式中，（　　）必须由付款人承兑后才能确定具体的付款日期。

A. at sight　　B. at ×× days after sight

C. at ×× days after date　　D. at ×× days after shipment

5. 承兑是（　　）对远期汇票表示承担到期付款责任的行为。

A. 付款人　　B. 收款人　　C. 持票人　　D. 受益人

6. 以下关于支票的说法，正确的是（　　）。

A. 是一种无条件的书面支付承诺　　B. 付款人可以是银行、工商企业或个人

C. 可以是即期付款或远期付款　　D. 是以银行为付款人的即期汇票

7. 支票的出票人和付款人的关系是（　　）。

A. 债务人和债权人　　B. 债权人和债务人

C. 银行的存款人和银行　　D. 供应商和客户

8. 指示性抬头的汇票（　　）。

A. 须经背书方可转让　　B. 不能通过背书转让

C. 无须背书，仅凭交付即可转让　　D. 以上都不对

9. 出票包括（　　）。

A. 填写票据内容及背书

B. 开立票据并承担提示票据时付款人付款的责任

C. 填写票据、签字并在被追索时承担责任

D. 开立票据并交付给他人

10. 下列三种汇票中，注明（　　）的是不可转让的。

A. Pay to Johnson Co.，Ltd. only

B. Pay to Johnson Co.，Ltd. and its order

C. Pay to bearer

D. Pay to the order of Johnson Co.，Ltd.

二、判断题

1. 通常，票汇方式下收款人收妥资金的时间比使用电汇方式要短。(　　)

2. 票汇中使用的是银行汇票，因此，其结算基础是银行信用。(　　)

3. 汇票上金额须用文字大写和数字小写分别表明。如果大小写金额不符，则以小写为准。(　　)

4. 票据贴现，其他条件相等时，贴现率越高，收款人所得的净值就越大。(　　)

5. 远期汇票在承兑前，出票人是汇票人的主债务人，但汇票一经付款人承兑，承兑人即成为汇票的主债务人。(　　)

6. 拒付就是受票人对向他提示的汇票明确表示拒绝付款。(　　)

7. 票据的付对价持票人的权利不受其前手权利缺陷的影响。(　　)

8. 汇票遭到拒付时，可以由持票人依照汇票转让顺序依次向其前手追索，也可以越过其直接前手，向债务人中的任何一个追索，直至出票人行使追索权。(　　)

9. 存款人在银行存款余额少于所开立的支票金额或者出票人在银行本来就没有存款这两种情况下所开立的支票都叫空头支票，出票人要为此承担法律责任。(　　)

10. 汇票与支票的重要区别之一是，前者的付款人不局限于银行，而后者的付款人只能是银行。(　　)

三、能力拓展

[工作任务 1] 请根据下述给定材料，制作相应的汇票。

上海工艺品进出口公司向日本丽智贸易公司出口真丝手绢 2 400 件，每件 20 美元 CIF 东京，日本东京银行于 2017 年 5 月 21 日开出不可撤销信用证，证号为 01-33498。上海工艺品进出口公司于 2017 年 5 月 25 日装运。请根据上面内容填制一张即期汇票。

[工作任务 2] 对远期汇票进行承兑与背书。

以下汇票是一份提单日后 90 天付款的汇票，出票日期为 2017 年 7 月 16 日。出票人 A COMPANY 将汇票做成指示性抬头：PAY TO BANK OF CHINA LTD.，SHANGHAI OR ORDER。

(1) BANK OF CHINA LTD.，SHANGHAI 为方便收款，将汇票委托国外代理行向汇票的受票人提示承兑和付款，而在汇票背面做成空白背书。

(2) 受票人于 2017 年 7 月 27 日接受了持票人的第一次提示，在汇票正面签章并做出承兑行为。

EXCHANGE FOR GBP 5 000.00　　　　　　JULY 16，2017 SHANGHAI

AT NINETY DAYS AFTER B/L DATE/JULY 13，2017 SIGHT OF THIS FIRST

OF EXCHANGES（SECOND OF THE SAME TENOR AND DATE UNPAID）PAY TO BANK OF CHINA LTD.，SHANGHAI OR ORDER THE SUM OF FIVE THOUSAND POUNDS ONLY.

TO：C COMPANY，LONDON

FOR A COMPANY，SHANGHAI

（SIGNED）

学习情境三

托收业务

学习目标

能力目标：

1. 能以委托人（出口商）的身份根据合同填写托收委托书和与托收业务相关的单据
2. 能以托收行的身份根据跟单托收申请书制作跟单托收指示
3. 能以代收行的身份根据跟单托收指示制作进口代收单据通知书
4. 能制作 MT400 和 MT412 报文

知识目标：

1. 理解托收的定义、基本当事人和相互关系
2. 掌握托收业务的基本流程
3. 掌握付款交单和承兑交单业务的区别
4. 了解托收风险及其防范、托收业务的资金融通

工作项目

2015 年 3 月 8 日，上海卓越贸易有限公司出口部的李明与东方国际公司的 John Smith 签订了一份女式夹克的销售合同，双方决定采用托收方式付款。合同见表 3－1。

2015 年 8 月 27 日，上海卓越贸易有限公司按照合同要求装运货物，发货后制作好全套单据，其中发票号码为 4728294。次日，李明携合同规定的单据到开户行，即位于北京南路 215 号的中国银行上海分行（开户账号：4535334-0001-007047-1），办理托收申请手续。

李明把托收委托书交到中国银行上海分行国际结算部，孙琳接收了托收委托书和随附单据，审核无误后，于 2015 年 8 月 30 日办理了这笔出口托收业务，托收指示的编号为 BC785738EU。

2015 年 9 月 2 日，Brown 作为渣打银行伦敦分行的业务员，在收到中国银行上海分行国际结算部孙琳发来的托收指示后，制作编号为 2305038 的进口代收单据通知书，正式通知 ORIENTAL INTERNATIONAL（UK）LTD. 前来付款赎单，并办理相关手续。9 月 4 日，ORIENTAL INTERNATIONAL（UK）LTD. 付款后，整理相关资料，扣除代收手续费 10 美元，制作 MT400 报文，发给中国银行上海分行。

其中，托收行在代收行开立账户，账号为 784736788，代收行 SWIFT 代码为 BKCHCNSH910。

工作任务 1：出口商办理托收申请业务

工作任务 2：托收行办理托收业务

工作任务 3：代收行办理代收业务

表 3－1

销售合同

SALES CONFIRMATION

THE SELLER：SHANGHAI ZHUOYUE TRADING CO.，LTD. No. SMST/24116
NO. 5 LANXI ROAD，SHANGHAI，CHINA Date：JUL. 25，2015
TEL：86-510-82739008

THE BUYER：ORIENTAL INTERNATIONAL（UK）LTD.
61 CHESTNUT AVENUE，BUCKHURST HILL，ESSEX1G96EP
JERSEY 07024 U. K.
TEL：+44（020）7280 7500　FAX：+44（020）7280 7791

ARTICLE NUMBER & DESCRIPTION	QUANTITY	UNIT PRICE	AMOUNT
		CIF LONDON	
LADIES' 100% COTTON WOVEN JACKET	1 000 PCS	USD 20. 00	USD 20 000. 00

TERMS OF PAYMENT：D/P AT 30 DAYS SIGHT FOR FULL INVOICE VALUE
DOCUMENTS：+SIGNED COMMERCIAL INVOICE IN 3 FOLD
+CLEAN ON BOARD OCEAN BILLS OF LADING 3 ORIGINALS AND 2 COPIES
+CERTIFICATE OF ORIGIN IN 2 FOLD
+PACKING LIST IN 3 FOLD
+INSURANCE POLICY IN 2 FOLD
LATEST DATE OF SHIPMENT：AUG. 27，2015 ON VICTORIA VESSEL
PAYABLE BY ORIENTAL INTERNATIONAL（UK）LTD.，THROUGH STANDARD CHARTERED BANK LONDON BRANCH，54 JERMYN STREET，SW1Y 6WL，LONDON
SWIFT：SCHBUK42，TELEX：7657875SCHB LN
ALL BANKING CHARGES ARE BORNE BY THE SELLER.

THE SELLER
SHANGHAI ZHUOYUE TRADING CO.，LTD.
李明

THE BUYER
ORIENTAL INTERNATIONAL（UK）LTD.
John Smith

操作示范

工作任务 1　出口商办理托收申请业务

【步骤 1】阅读合同中有关支付的条款，梳理业务中的当事人及其他信息

1. 阅读合同中有关支付的条款

Terms of Payment：D/P AT 30 DAYS SIGHT FOR FULL INVOICE VALUE

要求用远期付款交单，30 天的远期汇票支付合同全部价款，即 USD 20 000. 00。

2. 梳理业务中的相关当事人

Principal：SHANGHAI ZHUOYUE TRADING CO.，LTD.
NO. 5 LANXI ROAD，SHANGHAI，CHINA
A/C No. 4535334-0001-007047-1

Drawee：ORIENTAL INTERNATIONAL（UK）LTD.
61 CHESTNUT AVENUE，BUCKHURST HILL，ESSEX1G96EP
JERSEY 07024 U. K.

Remitting Bank：BANK OF CHINA，SHANGHAI BRANCH
NO. 215 BEIJING SOUTH ROAD，SHANGHAI，CHINA

Collecting Bank：STANDARD CHARTERED BANK，LONDON BRANCH
54 JERMYN STREET，SW1Y 6WL，LONDON
SWIFT：SCHBUK42，TELEX：7657875SCHB LN

3. 梳理业务中的其他信息

汇票的出票日为 2015 年 8 月 27 日，发票号码为 4728294。

【步骤 2】根据合同和发票的信息，制作远期托收汇票

汇票见表 3－2。

表 3－2

汇票

BILL OF EXCHANGE

No. 4728294
Exchange for USD 20 000. 00 SHANGHAI，CHINA，AUG. 27，2015
At 30 days after sight of this FIRST of exchange（second of exchange being unpaid）pay to the order of
SHANGHAI ZHUOYUE TRADING CO.，LTD.
the sum of SAY U. S. DOLLARS TWENTY THOUSAND ONLY
To:　　　　　　　　　　　　　　　　　　　　For and on behalf of
ORIENTAL INTERNATIONAL（UK）LTD.　　　SHANGHAI ZHUOYUE TRADING CO.，LTD.

【步骤 3】阅读合同中有关支付条款的补充条款，梳理业务中的剩余信息

1. 合同中有关支付条款的补充条款

Terms of Payment：PAYABLE BY ORIENTAL INTERNATIONAL（UK）LTD.，THROUGH STANDARD CHARTERED BANK LONDON BRANCH，54 JERMYN STREET，SW1Y 6WL，LONDON SWIFT：SCHBUK42，TELEX：7657875SCHB LN.

ALL BANKING CHARGES ARE BORNE BY THE SELLER.

合同中要求通过渣打银行伦敦分行向买方代收支付全部价款，所有托收费用由卖方负责，渣打银行伦敦分行的 SWIFT 代码为 SCHBUK42，电传号为 7657875SCHB LN。

2. 梳理业务中的剩余信息

申请托收的日期是 2015 年 8 月 27 日，汇票到期日根据汇票的见票日计算得到 8 月份还有 4 天，9 月份算上 26 天正好为 30 天，因此到期日为 2015 年 9 月 26 日。

随附单据要求如下：

+SIGNED COMMERCIAL INVOICE IN 3 FOLD 商业发票一式三份

+CLEAN ON BOARD OCEAN BILLS OF LADING 3 ORIGINALS AND 2 COPIES 已装船的清洁提单三正两副

+CERTIFICATE OF ORIGIN IN 2 FOLD 原产地证书一式两份

+PACKING LIST IN 3 FOLD 装箱单一式三份

+INSURANCE POLICY IN 2 FOLD 保险单一式两份

【步骤 4】熟悉托收申请书的内容，准备相关信息

托收申请书是受益人在发货完毕并取得一整套的商业票据后，将单据随同信用证或汇票递交给通知行，申请通知行代其收取款项的凭据。其主要内容如下：

（1）致：填写托收行名称，本业务中填写 Bank of China，Shanghai Branch。

（2）日期：此处填写办理托收日期，本业务中填写 2015－08－27。

（3）托收业务项下的相关当事人。包括：①托收行（Remitting Bank），此处填写出口行的名称、地址和电话；②代收行（Collecting Bank），此处填写进口行的名称和地址；③委托人（Principal），此处填写出口商公司的名称、地址和电话；④付款人（Drawee），此处填写进口商公司的名称、地址和电话。本业务中所有当事人按照给定材料填制。

（4）托收方式：在对应付款方式的“（ ）”内打“√”，付款方式有付款交单、承兑交单、无偿交单。本业务中选择付款交单。

（5）发票号码：此处填写商业发票编号，本业务中填写 4728294。

（6）金额：此处填写托收的合同币别及合同金额，本业务中填写“USD 20 000.00”。

（7）国外/国内费用承担人：根据合同或交易习惯，在相应的“□”内打“√”。

（8）单据种类、份数：此处根据提交的单据份数进行填写。一般填写原则如下：汇票份数、发票份数必填；航空运单份数（正本副本总数），如果是空运，则必填；保险单份数（正本副本总数），如果合同是 CIF/CIP，则必填；装箱单份数（正本副本总数）必填；数量重量证书份数（正本副本总数）、健康证份数（正本副本总数）、植物检疫证书份数（正本副本总数）、品质证书份数（正本副本总数），如果出口商报检时申请了以上单据，则必填；同理，原产地证书、普惠制产地证、输欧盟产地证，如果出口商申请了这些单据，也必须填写。

（9）付款指示：此处内容包括开户行的名称，合同币别对应的外汇账号。

（10）公司联系人姓名：需与出口商的基本资料一致，包括电话和传真。

【步骤5】根据合同相关条款和全套单据的内容，填制托收申请书

托收委托书内容见表3-3。

表3-3

中国银行 BANK OF CHINA

托收委托书

COLLECTION ORDER

致：Bank of China，Shanghai Branch（1）　　日期：2015-08-27（2）

兹随附下列出口托收单据/票据，请贵行根据国际商会《跟单托收统一惯例》（URC522）及/或贵行有关票据业务处理条例予以审核并办理寄单/票索汇：

托收行（Remitting Bank）：（3） BANK OF CHINA SHANGHAI BRANCH NO. 215 BEIJING SOUTH ROAD，SHANGHAI，CHINA	**代收行（Collecting Bank）：**（3） 名称：STANDARD CHARTERED BANK，LONDON BRANCH 地址：54 JERMYN STREET，SW1Y 6WL，LONDON
委托人（Principal）：（3） SHANGHAI ZHUOYUE TRADING CO.，LTD. NO. 5 LANXI ROAD，SHANGHAI，CHINA	**付款人（Drawee）：**（3） 名称：ORIENTAL INTERNATIONAL（UK）LTD. 地址：61 CHESTNUT AVENUE，BUCKHURST HILL，ESSEX1G96EP JERSEY 07024 U. K. 电话：
付款交单D/P（√）承兑交单D/A（ ）无偿交单FREE OF PAYMENT（ ）（4）	期限/到期日：AT 30 DAYS AFTER SIGHT Sept. 26，2015
发票号码/票据编号：4728294（5）	国外费用承担人：□付款人 ☑委托人（7）
金额：USD 20 000.00（6）	国内费用承担人：□付款人 □委托人（7）

单据种类（8）	汇票	发票	提单	航空运单	保险单	装箱单	重量单	产地证	FORM A	检验证	公司证明	船证明			
份数	2	3	3（2）		2	3		2							

特别指示：

1. 邮寄方式：☑快邮　□普邮　□指定快邮
2. 托收如遇拒付，是否须代收行作成拒绝证书（PROTEST）：☑是　□否
3. 货物抵港时是否代办存仓保险：□是　□否
4. 如付款人拒付费用及/或利息，是否可以放弃：□是　□否
5. ______________________
6. ______________________

付款指示：（9）

核销单编号：__________

请将收汇款以原币（√）或人民币（ ）划入我司下列账户：

开户行：BANK OF CHINA，SHANGHAI BRANCH 账号：4535334-0001-007047-1

公司联系人姓名：__________（10）公司签章

电话：__________　传真：__________　　年　月　日

银行签收人：	签收日期：
改单/退单记录：	

工作任务2　托收行办理托收业务

【步骤1】托收行中国银行上海分行搜集与托收指示相关的信息

托收指示日期：2015年8月30日

托收指示编号：BC785738EU

托收行在代收行开立账户，账号：784736788

合同中的商品名：LADIES' 100% COTTON WOVEN JACKET

运输信息：装运港 SHANGHAI 目的港 LONDON 船名 VICTORIA VESSEL

【步骤2】托收行业务员熟悉托收指示的内容，根据上海卓越贸易有限公司的托收申请，审核全套单据无误后，制作托收指示，办理托收业务

1. 托收指示的作用

托收指示就是寄送托收单据的面函（Covering Letter），它是由托收行根据托收申请书制作的，过去称为托收通知（Collection Advice）。国际商会第322号出版物称为托收指令（Collection Order），国际商会第522号出版物称为托收指示（Collection Instruction）。

托收指示的重要性有三点：(1) 托收业务离不开托收指示，所有的托收业务必须附有单独的托收指示；(2) 代收行仅受托收指示中载明的指示引导；(3) 代收行不从别处寻找指示，并且没有义务审核单据以获得指示。

2. 托收指示的内容

托收指示的内容大体包含五个部分：(1) 托收业务的相关当事人；(2) 托收汇票的信息；(3) 有关货物本身及货运的信息；(4) 交单要求；(5) 托收业务指示。

具体来说，托收指示包括如下内容：

(1) TO：此处填写接受指示的代收行的名称，一般在实际业务中是进口商所在地银行。

(2) Date：此处填写托收行向代收行发出托收指示的日期。

(3) Our Ref No.：此处填写托收指示的编号，由托收行根据业务需要编写。

(4) Drawer：此处填写汇票的出票人，在货物贸易中，一般为合同项下的出口商，即实际的收款人，也就是卖方，填写内容包括收款人的名称和地址。

(5) Drawee：此处填写汇票的受票人，也就是付款人，包括付款人的名称和地址，一般为合同项下的进口商，也就是买方。

(6) Draft：此处填写托收汇票的信息，包括汇票的号码和出票日期，如果是远期汇票，那么还要注明汇票的期限以及汇票的到期日。

(7) Amount：此处填写托收的金额，包括币种、金额的小写和大写。

(8) Goods：此处填写委托代收业务的标的物，也就是合同中的货物名称。

(9) From…To…By Par…On…：From 处填写货物的装运地，To 处填写货物的目的地，By Par 处填写中转地的名称，On 处填写运输工具的名称。

（10）Documents：此处填写要求提交单据的名称和份数，具体内容根据托收申请书的内容填制。

（11）Please follow instructions marked “×”：此处是托收的具体指示，根据托收申请书的内容并结合实际情况做相应选择。

（12）Authorized Signature：此处为托收行的盖章和签署处。

托收指示见表 3 - 4。

表 3 - 4

托收指示

Bank of China

Collection Instruction

ORIGINAL

TO：（1）STANDARD CHARTERED BANK，LONDON BRANCH，
54 JERMYN STREET，SW1Y 6WL，LONDON

Date：（2）Aug. 30，2015
Our Ref No.（3）BC785738EU

Dear Sirs，
We send you herewith the under-mentioned item（s）/documents for collection.

Drawer：（4） SHANGHAI ZHUOYUE TRADING CO.，LTD. NO. 5 LANXI ROAD，SHANGHAI，CHINA	Draft No. 4728294（6） Date：Aug. 27，2015	Due Date/Tenor AT 30 DAYS AFTER SIGHT Sep. 26，2015
Drawee（s）：（5） ORIENTAL INTERNATIONAL（UK）LTD. 61 CHESTNUT AVENUE，BUCKHURST HILL， ESSEX1G96EP JERSEY 07024 U. K.	Amount（7） USD 20 000. 00 SAY U. S. DOLLARS TWENTY THOUSAND ONLY	

Goods：（8）LADIES' 100% COTTON WOVEN JACKET
From（9）SHANGHAI　　To LONDON
By Par　　On VICTORIA VESSEL

Documents（10）	Draft	Invoice	B/L	Ins. Policy/Cert.	W/M	C/O	Packing list		
1st	2	3	3	2	3	2	3		
2nd			2						

Please follow instructions marked “×”：（11）

☒Deliver documents against ☒payment at sight/ ☐payment after ________ sight/ ☐acceptance
☒Remit the proceeds by airmail/cable.
☒Airmail/cable advice of payment.
☒Collect charges outside __us__ from drawer.
☐Collect interest for delay in payment ________________ days after sight at ________%P. A.
☐Airmail/cable advice of non-payment/non-acceptance with reasons.
☒Protest for non-payment/non-acceptance.
☐Protest waived.
☒When accepted，please advise us giving due date.
☒When collected，please credit our account with No. 784736788.
☐Please collect and remit proceeds to ____________ Bank for credit of our account with them under their advice to us.
☐Please collect proceeds and authorize us by airmail/cable to debit your account with us.

Special Instructions：
This collection is subject to
Uniform Rules for Collection
（1995 Revision）ICC Publication No. 522

For Bank of China
Shanghai Branch
Authorized Signature（12）

工作任务 3　代收行办理代收业务

【步骤 1】代收行渣打银行伦敦分行国际结算部的业务员 Brown 搜集与该笔托收业务相关的信息

托收指示日期：2015 年 8 月 30 日

托收指示编号：BC785738EU

托收行 SWIFT 代码：BKCHCNSH910

托收行在代收行开立的账户号码：784736788

代收行 SWIFT 代码：SCHBUK42，TELEX：7657875SCHB LN

合同号：SMST/24116

【步骤 2】代收行的业务员 Brown 根据中国银行上海分行的托收指示，熟悉进口代收单据通知书的主要内容，制作进口代收单据通知书

进口代收单据通知书是代收行收到托收行的指示后，审核相关内容并制作的用来通知付款人及时付款赎单的指示，具体内容包括：（1）接受进口代收单据通知书的当事人；（2）发送通知书的日期和编号；（3）托收业务的相关当事人；（4）托收的金额；（5）合同号和发票号；（6）托收汇票的信息，包括票期，如果是远期汇票，要注明汇票的到期日；（7）随附单据的信息；（8）托收指示。

进口代收单据通知书见表 3－5。

表 3－5

进口代收单据通知书

INWARD DOCUMENTS FOR COLLECTION

To：(1) ORIENTAL INTERNATIONAL (UK) LTD.　　　Date：(2) Sep. 2，2015

Documents received as follows，please examine　　　Ref. No.：2305038

Drawee (Full name & address) (3) ORIENTAL INTERNATIONAL (UK) LTD. 61 CHESTNUT AVENUE，BUCKHURST HILL， ESSEX1G96EP JERSEY 07024 U. K.	Remitting Bank (3) BANK OF CHINA，SHANGHAI BRANCH
Principal (Full name & address) (3) SHANGHAI ZHUOYUE TRADING CO.，LTD. NO. 5 LANXI ROAD，SHANGHAI，CHINA	Amount (4) USD 20 000. 00 SAY U. S. DOLLARS TWENTY THOUSAND ONLY
Contract No. (5) SMST/24116	Tenor (6) AT 30 DAYS AFTER SIGHT
Invoice No. (5) 4728294	Due on (6) Sep. 26，2015

Doc. (7)	Draft	Com. Inv.	Packing List	B/L	N/NB/L	AWB	C/O	Ins. Pol.	Insp. Cert.	Cert.	Shipping Advice
	2	3	3	3/2			2	2			1

☒ Documents against payment. (8)

☒ Please process for payment/acceptance or dishonor within 3 working days.

☒ Our banking charges are for your account.

For
STANDARD CHARTERED BANK
LONDON BRANCH

【步骤 3】ORIENTAL INTERNATIONAL（UK）LTD. 付款后，Brown 把全套单据交给 ORIENTAL INTERNATIONAL（UK）LTD.，然后制作 MT400 报文，发给中国银行上海分行

MT400　　　　ADVICE OF PAYMENT

20：Sending Bank's TRN
SCHBUK42
21：Related Reference
BC785738EU
32K：Date，Currency，Amount Collected
D030STUSD20000,00
33A：Proceeds Remitted
D030STUSD19990,00
52A：Ordering Bank
SCHBUK42
STANDARD CHARTERED BANK，LONDON BRANCH
58A：Beneficiary Bank
BKCHCNSH910
Bank of China，Shanghai Branch
71B：Details of Charges
COMMUSD10,00

（1）20：Sending Bank's TRN。本项目是代收行编制的发报行编号，在本业务中是 SCHBUK42。

（2）21：Related Reference。本项目是相关业务编号，一般是托收行的业务参考号，在本业务中是 BC785738EU。

（3）32K：Date，Currency，Amount Collected。本项目是代收金额。当项目代号为“32A”时，表示到期日已经确定，如“32A：170921EUR20300,00”，即表示代收金额为 20 300 欧元，到期日为 2017 年 9 月 21 日；当项目代号为“32B”时，表示还无法确定到期日，如“32B：EUR20300,00”；当项目代号为“32K”时，表示到期日在某一段时期后，如“32K：D030STUSD5000,00”，即表示代收金额为 5 000 美元，到期日为见票后 30 天。其中：D 表示天，M 表示月，ST 表示见票后，BE 表示开出汇票后，CC 表示在货物清关后，FD 表示在货物经食品、药物检验后，FP 表示在第一次提示后，GA 表示货物到达后，ID 表示发票日期后，TD 表示签发运输单据后，*** 表示见项目 72 的说明。根据上述分析，本业务中我们可以写成“32K：D030STUSD20000,00”，也可以写成“32A：150830”，我们在本例中采用 32K 的方式。

（4）33A：Proceeds Remitted。本栏目列明汇出款项的起息日、币种和金额。该金额通常为项目“32A”中的金额加上项目“73”中的金额，减去项目“71B”中的金额。本业务中根据银行业务费率表，要扣除10美元的费用，因此填写“D030STUSD19990,00”。

（5）52A：Ordering Bank。本栏目是代收行。在本业务中应填写“SCHBUK42/STANDARD CHARTERED BANK，LONDON BRANCH”。

（6）58A：Beneficiary Bank。本栏目是收款行，列明收报行的分行，即托收行。在本业务中，托收行应填写“BKCHCNSH910/Bank of China，Shanghai Branch”。

（7）71B：Details of Charges。本项目是费用明细，列明已从代收金额（见项目“32A”）中扣除的费用。该项目只有在该费用货币与托收金额一致时才能使用。如果不一致，报文将使用项目“72”列明这些费用。可能会出现以下代码：AGENT表示代理商佣金，TELECHAR表示电讯费用，COMM表示我行费用，CORCOM表示我代理行费用，DISC表示商业折扣，INSUR表示保险费，POST表示邮费，STAMP表示印花税，WAREHOUSE表示码头费及仓储费。本业务中填写“COMMUSD10,00”。

知识链接

一、托收的定义

托收（Collection）是债权人（出口商）为向债务人（进口商）收取款项，出具汇票委托银行代为收款的一种支付方式。银行在托收时只是出口商的代理人。在贸易上常用的是跟单托收。

二、托收的当事人

（一）委托人

委托人（Principal or Consignor）即把单据交给委托银行向国外付款人代收账款的人，一般是出口商。由于委托人常常需要出具汇票委托银行向国外付款人收款，因此往往被称为汇票的出票人（Drawer）。委托人要负两方面的责任：一是要履行与进口商签订的贸易合同下的责任，即按合同规定交货和交单；二是要履行与托收行签订的托收委托代理合同的责任，即在托收申请书上明确做出托收指示及支付各项托收费用。

（二）托收行

托收行（Remitting Bank）一方面接受委托人的委托，受理代收业务，另一方面委托其国外联行或代理行，向债务人收款。在托收过程中，若委托人未在申请书中加以指示，托收行要按常规来处理，同时要对自己的过失负责。

（三）代收行

代收行（Collecting Bank）是托收行在进口地的代理人，它是接受委托行的委托、向债务人收款的银行。代收行也处于代理人的地位，和托收行负的责任差不多。代收行还要负责保管单据并及时地把托收的进展情况通知托收行。

（四）付款人

付款人（Drawee）为签订贸易合同的买方，也就是进口商。它的基本责任是在委托人提供单据的前提下，按合同的规定付款。在托收业务中，付款人承兑或付款以前，可以对委托人所提供的单据进行审核，只要提示的单据符合买卖合同的规定，付款人就应该在见单后立即付款赎单，或凭单承兑后待到期日再付款赎单。

（五）提示行

提示行（Presenting Bank）是指向付款人提示汇票和单据的银行。一般情况下，均由代收行自行向付款人提示汇票和单据，即由代收行兼任提示行，但在必要时，代收行也可以委托与付款人有往来账户关系的银行作为提示行。

（六）需要时的代理

在托收业务中，如发生拒付，为了防止发生货物无人照料的情况，委托人可指定付款地的代理人代为管理货物存仓、转售、运回等事项，这个代理人即为需要时的代理（Customer's Representative in Case-of-Need）。

上述前四者是基本当事人，后两者并不是在所有的业务中都涉及的。

三、托收的分类

（一）光票托收

光票托收（Clean Collection）是指委托人在委托托收行办理托收时，仅开立金融单据（主要为汇票）而不附带商业单据的一种托收方式。主要用于货款的尾款、样品费用、佣金、代垫费用、贸易从属费用、索赔以及非贸易的款项。

（二）跟单托收

国际贸易中使用的多为跟单托收。跟单托收（Documentary Collection）是指委托人在委托托收行办理托收时，开立汇票连同商业单据向进口商收取款项的一种托收方式，有时为了避免印花税，也有不开汇票，只拿商业单据委托银行代收的情况。在跟单托收的情况下，按照向进口商交单条件的不同，跟单托收可以分为付款交单和承兑交单两种具体方式。

1. 付款交单

付款交单（Documents against Payment，D/P）是指委托人（出口商）在委托银行收款时，指示银行只有在付款人（进口商）付清货款时，才能向其交出商业单据，即交单以付款为条件。按照付款时间的不同，付款交单又可分为两种。

（1）即期付款交单（Documents against Payment at Sight，D/P at Sight）。即期付款交单是指出口商按合同规定日期发货后，开具即期汇票连同全套商业单据，委托银行向进口商提示，进口商见票和单据后立即付款。银行在其付清货款后交出商业单据。

（2）远期付款交单（Documents against Payment after Sight，D/P after Sight）。远期付款交单是指出口商按照合同规定日期发货后，开具远期汇票连同全套商业单据，委托银行向进口商提示，进口商审单无误后在汇票上承兑，于汇票到期日付清货款，然后从银行处取得商业单据用以提取货物。

2. 承兑交单

承兑交单（Documents against Acceptance，D/A）是指出口商发运货物后开具远期汇票，连同商业单据委托银行办理托收，并明确指示银行，进口商在汇票上承兑后即可领取全套货运单据，待汇票到期日进口商再付清货款。

承兑交单是进口商在未付款之前即可取得货运单据，凭以提取货物。一旦进口商到期不付款，出口商便可能钱货两空。所以，出口商对采用此种方式持严格控制的态度。

（三）直接托收

直接托收（Direct Collection）是指委托人从他的银行即托收行获得托收指示的空白范本，自行填写后连同托收单据直接寄给买方银行即代收行，请其代收货款，并将已经填写的托收格式副本送给托收行，请其将此笔托收视同自己办理。

四、托收业务流程

（一）即期付款交单业务

如图 3－1 所示：

（1）委托人（出口商）与付款人（进口商）签订国际货物买卖合同，约定采用即期付款交单方式结算货款，出口商按合同规定发运货物。

（2）发货后，出口商填写托收申请书，开出汇票，整理好商业单据（含发票、提单等）交给托收行。

（3）托收行在核对托收申请书及单据无误后，填写托收委托书，连同全套单据寄交代收行代收货款。

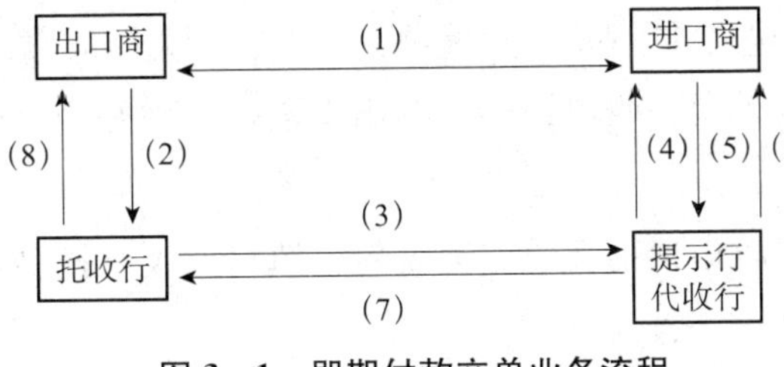

图 3－1　即期付款交单业务流程

（4）代收行收到汇票及商业单据，审核无误后向进口商提示汇票。

（5）进口商见票后对全套单据进行审核，审核无误后立即履行付款责任。

（6）付清货款后，进口商取得全套单据以提取货物。

（7）代收行将金额如数划拨给托收行。

（8）托收行将金额如数划拨给出口商。

（二）远期付款交单业务

如图 3－2 所示：

（1）委托人（出口商）与付款人（进口商）签订国际货物买卖合同，约定采用远期付款交单方式结算货款，出口商按合同规定发运货物。

（2）发货后，出口商填写托收申请书，开出汇票，整理好全套商业单据（含发票、提单等）交给托收行。

（3）托收行在核对托收申请书及单据无误后，填写托收委托书，连同全套单据寄交代收行代收货款。

（4）代收行收到汇票及商业单据，审核无误后向进口商提示汇票。

（5）进口商见票后，对单据审核无误后承兑汇票并于汇票到期日履行付款责任。

（6）付清货款后，进口商取得全套单据以提取货物。

（7）代收行将金额如数划拨给托收行。

（8）托收行将金额如数划拨给出口商。

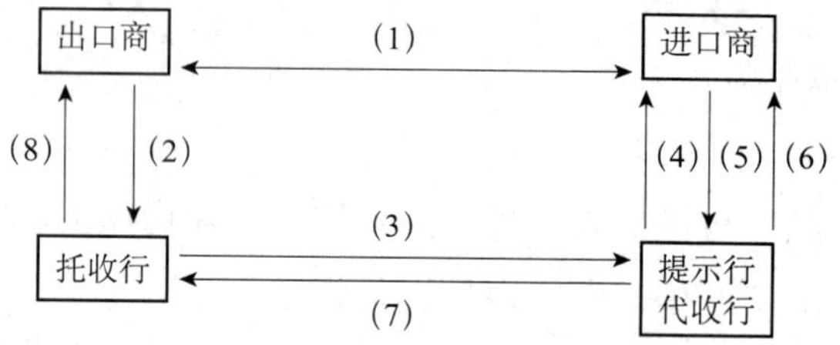

图 3－2　远期付款交单业务流程

（三）承兑交单业务

如图 3－3 所示：

（1）委托人（出口商）与付款人（进口商）签订国际货物买卖合同，约定采用承兑交单方式结算货款，出口商按合同规定发运货物。

（2）发货后，出口商填写托收申请书，开出汇票，整理好全套商业单据（含发票、提单等）交给托收行。

（3）托收行在核对托收申请书及单据无误后，填写托收委托书，连同全套单据寄交代收行代收货款。

（4）代收行收到汇票及商业单据，审核无误后即向进口商提示汇票。

（5）进口商见票后，对单据审核无误后承兑汇票。

（6）进口商取得全套单据。

（7）汇票到期后进口商履行付款责任。

（8）代收行将金额如数拨划给托收行。

（9）托收行将金额如数拨划给出口商。

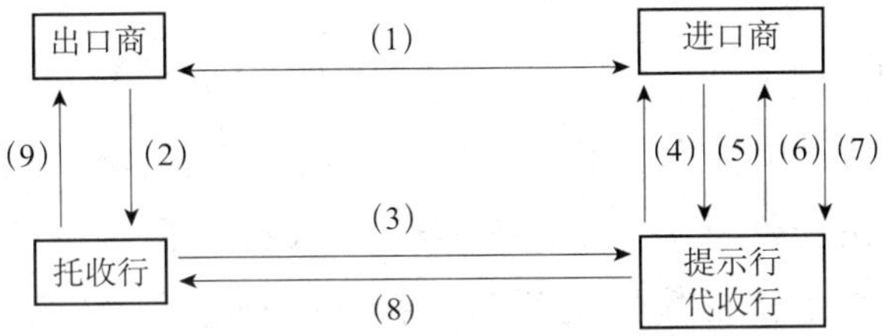

图 3－3　承兑交单业务流程

五、托收的风险及其防范

（一）托收的风险

从信用角度看，托收是出口商凭进口商的信用收款，属于商业信用。不同的托收种类，其风险和损失的程度是不同的。

从跟单托收看，承兑交单风险最大，因为承兑交单对于出口商来说在收到货款之前已经失去了对货物所有权的控制，将完全要依靠进口商的信用来收取货款。即期付款交单风险最小，因为只要进口商未付款，物权凭证仍然掌握在代收行手中，仍属于出口商所有。但是，这并不等于没有风险。如果进口商不付款赎单，则出口商将产生以下损失：（1）出口商的卖方贷款利息（如果有的话）；（2）双程运输费用（如果将货物运回本国处理）；（3）在进口国（地区）港口存仓、保险、支付代理人的费用（如果货物寻求当地处理）以及货物临时处理而带来的价格损失、银行费用等。远期付款交单在某些国家（地区）是按照承兑交单处理，因此风险类似于承兑交单。

综上所述，托收的风险主要来源于以下几个方面：

（1）市场风险。出口商在跟单托收中可能承担如下风险：发货后进口地的货价下跌，进口商不愿付款赎单或承兑取单，就以货物规格不符或包装不良等为借口要求降价处理。

（2）进口国（地区）环境变化的风险。因政治或经济原因，进口国（地区）改变进口政策，进口商没有领到进口许可证，或是申请不到进口所需的外汇，以致货物抵达进口国（地区）而无法进口，或不能付款。

（3）进口商经营能力的风险。进口商因破产或倒闭而无力支付货款等。

（二）托收业务的风险防范

（1）了解进口国（地区）有关政策规定。这些政策与托收业务关系较密切的主要有：

进口国（地区）的银行（代收行）是否做远期付款交单业务以及是如何处理这类业务的；进口国（地区）海关在进口手续、港口管理等方面的有关规定；进口国（地区）外汇管制方面的有关规定。

（2）加强对进口商的调查。包括进口商的资信情况、经营规模等。

六、跟单托收中的融资

（一）托收出口押汇

托收出口押汇是指出口商发货后，开出汇票连同全套商业单据作为质押品，向当地托收行申请贷款，由托收行买入所有票据。托收行根据出口商的资信、经营作风，将汇票的全部金额，扣去从付款日至预期收款日的利息和手续费，先垫付给出口商，然后将跟单汇票寄给进口地的代收行，委托其代收票款，待收妥票款后收回货款。此外，出口商在开立汇票时，可以将叙做出口押汇的托收行作为汇票的收款人，或对以自己为收款人的汇票经背书转让给托收行。托收行作为持票人通过代收行向进口商提示付款。

跟单托收的付款依赖于进口商的信用，出口地银行往往难以掌握交易的详情和国外进口商的资信，如果托收行遭到进口商拒付，托收行可向出口商索回货款。若出口商无力还款，银行有权处理货物，但事实上托收行仍可能面临追索不成而货物变现困难的局面。因此，银行一般不愿做跟单托收下的押汇业务，除非满足以下情况：（1）进口商资信良好；（2）出口货物畅销；（3）单据齐全；（4）出口商信用良好。

（二）托收进口押汇

这种方式是指在远期付款交单的条件下，委托人或代收行允许进口商在承兑远期汇票后，但在付款前开立信托收据（Trust Receipt，T/R）交给代收行，凭以借出货运单据先行提货以便出售，待售得货款后偿还代收行，换回信托收据。

信托收据是进口商借单时提供的一种担保文件，表示愿意以银行受托人身份代为提货、报关、存仓、保险、出售，并承认货物所有权仍归银行。代收行若同意进口商借单，万一汇票到期不能收回货款，则代收行应承担偿还货款的责任。为了降低风险，代收行只有在付款人信誉较好时才愿意借单，或借单时要求进口商提供一定的担保或抵押品。

有时出口商主动授权代收行凭信托收据将单据借给进口商，这种做法将由出口商自行承担汇票到期拒付的风险，与代收行无关，这种方式称为“付款交单，凭信托收据借单（D/P，T/R）”。但是如果出口商和托收行未曾在托收申请书和托收委托书上允许这一融资条件，而是代收行想为其本国进口商提供融资，同意进口商凭信托收据借单的话，则一切后果应由代收行自己负责。

使用这种凭信托收据借单的方式，目的是避免货物先于付款日到达进口港后进口商不能付款赎单，致使货物滞留港口遭受罚款；或进口商以货物到港为借口，在付款前催要单据；或有些地区的代收行习惯上将远期付款交单按承兑交单处理。

七、MT400 报文和 MT412 报文

（一）MT400 报文

MT400 报文的名称是付款通知（Advice of Payment），包括的项目情况见表 3－6。表中 M 是指 Mandatory Field（必选项目），O 是指 Optional Field（可选项目）。在拟写报文时，必选项目是必须写的，可选项目视实际情况而定。

表 3－6　　MT400 报文内容

M/O	Tag（项目编号）	Field Name（项目名称）	说明
M	20	Sending Bank's TRN	发报行的编号
M	21	Related Reference	相关业务编号
M	32A	DATE，CURRENCY，Amount Collected	代收金额
M	33A	Proceeds Remitted	汇出金额
O	52A	Ordering Bank	代收行，如果代收行不是发报行，而是发报行的分行，则报文使用该项目列明代收行名
O	53a	Sender's Correspondent	发报行的代理行
O	54a	Receiver's Correspondent	收报行的代理行
O	57a	Amount with Bank	账户行。如果收报行将在项目“54a”列明的银行以外的银行收到项目“33A”中列明的款项，只有在这种情况下，报文使用该项目
O	58A	Beneficiary Bank	收款行
O	71B	Details of Charges (Deduction)	费用明细
O	72	Sender to Receiver Information	附言。该栏目可能出现的代码：/BNF/表示下列附言给收费行，/REC/表示下列附言给收报行，/TELEBEN/表示请用快捷的有效电讯方式通知收款行，/PHONBEN/表示请用电话通知收款行（后跟电话号码），/ALCHAREF/表示付款人拒付所有费用，/OUCHAREF/表示付款人拒付我方费用，/UCHAREF/表示付款人拒付你方费用
O	73	Details of Amount Added	附加金额明细。该项目可能出现的代码：/INTEREST/表示代收金额的利息，/RETCOMM/表示代收行支付的手续费，/YOURCHAR/表示托收行委托代收行收取的费用

（二）MT412 报文

MT412 报文的名称是承兑通知（Advice of Acceptance），当进口商对远期汇票承兑后，代收行给托收行发 MT412 报文，通知承兑情况。MT412 报文包括的项目情况见表 3－7。

表 3－7 MT412 报文内容

M/O	Tag（项目编号）	Field Name（项目名称）	说明
M	20	Sending Bank's TRN	发报行的编号
M	21	Related Reference	有关业务编号
M	32A	Maturity Date，Currency Code，Amount Accepted	已承兑托收款项的到期日、货币和金额
O	72	Sender to Receiver Information	附言。该栏目可能出现的代码：/BNF/表示下列附言给收费行，/REC/表示下列附言给收报行，/ALCHAREF/表示付款人拒付所有费用，/DOMICIL/表示该托收业务已由××银行处理，/HOLDING/表示已承兑汇票现由我们保管，到期将根据你行要求提示并要求付款，/OUCHAREF/表示付款人拒付我方费用，/SENDING/表示承兑汇票已航邮你行，/UCHAREF/表示付款人拒付你方费用

项目“20”、项目“21”和项目“32A”在并笔时可循环重复使用，最多不能超过 10 次。

八、其他托收业务凭证

（一）光票托收申请书

光票托收业务中的申请书和跟单托收业务中的申请书稍有不同，不需要指示随附的单据要求，因此光票托收申请书的格式相对较简单，主要用于收取佣金、样品费、服务费等小额货物，具体格式见表 3－8。

（二）信托收据

凭信托收据提取的货物其产权仍属于银行，进口商处于代为保管货物的地位，被称为信托人（Trustee）或代保管人（Bailee）。他的义务是：（1）将信托收据项下货物和其他货物分开保管；（2）售得的货款应交付银行或暂代银行保管，但在账目上须与自有资金分开；（3）不得把该项下的货物抵押给他人。

代收银行则是信托人（Truster），他的权利是：（1）可以随时取消信托，收回借出的商品；（2）如商品已被出售，可随时向进口商收回货款；（3）如进口商倒闭清理，对该项下的货物或货款有优先债权。

信托收据的样本见表 3－9。

表 3-8

光票托收申请书
APPLICATION FOR CLEAN COLLECTION

日期：
Date：____________

致：银行编号
To：
Bank Ref：____________

兹附上下述票据委托代收。收妥票款请按以下打“×”条款解付：

I/We enclose herewith the under mentioned bill（s）for collection. Please effect the proceeds when collected in accordance with following instructions marked “×”：

票据类别 Kind of Bill（s）		出票日期 Issuing Date		票据号码 No.（s）of Bill（s）	
出票人 Drawer					备注 Remarks：
付款人 Drawn on					
收款人 Payee					
票面金额 Amount					

For company 公司专用	
☐	请划收本单位在贵行第__________号账户。 Please credit our A/C No. __________ with your bank.
☐	托收费用请划付本单位在贵行第__________号账户。 For your charges debit our A/C No. __________ with your bank.
☐	如有费用请扣除后，划收本人/本单位在贵行第__________号账户。 After deducting your charges if any，please credit my/our A/C No. __________ with your bank.
☐	于__________天后，由本人/代办人凭收据在贵行第__________号柜台商洽取款。 After __________ days，at your bank's counter No.（s）__________ contract for drawing funds against the receipt.

本人（等）/本公司特此声明，日后如上述票据遭受退票或有其他情况发生致贵行受损，贵行可无须征求本人（等）/本公司同意，立即有权由本人（等）/本公司账户内扣回上述票据及有关费用（包括外汇买卖差价和利息）。若账户存款不足扣付，本人（等）/本公司自当立即如数清还。

I/We understand and agree that you are authorized to debit my/our account without obtaining my/our confirmation with the above amount together with any expenses or loss（including exchange and interest）that you may suffer in the event of the above being returned or in any way dealt with at any time. I/We undertake to repay you on demand any unpaid portion in case the balance remaining on my/our account is insufficient to meet the refund of payment.

申请人签章（印章）
Signature of the Applicant ____________________

地址
Address：____________________

联系电话
Tel. No.：____________________

身份证件及号码
ID Card No.：____________________

个人委托收款注意事项
NOTE FOR PERSONAL BUSINESS

个人办理托收业务（包括申请、取款/取存款单）时，应出示收款人本人身份证件，如由他人代办，需同时出示收款人、代领人的身份证件。

Please show payee's personal identification，when applying and drawing at our counter. Anyone who is entrusted to take the funds must show us both the payee's and entrustee's identifications. Thanks.

核对 Verified

表 3-9

信托收据

TRUST RECEIPT

TO: ______________

Received from the Said Bank (a full set of shipping documents evidencing) the merchandise having an invoice value of __________ say ______________________________ as follows:

MARKS AND NUMBER	QUANTITY	DESCRIPTION OF MERCHANDISE	STEAMER

and in consideration of such delivery in trust, the undersigned here by undertakes to land, pay customs duty and/or other charges or expenses, store, hold and sell and deliver to purchasers the merchandise specified here in, and to receive the proceeds as Trustee for the said Bank, and the undersigned promises and agrees not to sell the said merchandise or any part thereof on credit, but only for cash and for a total amount not less than the invoice value specified above unless otherwise authorized by the said Bank in writing.

The undersigned also undertakes to ____

____

The undersigned further acknowledges assents and agrees that in the event the whole or any part of the merchandise specified here in is sold or delivered to a purchaser or purchasers any proceeds derived from such sale or delivery shall be considered the property of the said Bank and the undersigned here by grants to the Said Bank full authority to collect such proceeds directly from the purchaser or purchasers without reference to the undersigned.

The guarantor, as another undersigned, guarantees to the Said Bank the faith and proper fulfillment of the terms and conditions of this Trust Receipt.

Guaranteed by: ____________________　　　　Signed by: ____________________

能力实训

一、单选题

1. D/P，T/R 意指（　　）。

A. 付款交单　　B. 承兑交单

C. 付款交单，凭信托收据借单　　D. 承兑交单，凭信托收据借单

2. 在托收业务中，如发生拒付，为了照料处理存仓、保险、重行议价、转售或运回等事宜，委托人可指定一个在货运目的港的代理人办理，这个代理人是（　　）。

A. 委托行　　B. 需要时的代理

C. 代收行　　D. 承运人

3. 光票托收一般不用于（　　）的收取。

A. 出口货款尾款　　B. 出口货款

C. 佣金　　D. 样品费

4. 托收业务的结算基础是商业信用，这是因为（　　）。

A. 没有银行参与　　B. 出票人开立的汇票是商业汇票

C. 银行不承担保证付款的义务　　D. 进口商可凭信托收据借单

5. 在托收业务中，原定的进口商拒绝付款赎单后，代收行的首要职责是（　　）。

A. 主动将单据及时退回给委托行　　B. 代委托人提货存仓

C. 保管好单据，听候委托人的处理意见　　D. 委托承运人将货物运回

二、判断题

1. 从理论上讲，承兑交单相比于付款交单对于买方更为便利，因为承兑交单中买方承兑后即可提货，往往可以不必自备资金而待转售所得的货款到期时付款。（　　）

2. 对于托收业务，代收行对于汇票上的承兑形式，只负责表面上完整和正确之责，不负签字的正确性或签字人是否有权限签署之责。（　　）

3. 尽管交易的金额很大，除非托收申请书和托收指示允许，代收行不能接受部分付款、部分提货的要求。（　　）

4. 光票托收是卖方仅开立汇票，而不附带任何单据委托银行收款的托收结算方式。（　　）

5. 出口商采用 D/A 30 天比采用 D/P 30 天承担的风险要大。（　　）

三、能力拓展

背景资料：2015 年 2 月 3 日，上海卓越贸易有限公司的吴森与日本 FUJIDA TRADING CO.，LTD. 的业务员 George 签订了一份外贸合同（见表 3－10）。

2015 年 3 月 2 日，上海卓越贸易有限公司发货后制作好全套单据，其中发票号码为 3987361。吴森携单据到开户行中国银行上海分行（SWIFT 代码：BKCHCNSH820，开户账号：4535334-0001-007047-1）办理托收手续。中国银行上海分行于 2015 年 3 月 6 日制作编号为 BX392583IW 的报文发送给富士银行东京分行。

2015 年 3 月 10 日，富士银行东京分行（SWIFT 代码：FJ0359834）持委托人上海卓越贸易有限公司开具的远期汇票向 FUJIDA TRADING CO.，LTD. 进行承兑提示，要求其承诺到期会按出票人指示支付票款。

FUJIDA TRADING CO.，LTD. 办理这笔业务的职员是 George，他在收到代收行富士银行东京分行的提示后，于 3 月 11 日完成普通承兑。

请你完成以下工作任务：

[工作任务 1] 出口企业制作跟单托收申请书和托收汇票，办理托收申请。

[工作任务 2] 托收行制作跟单托收指示，办理托收。

［工作任务 3］代收行制作进口代收单据通知书，通知付款人进行承兑。

［工作任务 4］付款人收到通知后，进行普通承兑。

［工作任务 5］代收行制作 MT400 报文或 MT412 报文，办理代收。

表 3 - 10

销售合同

SALES CONTRACT

SELLER:
SHANGHAI ZHUOYUE TRADING CO., LTD.
NO. 5 LANXI ROAD, SHANGHAI, CHINA

NO.: 10FJD250
DATE: FEB. 3, 2015
SIGNED IN: SHANGHAI, CHINA

BUYER:
FUJIDA TRADING CO., LTD.
TOKYO FUJIDA BUILDING, 11-2 FUJIDA 1-CHOME, CHIYODAKU, TOKYO, JAPAN

This contract is made by and agreed between the BUYER and SELLER, in accordance with the terms and conditions stipulated below.

1. Commodity & Specification	2. Quantity	3. Unit Price & Trade Terms	4. Amount
		CIF TOKYO	
001 COMPUTER CASE	1 500 PCS	USD 20.00	USD 30 000.00
TOTAL:			USD 30 000.00

With 10% more or less of shipment allowed at the seller's option.

5. Total Value: SAY U. S. DOLLARS THIRTY THOUSAND ONLY.
6. Packing: CARTON
7. Shipping Marks: FUJIDA/NO. 1-1 500/MADE IN CHINA
8. Time of Shipment & Means of Transportation: TO BE EFFECTED BEFORE MAR. 3, 2015 BY SEA
9. Port of Loading & Destination: FROM SHANGHAI TO TOKYO
10. Insurance: TO BE COVERED BY THE SELLERS FOR 110% OF THE INVOICE VALUE AGAINST ALL RISKS AS PER OR SUBJECT TO OCEAN CARGO CLAUSE OF THE PEOPLE'S INSURANCE COMPANY OF CHINA DATED 01/01/1981.
11. Terms of Payment: BY D/A AT 30 DAYS AFTER SIGHT

The Buyer
FUJIDA TRADING CO., LTD.
George

The Seller
SHANGHAI ZHUOYUE TRADING CO., LTD.
吴森

学习情境四

信用证开证业务

学习目标

能力目标：

1. 能以开证申请人（进口商）的身份，根据外贸合同填写开证申请书
2. 能以开证行的身份，根据开证申请书的内容制作 MT700 格式的信用证

知识目标：

1. 理解信用证的定义、信用证的基本当事人和相互关系
2. 熟悉信用证的分类
3. 掌握信用证业务的基本流程

工作项目

2014 年 10 月 22 日，上海卓越贸易有限公司的李明与 F. T. C 公司的 Bob Black 签订了一份衬衫出口的销售合同，该合同付款方式采用信用证方式，具体内容见表 4－1。

表 4－1

销售合同

SALES CONTRACT

SELLER：SHANGHAI ZHUOYUE TRADING CO.，LTD. NO. ZJJY2014X06
ADDRESS：NO. 5 LANXI ROAD，SHANGHAI，CHINA DATE：2014－10－22
Tel：86-021-82739430
BUYER：F. T. C COPR.
ADDRESS：AKEDSANTERINK AUTOP P. O. BOX 9，FINLAND
Tel：+358 9-4753 5640 Fax：+358 9-4326 6302

This sales contract is made by and between the seller and the buyer，whereby the seller agrees to sell and the buyer agrees to buy the under-mentioned goods according to the terms and conditions stipulated below：

(1) Name of Commodity and Specification	(2) Quantity	(3) Unit	(4) Unit Price	(5) Amount
			CIF HELSINKI	
100% COTTON SHIRTS	1 000 DOZENS	DOZENS	USD 16.50	USD 16 500.00
	Total amount			USD 16 500.00

10% more or less both in amount and quantity allowed

(6) Packing：2 DOZENS TO A CARTON

(7) Delivery from：SHANGHAI to HELSINKI

(8) Shipping Marks：N/M

(9) Time of Shipment：No later than Nov. 25，2014，allowing transshipment and partial shipment.

(10) Term of Payment：by 100% confirmed irrevocable letter of credit in favor of the seller to be available sight draft to be opened and to reach China before Nov. 1，2014 and to remain valid for negotiation in China with the 15th days after the foresaid time of shipment L/C must mention this contract number. L/C advised by BANK OF CHINA，SHANGHAI BRANCH.

(11) Insurance: To be effected by the seller for 110% of full invoice value covering F. P. A up to HELSINKI.
(12) Documents Required:
+Signed commercial invoice in 5 copies indicating Contract No.
+Full set of clean on board Bills of Lading made out to order and blank endorsed, marked "freight prepaid" showing freight amount notifying applicant
+Insurance Policy/Certificate in 3 copies
+Packing List/Weight Memo in 3 copies indicating quantity, gross and weights of each package
+Beneficiary's certified copy of fax/telex dispatched to the applicant within 48 hours after shipment advising L/C No., name of vessel, date of shipment, name, quantity, weight and value of goods.
(13) Arbitration: All disputes arising from the execution of or in connection with this contract shall be settled amicable by negotiation. In case of settlement can be reached through negotiation the case shall then be submitted to China International Economic & Trade Arbitration Commission. In Shenzhen (or in Beijing) for arbitration in act with its sure of procedures. The arbitral award is final and binding both parties for setting the dispute. The fee, for arbitration shall be borne by the losing party unless otherwise awarded.
(14) Other Clause: 1 set of shipping sample will be sent to the buyer before shipment.

The Seller:	The Buyer:
SHANGHAI ZHUOYUE TRADING CO., LTD.	F. T. C CORP.
李明	**Bob Black**

根据合同要求，F. T. C 公司需在 2014 年 11 月 1 日前找开证行开出信用证送达中国，于是 F. T. C 公司业务员 Bob 在 10 月 24 日去 HSBC，HELSINKI 申请开立信用证。

Bob 把制作好的开证申请书交到 HSBC，HELSINKI。由于 Bob 的公司信誉良好，且与 HSBC，HELSINKI 有长年合作关系，Peter Valo 作为 HSBC，HELSINKI 的职员，对 Bob 提交的相关材料审核后很快批准了开证申请，并于 2014 年 10 月 25 日根据开证申请书通过 SWIFT 方式开立了一张编号为 257LC339424 的 MT700 跟单信用证。

工作任务 1：进口商申请开立信用证

工作任务 2：开证行根据开证申请人的要求开立信用证

操作示范

工作任务 1　进口商申请开立信用证

【步骤 1】读懂 ZJJY2014X06 外贸合同条款，列出填制开证申请书的主要项目

Term of payment: by 100% confirmed irrevocable letter of credit in favor of the seller to be available sight draft to be opened and to reach China before Nov. 1, 2014 and to remain valid for negotiation in China with the 15th days after the foresaid time of shipment L/C must mention this contract number. L/C advised by BANK OF CHINA, SHANGHAI BRANCH.

合同支付条款显示：采用不可撤销信用证，开具以受益人为抬头的即期汇票，在2014年11月1日前信用证要开到卖方，信用证在装船后的15天内在中国议付。信用证必须显示合同号，并由中国银行上海分行作为通知行。

【步骤2】列出开证申请人、受益人的相关信息，以及合同中有关运输条款、货物描述、价格条款、总金额、交单要求等信息

【步骤3】熟悉开证申请书的内容，根据合同填写开证申请书（见表4-2）

1. 申请书抬头（To）

在申请书的抬头后面填写开证行。为方便申请人，开证行可将其名称及地址预先印在此处。本例中应填写“HSBC，HELSINKI”。

2. 申请日期（Date）

本栏目填写申请人填写信用证申请书的日期。本例中应填写“Oct. 24，2014”。

3. 信用证有效期和交单地点（Date and Place of Expiry）

信用证有效期一般是最迟装运日期加交单期。交单地点一般情况下在受益人所在国，除非注明城市或国家，自由议付信用证视任何地点的任何银行均可对该信用证项下的汇票和（或）单据议付。本例中应填写“DEC. 15，2014，China”。

4. 信用证开立方式

根据银行开证申请书填写操作习惯，在正确选项前要打“×”，而不是打“√”。此处应该选择开立信用证的方法，一般可以有以下几种：

(1) 航空邮寄开证（Issued by Airmail）。通常考虑时间和费用因素来决定是否采用航空邮寄开证。

(2) 简电通知（With Brief Advice by Teletransmission）。简电通知的作用是确保受益人在开证前预先获知开证及信用证的主要内容，但有效的信用证将是随后寄出的正式信用证文本。

(3) 电讯开证（Issued by Teletransmission）。目前银行普遍使用SWIFT系统来传送、接收信用证，其准确性、安全性和保密性比电传、电报方式高得多。

本例中采用电开即SWIFT开，在Issue by teletransmission前打“×”。

5. 开证申请人（Applicant）

本栏目填写开证申请人，即合同买方的名称和地址：

F. T. C COPR.

AKEDSANTERINK AUTOP P. O. BOX 9，FINLAND

6. 受益人（Beneficiary）

本栏目填写受益人，即有权使用信用证的人，该受益人为收取信用证项下款项，须提交符合信用证条款的单据，一般是合同卖方的名称和地址。本例中应填写：

SHANGHAI ZHUOYUE TRADING CO.，LTD.

NO. 5 LANXI ROAD，SHANGHAI，CHINA

7. 通知行（Advising Bank）

本栏目填写通知行名称、地址和 SWIFT 号码，若卖方没有提供，则由开证行指定。通知行一般是开证行在国外的往来银行或分支机构。本例中应填写“BANK OF CHINA，SHANGHAI BRANCH”。

8. 金额（Amount）

信用证金额应分别以大小写表示。货币名称应使用国际标准化组织制定的货币代号表示，如 USD（美元）、GBP（英镑）、DEM（德国马克）等。本栏目填写信用证的大小写金额为“USD 16 500.00，SAY U. S. DOLLARS SIXTEEN THOUSAND FIVE HUNDRED ONLY”。

9. 分批装运（Partial shipment）和转运（Transshipment）

在此处选择是否允许分批和转运条款。进口合同规定，若允许分批装运，则在 allowed 前打“×”；若不允许分批装运，则在 not allowed 前打“×”。如果合同未作规定，则可以理解为允许分批装运和转运。若禁止转运，银行仍可以接受表明货物将发生转运的运输单据，前提条件是该批货物以集装箱、托盘、子母船等成组化方式运输，并且同一运输单据包括全程运输。

10. 运输细节（Transportation Details）

应在申请书中明确、完整地规定装运港、目的港、最迟装运日期等。有些信用证为方便受益人在组织货源后就近发货，并不限定具体的装运港，而只是广泛地规定受益人所在国的港口。但是卸货港必须明确，否则会使交货发生实际困难。此外，有些信用证还规定了其他一些港口或地点，如转运港（Port of Transshipment）、接受监管地（Place of Taking in Charge）、最终目的地（Final Destination）。在以集装箱、托盘等成组化方式运输货物时，或者使用联合运输单据时，常常存在出现多处地名的情况。最迟装运日期是指装运完毕的截止日期，而非开始装运的日期。通常以运输单据的出立日为装运日期，有些情况下还应以运输单据中批注的装运日期为准。

在本例中，装运港（Loading on Board）填写“SHANGHAI”；目的港（For Transportation To）填写“HELSINKI”。若有转运港，则在目的港后加“VIA”，如“NEW YORK，VIA HONGKONG”。最迟装运日期（Not Later Than）填写最迟装运日期“NOV. 25，2014”。

11. 贸易术语

本栏目填写所采用的贸易术语，如果采用 FOB，则在前面打“×”。如果采用的不是 FOB、CFR、CIF，则在 other terms 前打“×”，然后写上具体的贸易术语，如 CIP。

12. 指定银行和付款方式

在 Credit available with 后填写指定银行，并选择对应的付款方式。有四种可做选择：即期付款（By Payment at Sight）、延期付款（By Deferred Payment）、承兑（By Acceptance of Drafts）与议付（By Negotiation）。除承兑方式必定要求有汇票外，其余三种方式可以使用汇票，也可以不使用。根据本业务合同的规定，本栏应该写“ANY BANK IN CHINA”，并在 negotiation 前打“×”。

13. 汇票条款

若需要出具汇票，则本栏目需填写汇票金额、期限和付款人。在本业务中根据汇票金额填写发票金额的 100%，期限填写“at sight”，付款人填写“issuing bank”。

14. 交单要求（Documents Required）

根据进口合同的要求或实际需要选择所需提供的单据。关于单据的要求包括两类。一类是基本商业单据，包括商业发票、运输单据，以及在到岸价条件下卖方应提供的保险单据。这是受益人在信用证交易及一般的进出口交易中都需要提交的单据。另一类是其他商业单据，比较常见的有装箱单、重量单、商检证书、产地证、海关发票、领事签证发票、船公司证明、电报抄本、受益人声明等，这些单据可能是进口商就货物或交易的某些细节而要求出口商提供的，也有可能是进口商为满足进口国政府或海关的特定要求，或为享受某些特定优惠而要求出口商提供的凭证。

15. 货物描述（Description of Goods）

在此处应填写货物名称、规格、数量、单价和贸易术语等有关货物的细节。商品描述应简洁明确，避免过于烦琐，它应该完整无误地出现在发票上，但是其他单据提到该项货物时可以采用不矛盾的统称。本栏目填写货物描述：“100% COTTON SHIRTS 1 000 DOZENS @ USD 16.50 PER DOZEN. CIF HELSINKI”。

16. 特殊条款（Additional Instructions）

对银行费用、交单日期、溢短装条款等其他条款的规定。

（1）费用条款。选择常规费用条款：“All banking charges outside the opening bank are for beneficiary's account”。

（2）交单期。根据实际情况，规定装运日期后 15 天内交单：Documents must be presented within 15 days after date of shipment but within the validity of this credit.

17. 开证行对指定银行的指示

对通知行的指示主要是说明该行是否要被要求对信用证给予保兑（Confirmation）。对其他行的指示可能包括：（1）关于背批的指示，即要求指定银行将付款、承兑或议付的金额在正本信用证背面做必要的记录，以防止超额支用、重复支用。（2）关于寄单的指示，即应一次寄单还是分两批寄单。若分批寄单，则说明每批寄单的种类及份数。（3）关于索偿的指示，即应向哪家银行索偿以及采用航索还是电索。

18. 国际商会 UCP 的适用条款

由于国际商会 UCP 并不具备法律的强制性，只在愿意接受其约束的当事人之间发生效力，因此按照国际商会 UCP 办理的信用证必须明确注明适用《跟单信用证统一惯例》的条款。

19. 签章

申请书内容填写准确后，对正面和背面分别进行盖章签名。

表 4－2

开证申请书

IRREVOCABLE DOCUMENTARY CREDIT APPLICATION

TO：(1) HSBC，HELSINKI　　　　**DATE**：(2) Oct. 24，2014

☐Issue by airmail ☐With brief advice by teletransmission ☐Issue by express delivery ☒Issue by teletransmission (which shall be the operative instrument) (4)	**Credit No.** **Date and place of expiry** (3) DEC. 15，2014，China
Applicant (Full name and address) (5) F. T. C COPR. AKEDSANTERINK AUTOP P. O. BOX 9，FINLAND	**Beneficiary (Full name and address)** (6) SHANGHAI ZHUOYUE TRADING CO.，LTD. NO. 5 LANXI ROAD，SHANGHAI，CHINA
Advising BANK (7) BANK OF CHINA，SHANGHAI BRANCH	**Amount** (8) [USD] [16 500.00] SAY U. S. DOLLARS SIXTEEN THOUSAND FIVE HUNDRED ONLY
Partial shipment (9) ☒allowed ☐not allowed **Transshipment** (9) ☒allowed ☐not allowed	**Credit available with** (12) ANY BANK IN CHINA **By** ☐sight payment ☐acceptance ☒negotiation ☐deferred payment at ______ **Against the documents detailed herein** (13) ☒and beneficiary's draft (s) for 100% of invoice value At ****** sight Drawn on ISSUING BANK
Loading on board/dispatch/taking in charge at/from (10) SHANGHAI **Not later than** NOV. 25，2014 **For transportation to**：HELSINKI	
☐FOB ☐CFR ☒CIF ☐or other terms ______ (11)	

Documents required：(marked with ×) (14)

1. (×) Signed commercial invoice in 5 copies indicating L/C No. and Contract No. ZJJY2014X06.

2. (×) Full set of clean on board Bills of Lading made out to order and blank endorsed，marked "freight [ ] to collect/ [×] prepaid" [×] showing freight amount notifying APPLICANT.

( ) Airway bills/cargo receipt/copy of railway bills issued by ______ showing "freight [ ] to collect/ [ ] prepaid [ ] showing freight amount " and consigned to ______.

3. (×) Insurance Policy/Certificate in 3 copies for 110% of the invoice value showing claims payable in FINLAND in currency of the draft，blank endorsed，covering F. P. A.

4. (×) Packing List/Weight Memo in 3 copies indicating quantity，gross and weights of each package.

5. ( ) Certificate of Quantity/Weight in ___ copies issued by ______.

6. ( ) Certificate of Quality in ___ copies issued by [ ] manufacturer/ [ ] public recognized surveyor ______.

7. ( ) Certificate of Origin in ___ copies issued by ______.

8. (×) Beneficiary's certified copy of fax/telex dispatched to the applicant within 48 hours after shipment advising L/C No.，name of vessel，date of shipment，name，quantity，weight and value of goods.

Other documents，if any

Description of goods: (15)
100% COTTON SHIRTS 1 000 DOZENS @ USD 16. 50 PER DOZEN. CIF HELSINKI

Additional instructions: (16)
1. (×) All banking charges outside the opening bank are for beneficiary's account.
2. (×) Documents must be presented within 15 days after date of shipment but within the validity of this credit.
3. (×) Third party as shipper is not acceptable, Short Form/Blank B/L is not acceptable.
4. (×) Both quantity and credit amount 10% more or less are allowed.
5. ( ) All documents must be forwarded in ________
Other terms, if any

With confirmation by Bank of China, Shanghai Branch
Instruction to the Negotiating Bank: (17)
Upon receipt of documents in compliance with the terms and conditions of this credit, we will reimburse you in accordance with your instruction.
This credit is subject to the Uniform Customs and Practice for Documentary Credit, 2007 Revision, ICC Publication No. 600. (18)

F. T. C CORP.

工作任务2 开证行根据开证申请人的要求开立信用证

【步骤1】开证行审核开证申请书的内容，了解开证方式

开证行接受开证申请人的申请后，应严格按照开证申请书的内容指示拟定信用证条款，然后送交开证申请人确认。开证行应将其所开立的信用证通过邮寄、电传或SWIFT电信网络送交出口地的联行或代理行，请其代为通知或转交受益人。

信用证的开证方式有信开（Open by Airmail）和电开（Open by Telecommunication）两种方式。前者是指开证行以航邮将信用证寄给通知行，这种方式费用较低，但浪费时间；后者即由开证行将信用证加注密押后以电信方式通知受益人所在地的代理行（通知行），请其转交受益人，这种方式速度快，安全可靠，但费用较高。电开方式又分为全电开证和简电开证。全电开证是将信用证的全部内容加注密押后发出，该电信文本为有效的信用证正本；简电开证是将信用证的主要内容发出预先通知受益人，并非信用证的有效文本，不能凭以议付或付款，银行随后寄出的"证实书"才是正式的信用证。

【步骤2】熟悉MT700格式的SWIFT信用证报文

1. "27"栏目

该栏目是指合计次序。如果跟单信用证条款能够容纳在该MT700报文中，则该栏内填1/1；如果该信用证由一份MT700报文和一份MT701报文组成，那么在MT700报文的此项目中填入"1/2"，在MT701报文的此项目中填入"2/2"……以此类推。本业务填写"1/1"。

2. "40A"栏目

该栏目是指跟单信用证类别。由于UCP600中规定信用证是不可撤销的，因此该项目有以下几种填法：IRREVOCABLE，不可撤销跟单信用证；IRREVOCABLE TRANSFERABLE，不可撤销可转让跟单信用证；IRREVOCABLE STANDBY，不可撤销备用信用证。本业务中填写“IRREVOCABLE”。

3. “20”栏目

该栏目是指信用证号码。信用证号码即为开证行的业务编号，一般系统自动生成。

4. “31C”栏目

该栏目是指开证日期。如果电文中没有此项目，那么开证日期就是开证行的发电日期。开证日期表明进口商是否根据商务合同规定的开证期限开立信用证。在需要使用开证日期计算其他时间或根据开证日期来判断所提示单据的出单日期是否在开证日之后等情况时，开证日期尤为重要。本业务填写“141025”。

5. “40E”栏目

该栏目是指适用的惯例。本业务填写“UCP LATEST VERSION”。

6. “31D”栏目

该栏目是指到期日及地点。信用证的到期日是受益人向银行提交单据的最后日期，受益人必须在到期日前或当天向银行提交单据，办理付款、承兑或议付手段。逾期交单，银行可以信用证过期为由，解除所承担的义务。信用证的到期地点是受益人在有效期内向银行提交单据的地点，到期地点一般在出口国家，以便受益人办理交单。本业务填写“141215 CHINA”。

7. “50”栏目

该栏目是指开证申请人。一般填写开证申请人的名称和地址。本业务填写：

F. T. C COPR.

AKEDSANTERINK AUTOP P. O. BOX 9，FINLAND

8. “59”栏目

该栏目是指受益人。一般填写受益人的名称和地址。本业务填写：

SHANGHAI ZHUOYUE TRADING CO.，LTD.

No. 5 LANXI ROAD，SHANGHAI，CHINA

9. “32B”栏目

该栏目是指信用证币别代号、金额。值得注意的是，小数点用“,”而不是用“.”表示。本业务填写“USD 16500,00（SAY U. S. DOLLARS SIXTEEN THOUSAND FIVE HUNDRED ONLY）”。

10. “41a”栏目

该栏目是指付款方式和指定银行。当项目代号为“41A”时，银行用SWIFT代码表示。当项目代号为“41D”时，银行用行名和地址表示。如果信用证为自由议付信用证，则该项目代号为“41D”，银行用“ANY BANK IN ...（地点/国名）”表示。如果该信用证为自由议付信用证，且对议付地点也无限制，则该项目代号为“41D”，银行用“ANY BANK”表示。本业务应用“41A”项目代号，内容填写“ANY BANK IN CHINA BY NEGOTIATION”。

11. “42C”栏目

该栏目是指汇票期限。本业务填写“AT SIGHT”。

12. “42a”栏目

该栏目是指汇票付款人。当项目代号为“42A”时，银行用 SWIFT 代码表示。当项目代号为“42D”时，银行用行名和地址表示。本业务填写“HSBC，HELSINKI”。

13. “43P”栏目

该栏目是指分批装船。本业务填写“ALLOWED”。

14. “43T”栏目

该栏目是指转运。本业务填写“ALLOWED”。

15. “44E”栏目

该栏目是指装运港/始发港。“44E”栏目填写海运和空运下的装运地，非海运和空运方式下的装运地用“44A”栏目。本业务填写“SHANGHAI”。

16. “44F”栏目

该栏目是指卸货港/目的港。“44F”栏目填写海运和空运下的卸货/目的港，非海运和空运方式下的最终目的地/交货地用“44B”栏目。本业务填写“HELSINKI”。

17. “44C”栏目

该栏目是指最迟装运日期。本业务填写“141125”。

18. “45A”“46A”“47A”栏目

这三个栏目分别是指货物和/或各种服务描述、应提交的单据、附加条件。当一份信用证由一份 MT700 报文和一至三份 MT701 报文组成时，项目“45a”“46a”“47a”的内容只能完整地出现在某一份报文中（即在 MT700 报文或某一份 MT701 报文中），不能被分割成几部分，分别出现在几份报文中。在 MT700 报文中，“45a”“46a”“47a”三个项目代号应分别为“45A”“46A”“47A”，在 MT701 报文中，这三个项目的代号应分别为“45B”“46B”“47B”。本业务填写略。

19. “71B”栏目

该栏目是指费用。该项目的出现指标是费用由受益人负担。若报文无此项目，则表示除议付费、转让费外，其他费用均由开证申请人负担。本业务填写“ALL BANKING CHARGES OUTSIDE THE ISSUING BANK ARE FOR ACCOUNT OF BENEFICIAY”。

20. “48”栏目

该栏目是指交单期。本业务填写“DOCUMENTS MUST BE PRESENTED WITHIN 15 DAYS AFTER SHIPMENT DATE，BUT WITHIN THE VALIDITY OF THIS CREDIT”。

21．“49”栏目

该栏目是指保兑指示。该项目内容可能出现以下几种代码：

CONFIRM：要求收报行保兑该信用证。

MAY ADD：收报行可以对该信用证加具保兑。

WITHOUT：不要求收报行保兑该信用证。

要注意的是：即使这里显示“CONFIRM”，也还需要有收报行的确认，即明确表示对该信用证保兑，保兑才生效。本业务填写“WITHOUT”。

22．“78”栏目

该栏目是指对付款/承兑/议付行之指示。

【步骤3】根据开证申请书的内容，开立SWIFT信用证

MT700　　ISSVE OF A DOCUMENTARY CREDIT

SENDER：HSBC，HELSINKI

RECEIVER：BANK OF CHINA，SHANGHAI BRANCH

27：SEQUENCE OF TOTAL：1/1

40A：FORM OF DOCUMENTARY CREDIT：IRREVOCABLE

20：DOCUMENTARY CREDIT NUMBER：257LC339424

31C：DATE OF ISSUE：141025

40E：APPLICABLE RULES：UCP LATEST VERSION

31D：DATE AND PLACE OF EXPIRY：141215 CHINA

50：APPLICANT：F. T. C COPR.

AKEDSANTERINK AUTOP P. O. BOX 9，FINLAND

59：BENEFICIARY：SHANGHAI ZHUOYUE TRADING CO.，LTD.

NO. 5 LANXI ROAD，SHANGHAI，CHINA

32B：CURRENCY CODE，AMOUNT

USD 16500,00（SAY U. S. DOLLARS SIXTEEN THOUSAND FIVE HUNDRED ONLY）

QUANTITY AND AMOUNT WITH 10% MORE OR LESS ARE ALLOWED

41A：AVAILABLE WITH … BY…：ANY BANK IN CHINA BY NEGOTIATION

42C：DRAFTS AT…：AT SIGHT

42A：DRAWEE：HSBC，HELSINKI

43P：PARTIAL SHIPMENTS：ALLOWED

43T：TRANSSHIPMENT：ALLOWED

44E：PORT OF LOADING/AIRPORT OF DEPARTURE：SHANGHAI

44F：PORT OF DISCHARGE/AIRPORT OF DESTINATION：HELSINKI

44C：LATEST DATE OF SHIPMENT：141125

45A：DESCRIPTION OF GOODS &/OR SERVICES
100% COTTON SHIRTS 1 000 DOZENS @ USD 16.50 PER DOZEN. CIF HELSINKI
46A：DOCUMENTS REQUIRED
+SIGNED COMMERCIAL INVOICE IN 5 COPIES INDICATING L/C NO. AND CONTRACT NO. ZJJY2014X06.
+PACKING LIST 3 COPIES INDICATING QUANTITY，GROSS AND NET WEIGHTS OF EACH PACKAGE.
+FULL SET OF CLEAN ON BOARD OCEAN BILLS OF LADING MADE OUT TO ORDER AND BLANK ENDORSED，MARKED "FREIGHT TO COLLECT" SHOWING FREIGHT AMOUNT AND NOTIFY APPLICANT.
+INSURANCE POLICY IN 3 COPIES FOR 110% OF THE INVOICE VALUE SHOWING CLAIMS PAYABLE IN FINLAND IN CURRENCY OF THE DRAFT，BLANK ENDORSED，COVERING F. P. A.
+BENEFICIARY'S CERTIFIED COPY OF FAX SEND TO THE APPLICANT WITHIN TWO WORKING DAYS AFTER SHIPMENT ADVISING L/C NO.，NAME OF VESSEL，DATE OF SHIPMENT，NAME，QUANTITY，WEIGHT AND VALUE OF GOODS.
71B：CHARGES：ALL BANKING CHARGES OUTSIDE THE ISSUING BANK ARE FOR ACCOUNT OF BENEFICIARY
48：PERIOD FOR PRESENTATION
DOCUMENTS MUST BE PRESENTED WITHIN 15 DAYS AFTER SHIPMENT DATE，BUT WITHIN THE VALIDITY OF THIS CREDIT.
49：CONFIRMATION INSTRUCTION：WITHOUT
78：INSTRUCTION TO PAYING/ACCEPTING/ NEGOTIATING BANK
WE WILL HONOUR UPON RECEIPT OF THE STIPULATED DOCUMENTS WHICH CONSTITUTE A COMPLYING PRESENTATION.
THIS CREDIT IS SUBJECT TO UCPDC（2007 REVISION）ICC PUBLICATION NO. 600.

知识链接

一、信用证的内涵

信用证（Letter of Credit，L/C）是银行（开证行）根据买方（申请人）的要求和指示向卖方（受益人）开立的，在一定期限内凭符合信用证条款规定的单据，即期或在一个可以确定的将来日期，兑付一定金额的书面承诺。

二、信用证业务的特点

（一）信用证是一种银行信用

信用证业务中，由开证行通过开立信用证，在信用证中做出付款保证的承诺，开证行负首要的付款责任。开证行不仅向受益人以自己的信用保证付款，而且对它所指定授权的所有当事人保证，在其凭表面与信用证相符的单据办理付款、承兑或议付后，保证依据UCP600予以偿付。这种付款责任是第一性的，并不是进口商不能付款时才由开证行来付，而是相反，出口商直接要求开证行付款，开证行安排付款后，再与进口商清算。

（二）信用证是一种自足文件

信用证的开立以贸易合同为基础，但信用证一经开出，就是一种独立于贸易合同之外的完整的契约文件，不再依附贸易合同。贸易合同是进出口商之间签订的契约，只对进出口商有约束力；信用证则是开证行与受益人之间的契约，开证行和受益人以及参与信用证业务的其他银行均应受信用证的约束。信用证业务中，当事人只按信用证的规定办事，不受贸易合同的约束。

（三）信用证是一种单据买卖

信用证业务中，银行处理的是单据，而不是单据可能涉及的货物、服务或履约行为。因此，在信用证业务中，只要单据表面上符合信用证的规定和要求，开证行就应该承担付款、承兑或议付的责任，即使进口商在收到货物后发现不符合合同要求，也只能由开证人根据买卖合同条款向有关责任方面索赔；如果进口商收到的货物完全符合合同的规定，但受益人提交的单据不符合信用证的要求，银行也完全有理由拒付。因此，信用证业务中，银行会严格审核出口商所提交的单据，以确定单据表面上是否符合信用证条款，而对单据的形式、准确性和真实性等不负责任。

三、信用证的内容和样本

（一）信用证的内容

（1）信用证本身的说明。这项内容主要包括信用证的类型、信用证的性质、信用证号码、开证日期以及信用证的到期日和到期地点等。

（2）信用证的当事人。信用证上要注明相关当事人，包括开证申请人、开证行、受益人、通知行，此外根据信用证业务的具体需要还有可能会列到的当事人包括保兑行、议付行、付款行、偿付行等。

（3）信用证的金额和汇票。这项内容包括信用证所使用的货币名称、金额、加减百分率，若在信用证业务下需要使用汇票，还会记载汇票的金额、到期日期、出票人、付款人等。

（4）货物条款。包括货物名称、数量、规格、包装、单价、运输标志以及合同号码等。

（5）运输条款。包括运输方式、装运地和目的地、最迟装运日期、可否分批装运或转运等内容。

（6）单据条款。说明信用证要求受益人提交的单据种类、份数、内容要求等，包括：基本单据，如商业发票、运输单据和保险单；其他单据，如检验证书、产地证、装箱单或重量单等。

（7）特殊条款。包括若干需要特别说明的事项，如对交单时间的说明、银行费用的说明以及对议付行寄单方式、议付背书和索偿方式的指示。此外，还会根据业务的具体需要，在特殊条款中做出某些详细的指示，如要求通知行保兑、限制由某银行议付、限制装某船或不准装某船等。一般认为，如果特殊条款的内容与其他印刷内容不一致，应以特殊条款为准。

（8）责任文句。通常说明根据《跟单信用证统一惯例》开立以及开证行保证付款的承诺，但电开信用证可以省略。

（9）有权签字人的签名或电传密押。在信开信用证中由有权签字人签名，在电开信用证中使用电传密押。签署和密押应与代理行控制文件一致，以便证实。

（二）信开信用证样本

COMMERCIAL BANK OF CEYLEON LIMITED

ADDRESS：COMMERCIAL HOUSE，21 BRISTOL STREET，P. O. BOX 853 COLOMBO，SRI LANKA

TO：BANK OF CHINA，WUXI BRANCH

ISSUE OF A DOCUMENTARY CREDIT

IRREVOCABLE DOCUMENTARY CREDIT NO. CBCL341520

DATE OF ISSUED：NOV. 18，2017

EXPIRY DATE AND PLACE：JAN. 18，2018，IN CANADA

APPLICANT：RAIN DREANS I/E CORP.

NO. 80 MOSQUE ROAD GORAKANA，MORATUWA，SRI LANKA

BENEFICIARY：WUXI ZHUOYUE TRADING CO.，LTD.

NO. 342 LANYI ROAD，WUXI，CHINA

AMOUNT：USD 30 000. 00

AVAILABLE WITH：ANY BANK

BY：NEGOTIATION OF BENEFICIARY'S DRAFT（S）AT SIGHT DRAWN ON US

PARTIAL SHIPMENTS：PERMITTED

TRANSSHIPMENTS：PERMITTED

SHIPMENT FROM：SHANGHAI PORT，CHINA

TO：COLOMBO PORT，SRI LANKA

NOT LATER THAN：JAN. 3，2018

DESCRIPTION OF GOODS：ENERGY SAVING LAMP

1 000 PCS. FCL-22 ELECTRIC，ADAPTORS 22W/B22
USD 8.00 PER PCS
2 000 PCS. FCL-32 ELECTRIC，ADAPTORS 32W/B22
USD 11.00 PER PCS
ACCORDING TO SALES CONTRACTOR NO. A97-2360. H. S. CODE：85.39 CIF COLOMBO
SHIPPING MARKS：RAIN DREANS/A97-2360/COLOMBO
DOCUMENTS REQUIRED：
—SIGNED COMMERCIAL INVOICE IN 3 COPIES，CONTAIN S/C NO. AND L/C NO.
—PACKING LIST IN 3 COPIES SHOWING THE INDIVIDUAL WEIGHT AND MEASUREMENT OF EACH PACKAGE.
—ORIGINAL CERTIFICATE OF ORIGIN IN 3 COPIES ISSUED BY THE CHAMBER OF COMMERCE.
—FULL SET CLEAN ON BOARD OCEAN BILLS OF LADING SHOWING FREIGHT PREPAID CONSIGNED TO OUR ORDER NOTIFY APPLICANT.
—INSURANCE POLICY OR CERTIFICATE FOR 110 PERCENT OF INVOICE VALUE COVERING ALL RISKS AND WAR RISKS AS PER AND SUBJECT TO OCEAN MARINE CARGO CLAUSES AND OCEAN MARINE CARGO WAR RISKS CLAUSES OF THE PEOPLE'S INSURANCE COMPANY OF CHINA DATED 1/1/1981.
— BENEFICIARY'S CERTIFICATE CERTIFYING THAT EACH COPY OF SHIPPING DOCUMENTS HAS BEEN FAXED TO THE APPLICANT WITHIN 48 HOURS AFTER SHIPMENT. DOCUMENTS MUST BE PRESENTED WITHIN 15 DAYS AFTER SHIPMENT，BUT WITHIN VALIDITY OF THE LETTER OF CREDIT.
SPECIAL INSTRUCTIONS：
ALL BANKING CHARGES OUTSIDE CANADA ARE FOR ACCOUNT OF BENEFICIARY.
ALL GOODS MUST BE SHIPPED IN FOUR 20' CY TO CY CONTAINER AND B/L SHOWING THE SAME.
UPON RECEIPT THE DOCUMENTS COMPLIANCE WITH THE TERMS AND CONDITIONS WITH THE L/C，WE WILL REIMBURSE YOU AS PER YOUR INSTRUCTIONS.
THIS CREDIT IS SUBJECT TO THE UNIFORM CUSTOMS AND PRACTICE FOR DOCUMENTARY CREDITS 1993 REVISION BY THE INTERNATIONAL CHAMBER OF COMMERCE PUBLICATION NO. 600.

（三）SWIFT 信用证的内容

以 SWIFT 电开信用证为例，信用证内容一般由一份 MT700 报文（见表 4－3）组成。如果信用证内容超过 MT700 报文容量，则由一份 MT700 报文和一至三份 MT701 报文（见表 4－4）组成。

表 4-3 **MT700 报文内容**

M/O	Tag(代号)	Field Name（栏目名称）	Content/Options（内容）
M	27	Sequence of Total 合计次序	1n/1n 1个数字/1个数字
M	40A	Form of Documentary Credit 跟单信用证类别	24x 24个字
M	20	Documentary Credit Number 信用证号码	16x 16个字
O	23	Reference to Pre-advice 预告的编号	16x 16个字
O	31C	Date of Issue 开证日期	6n 6个数字
O	40E	Applicable Rules 适用的惯例	4 * 35x 4行×35个字
M	31D	Date and Place of Expiry 到期日及地点	6n 29x 6个数字+29个字
O	51a	Applicant Bank 开证申请人的银行	A or D A或D
M	50	Applicant 开证申请人	4 * 35x 4行×35个字
M	59	Beneficiary 受益人	[/34x] 4 * 35x 4行×35个字
M	32B	Currency Code，Amount 币别代码、金额	3a15n 3个字母+15个数字
O	39A	Percentage Credit Amount Tolerance 信用证金额加减百分率	2n/2n 2个数字/2个数字
O	39B	Maximum Credit Amount 最高信用证金额	13x 13个字
O	39C	Additional Amounts Covered 可附加金额	4 * 35x 4行×35个字
M	41a	Available with…By…付款方式和指定银行	A or D A或D
O	42C	Drafts at…汇票期限	3 * 35x 3行×35个字
O	42a	Drawee 付款人	A or D A或D
O	42M	Mixed Payment Details 混合付款指示	4 * 35x 4行×35个字
O	42P	Deferred Payment Details 延期付款指示	4 * 35x 4行×35个字
O	43P	Partial Shipments 分批装运	1 * 35x 1行×35个字
O	43T	Transshipment 转运	1 * 35x 1行×35个字
O	44A	Place of Taking in Charge/of Receipt 接管地/接收地	1 * 65x 1行×65个字
O	44E	Port of Loading/Airport of Departure 装运港/始发港	1 * 65x 1行×65个字
O	44F	Port of Discharge/Airport of Destination 卸货港/目的港	1 * 65x 1行×65个字
O	44B	Place of Final Destination/of Delivery 最终目的地/交货地	1 * 65x 1行×65个字
O	44C	Latest Date of Shipment 最迟装运日期	6n 6个数字
O	44D	Shipment Period 装运期间	6 * 65x 6行×65个字
O	45A	Description of Goods and/or Services 货物和/或各种服务描述	50 * 65x 50行×65个字
O	46A	Documents Required 应提交的单据	50 * 65x 50行×65个字
O	47A	Additional Conditions 附加条件	50 * 65x 50行×65个字
O	71B	Charges 费用	6 * 35x 6行×35个字
O	48	Period for Presentation 交单期	4 * 35x 4行×35个字
M	49	Confirmation Instructions 保兑指示	7x 7个字
O	53a	Reimbursement Bank 偿付行	A or D A或D
O	78	Instructions to the Paying/Accepting/Negotiating Bank 对付款/承兑/议付行之指示	12 * 65x 12行×65个字
O	57a	"advise through" bank 通过……银行通知	A，B or D A，B或D
O	72	Sender to Receiver Information 附言	6 * 35x 6行×35个字

说明：M/O 为 Mandatory/Optional 的缩写，前者是指必选项目，后者是指可选项目。

表 4-4　　**MT701 报文内容**

M/O	Tag(代号)	Field Name（栏目名称）	Content/Options（内容）
M	27	Sequence of Total 合计次序	1n/1n　1 个数字/1 个数字
M	20	Documentary Credit Number 信用证号码	16x　16 个字
O	45B	Description of Goods and/or Services 货物和/或各种服务描述	100 * 65x　100 行×65 个字
O	46B	Documents Required 应提交的单据	100 * 65x　100 行×65 个字
O	47B	Additional Conditions 附加条件	100 * 65x　100 行×65 个字

发送 MT700 报文的注意事项：

（1）除非另有规定，否则所开立的跟单信用证将遵循现时有效的 UCP600 条款。如果该信用证遵循这一惯例，通知行必须将此通知受益人或另一家通知行。

（2）除非另有规定，否则根据该报文通知给受益人或另一家通知行的跟单信用证是已生效的信用证。

（3）为避免可能产生的误解，银行名称应尽可能使用 SWIFT 名称码表示。

（4）通知行必须用清楚明确的方式将跟单信用证的所有详细内容通知受益人。

（5）如果要求注销跟单信用证，必须发送 MT707，而不能发送 MT792。

四、信用证当事人

（一）开证申请人

开证申请人（Applicant）又称为开证人（Opener），是指向银行申请开立信用证的人，在国际贸易中，一般是进口商。开证申请人受到两个契约关系的制约：一是与出口商签订的贸易合同；二是与开证行签订的委托代理合同，即开证申请书。开证申请人的基本权利和义务包括：

（1）按照合同的规定及时向有关银行申请开立与合同内容相一致的信用证。

（2）根据信用证的规定，在收到银行的赎单通知时，及时到银行履行承兑手续或付款赎单。

（3）在赎单前具有审核单据的权利。

（4）在履行了付款义务后，有权对到达目的港的货物进行检验，若发现货物与合同规定不相符，可以按照合同规定向进口商索赔，而不能向开证行索赔。

（二）开证行

开证行（Issuing Bank）是指接受开证申请人的委托，开立信用证的银行，一般是进口商所在地的银行。开证行受到三个契约关系的制约：一是与开证申请书的内容形成的契约关系，二是与受益人通过信用证所形成的契约关系，三是与业务中涉及的通知行、议付行、付款行、保兑行等通过各种委托代理合同形成的契约关系。开证行的基本权利和义务包括：

（1）严格按照开证申请人的指示开证。

（2）承担第一性的付款责任。

（3）严格审核和保管受益人提交的单据。

（4）对其他银行垫付资金承担偿付责任。

（5）开证行在开立信用证后，对符合信用证规定的单据进行了付款，就有权从申请人处获得偿付。

（三）通知行（或转递行）

通知行（或转递行）（Advising Bank or Notifying Bank）是指接受开证行的委托，将信用证转交给受益人的银行，一般是出口商所在地的银行，它通常是开证行在出口商所在地的分行、联行、代理行或是与之业务关系比较密切的银行。转递行是将开证行开立的以受益人为收件人的信用证原件照转给受益人的银行。通知行的权利和义务包括：

（1）把开证行开来的信用证通知或转递给信用证上指定的受益人。

（2）核对印鉴或密押，证明信用证签章的真实性。

（3）毫不延迟地承担通知和转递业务，并有权向开证行收取通知或转递手续费。

（四）受益人

受益人（Beneficiary）是指信用证上指定的有权使用该证的人，一般是出口商。受益人受到两个契约关系的制约：一是与进口商之间的买卖合同，二是与开证行之间所签订的信用证的契约关系。受益人的权利和义务包括：

（1）按期备货装运。

（2）向开证行提交符合信用证规定的单据。

（3）有权要求进口商指示开证行对信用证进行修改。

（4）当向开证行提交了符合规定的单据时，有权获得货款。

（五）议付行

议付行（Negotiating Bank），又称为押汇银行，是指根据开证行的授权买入受益人提交的符合信用证条款规定的汇票和单据，垫款给受益人的银行。议付行的权利和义务包括：

（1）在信用证有效期内接受受益人提交的单据并付款。

（2）议付行如发现受益人交来的单据与信用证的要求不符，有权拒绝议付。

（3）议付行在议付时，可扣除自议付日至从开证行收回垫款日的押汇利息以及手续费。议付行付款后，取得单据就获得了对货物的控制权。

（4）为了防止超额或重复使用信用证，议付行在议付单据后，应把议付金额、日期、受益人发票号码等有关内容记录在信用证背面，这种记录称为背注。

（5）若议付行议付后，不能从开证行处得到付款，议付行有权向受益人追索已垫付的款项。

（六）保兑行

保兑行（Confirming Bank）是指应开证行的请求在信用证上加具保兑的银行。保兑行一旦在信用证上加具保兑，便承担与开证行相同的责任，即与开证行一样承担第一付款人的责任。

受益人可以选择在开证行和保兑行之间的任何一家银行交单，并且汇票、单据一经保兑行议付或付款，属于终局性的，开证行倒闭或无理由拒付时，保兑行也不得向受益人追索。

（七）付款行

付款行（Paying Bank）是指开证行在信用证中指定的承担信用证项下付款义务或充当汇票付款人的银行，它一般是开证行的分支机构或开证行的往来银行。付款行的权利和义务包括：

（1）付款行只是代开证行付款，无须承担对受益人付款的责任。

（2）付款行检验单据的责任是终局性的，一旦解付，无权向受益人行使追索权。

（3）付款行有权根据代理合约或代付约定向开证行取得偿付，并收取因为代付而发生的一切费用。

（八）偿付行

偿付行（Reimbursing Bank）是指开证行在信用证中指定的，代开证行向议付行或付款行清偿垫款的银行。偿付行在收到议付行的索偿要求时，无权要求议付行证明单证相符。开证行开出信用证后应立即向偿付行发出偿付授权书。只要索偿行提供的信用证号码、开证行名称和账户以及索偿金额等事项符合开证行的偿付授权书，偿付行就应向索偿行偿付。

（九）承兑行

在承兑信用证中，开证行可以在信用证中承诺由自己承兑汇票，也可以指定另一家银行作为汇票的承兑付款人，承兑受益人出具的远期汇票，并于到期日向受益人付款，该负责承兑汇票的银行即为承兑行（Accepting Bank）。承兑行在汇票上做出承兑后，便承担了到期保证付款的责任。

五、信用证的分类

（一）跟单信用证和光票信用证

跟单信用证（Documentary Credit）是指信用证中规定，受益人收款时需要提供规定的全套单据，开证行才予以付款、承兑或议付的信用证。单据主要是作为履约证明并获取货物所有权，包括提单、铁路运单、航空运单等代表货物或证明货物已交运的运输单据，以及发票、保险单等商业单据。在国际贸易实务中，结算使用的信用证一般是跟单信用证。

光票信用证（Clean Credit）是指开证行仅凭受益人出具的汇票或收据即予以付款的信用证。光票信用证不要求受益人提交商业单据，但必须出具汇票或收据。

（二）不可撤销信用证和可撤销信用证

不可撤销信用证（Irrevocable Credit）是指信用证一经开出并经受益人接受，开证行便承担了按照信用证上所规定的条件履行付款的义务，在信用证有效期内，除非得到信用证有关当事人的同意，开证行不能撤销或修改信用证。开证行的责任是第一性的。

不可撤销信用证如要修改和撤销，必须经过开证行与受益人两方的同意，如果这笔信用证业务有保兑行参与，还得经过保兑行的同意。根据 UCP600 第 3 条的规定，信用证是不可撤销的，即使信用证中对此未做指示也是如此。

可撤销信用证（Revocable Credit）是指开证行在开出信用证后，有权随时取消该证而不必征求有关当事人同意的信用证。如果另一家银行在收到修改或取消的通知之前，已按信用证要求支付、承兑或议付了出口商的汇票、单据，开证行仍应负责偿付。

（三）保兑信用证和不保兑信用证

保兑信用证（Confirmed Credit）是指由开证行以外的另一家银行加具保证兑付的信用证。信用证之所以需要保兑，一般是受益人对开证行的资信不够了解或信任，或出于进口国的政治、经济上的考虑，为使受益人得到充分的收款保障才提出的这种要求。开证行若请别的银行加以保兑，会降低开证行的信用程度，增加开证费用，因此开证行一般不愿意这样做。

不保兑信用证（Unconfirmed Credit）是指未经第三方银行加具保兑的信用证，由开证行单独承兑不可撤销的保证付款的责任。在开证行资信较好的情况下，受益人一般不要求加具保兑，这时通知行只负责通知，对单据不承担任何责任。

（四）即期付款信用证、延期付款信用证、承兑信用证、议付信用证

1. 即期付款信用证

即期付款信用证（Sight Payment Credit）是指信用证内规定只要受益人提交了符合信用证条款的跟单汇票和商业单据，开证行或付款行立即履行付款义务的信用证。即期付款信用证有两个特点：

（1）即期付款信用证可以是开证行自己付款，也可以由其他银行付款。

（2）即期付款信用证可以要求受益人提供汇票，也可以不要求提供汇票。

2. 延期付款信用证

延期付款信用证（Deferred Payment Credit）是指信用证内规定不需要受益人开立汇票，开证行或付款行在收到符合信用证规定的商业单据后若干天、货物装船后若干天付款的信用证。延期付款信用证有以下特点：

（1）这类信用证上规定的兑现方式一般为“交单日或提单日后延期***天付款兑现”（Available by Deferred Payment at *** Days after Presentation of the Documents or after B/L）。

（2）这类信用证不要求开立远期汇票，其付款期限一般是从提单日或交单日算起，即在运输单据开出后若干天或从开证行或付款行收到单据的日期算起，所以延期付款信用证可以理解为不要汇票的远期汇票。

（3）由于延期付款信用证中不要求受益人开立远期汇票，因此受益人不能在付款行付款前通过贴现汇票融通资金，而只能以其他方式解决资金占压问题；同时，受益人在交单后，不能掌握经过承兑的汇票作为要求付款行付款的凭证，因此受益人承担的风险也较其他类型信用证要大。

3. 承兑信用证

承兑信用证（Acceptance Credit）是指信用证中明确指定由某一家银行接受受益人提

交的包括远期汇票在内的合格单据时承兑该汇票，并在到期日付款的信用证。

承兑信用证属于远期信用证，并且要求受益人开立一张远期汇票，承兑远期汇票的银行可以是开证行，也可以是由开证行指定的其他银行。银行承兑后，汇票便与其他单据分离而成为一张光票，承兑行必须对持票人承担到期付款的责任。对受益人来说，如果在远期汇票到期前需要资金，他可以很容易地将承兑后的远期汇票办理贴现，只需要承担有限的贴现利息和手续费。另外，由于是银行承兑远期汇票，因此受益人可以安全地获得付款。

有的业务中，尽管进出口商签订了即期付款合同，但由于进口商资金短缺，为了融资方便，或为利用银行承担汇票以取得比银行放款利率更低的优惠贴现率，或是由于进口国外汇管制不允许进口商开立即期信用证，因此进口商可以要求银行开立承兑信用证，信用证中规定“远期汇票即期付款，所有贴现和承兑费用由进口商负担”。由于这种信用证的贴现费用由进口商负担，因此称其为“买方远期信用证”，我国习惯上称为“假远期信用证”。使用这种信用证，对进口商来说，以到期日支付贴现利息和手续费作为代价得以延期付款，因此，其实际上是进口商通过开证行融通资金的一种方式。

4. 议付信用证

议付信用证（Negotiation Credit）是指信用证中开证行明确邀请其他银行为受益人提交的符合信用证要求的单据叙做议付，并保证对议付后取得善意持票人身份的银行及时付款的信用证。议付信用证的特点如下：

（1）要求受益人开立汇票。

（2）汇票的付款人一般为开证申请人或开证行以外的其他人。

（3）汇票可以是即期的，也可以是远期的。

（4）信用证指定议付行同意由出口地任何银行议付（即公开议付），如出口地银行不愿议付，开证行负责付款；如由开证行付款，开证行对出票人或善意持票人无追索权。

（5）议付信用证下，当受益人提交单据，议付行审单无误后，扣除议付利息及费用，将净款支付给受益人，然后由议付行向开证行或指定的偿付行寄单索偿。

（五）可转让信用证和不可转让信用证

根据 UCP600，只有在信用证中明确注明“可转让”字样的信用证才能转让，否则被视为不可转让信用证。

1. 可转让信用证

可转让信用证（Transferable Credit）是指开证行授权出口地指定银行在受益人的要求下，将信用证的执行权利（即出运货物、交单收款的权利）全部或部分转让给第三者的信用证。原证的受益人为第一受益人，执行权利受让人为第二受益人。即这种信用证的第一受益人将信用证的执行权利转让给第二受益人。

2. 不可转让信用证

不可转让信用证（Non-transferable Credit）是指受益人不能将信用证的权利转让给他

人的信用证。凡信用证中注明“不可转让”字样的，就是不可转让信用证。

（六）对背信用证与对开信用证

1. 对背信用证

对背信用证（Back to Back Credit），又称转开信用证，是指当进口商开出不可转让信用证时，该信用证的受益人要求该证的通知行或其他银行以信用证为基础，另开一张内容相似的新信用证，这张另开的新证就叫背对背信用证，或简称对背信用证。

与可转让信用证相似，对背信用证的开立通常是在中间贸易下，中间商从实际供货商采购货物后销给实际进口商，实际进口商开立以中间商为受益人的不可转让信用证后，中间商以该信用证作为抵押品，要求该证的通知行或其他银行向实际供货商开出新的信用证。在这里，中间商既是原信用证的出口商，又是对背信用证的进口商，因为交易中实际供货商与实际进口商是互相隔绝的，所以称为“背对背”。

2. 对开信用证

对开信用证（Reciprocal Credit）是指进出口双方各自作为开证申请人开立的以对方为受益人的信用证。对开信用证具有以下特点：

（1）对开信用证中的双方必须承担购买对方货物的义务，一方的出口必须以另一方的进口为条件，互相联系，互相制约，两证的金额要相等或大致相等。

（2）第一张信用证的受益人（出口人）和开证人（进口人）就是第二张信用证的开证人（出口人）和受益人（进口人），两方地位刚好对调，第一张信用证的通知行常常就是第二张信用证的开证行。

对开信用证主要适用于易货贸易、来料加工、来件装配业务和补偿贸易中，目前在我国来料加工和来件装配业务中使用较多。在使用对开信用证时，一般是我方向对方开出远期信用证支付进口货款，要求对方向我方开出即期信用证支付出口货款。

（七）循环信用证和非循环信用证

1. 循环信用证

循环信用证（Revolving Credit）是指信用证中规定，在一定条件下，当信用证金额部分或全部被使用后，仍可恢复至原金额再被使用，直至用完规定的使用次数或累计总金额为止的信用证。

循环信用证主要用于长期或较长期内分批交货的供货合同。使用这种信用证，买方可节省开证押金和逐单开证的手续及费用，卖方也避免了等证、催证、审证的麻烦，因而有利于买卖双方业务的开展。

循环信用证按运用的方式分为按时间、金额循环和按方式循环两种：

（1）按时间、金额循环信用证。

按时间、金额循环信用证是指受益人在一定时间内可多次支取信用证规定金额，直至用完规定的使用次数或累计总金额为止的信用证。这种信用证又分为可累积的循环信用证和不可累积的循环信用证两种：

1）可累积的循环信用证（Cumulative Revolving Credit）。可累积的循环信用证规定，若受益人上次因故未交或未交足货物从而未用完信用证规定的金额，其货物可移至下期一并补交，其上期未使用之余额可转入下期一并使用。

2）不可累积的循环信用证（Non-cumulative Revolving Credit）。不可累积的循环信用证规定，若受益人上次因故未交或未交足货物，该批货物的收款权也相应取消，其上期未使用之余额不能移至下期一并使用。

（2）按方式循环信用证。

1）自动式循环。信用证规定的每次金额使用后，无须等待开证行通知，即可自动恢复到原金额，可再次使用。

2）半自动循环。信用证规定的每次金额使用后，需等待若干天，若在此期间开证行未发出停止循环使用的通知，即可自动恢复到原金额，可继续使用。

3）非自动循环。信用证规定的每次金额使用后，必须等待开证行的通知到达后，方能恢复到原金额，继续使用。

2. 非循环信用证

凡信用证所列的金额不可循环使用者，皆为非循环信用证（Non-revolving Credit）。

可循环的信用证必须在信用证中注明，凡未注明者都视为非循环信用证。在实务中，一般的信用证都属于非循环信用证。

（八）预支信用证

预支信用证（Anticipatory Credit）是指开证行允许受益人在货物装运前，可凭汇票或其他有关证件向指定付款行（通常为议付行）提前支取货款的信用证。由于预支部分金额的条款用红色打印字体，以示明确、醒目，因此预支信用证又称“红条款信用证”（Red Clause Credit）。

预支信用证与远期信用证刚好相反，是开证行付款在先，受益人交单在后。预支信用证有预支全部金额和预支部分金额两种。全部预支信用证仅凭受益人的光票付款，所以是一种光票信用证，在性质上等同于一般的预付货款。有些预支信用证为了保证出口商的履约，也有要求出口商在提交光票时，还要附一份负责补交信用证规定单据的声明书。关于预支款项的利息，一般由进出口双方协商，由其中一方承担。

六、信用证业务流程

信用证业务流程如图 4－1 所示。

（1）进口商和出口商签订买卖合同，约定采用信用证的方式进行结算。

（2）开证申请人根据买卖合同条款，填写开证申请书，交保证金和质押品给开证行作为抵押，并交纳相关的开证费用，向开证行提出申请开立信用证。

（3）开证行将信用证发给议付行。通知行收到信用证后，应立即核对签字、印鉴或密

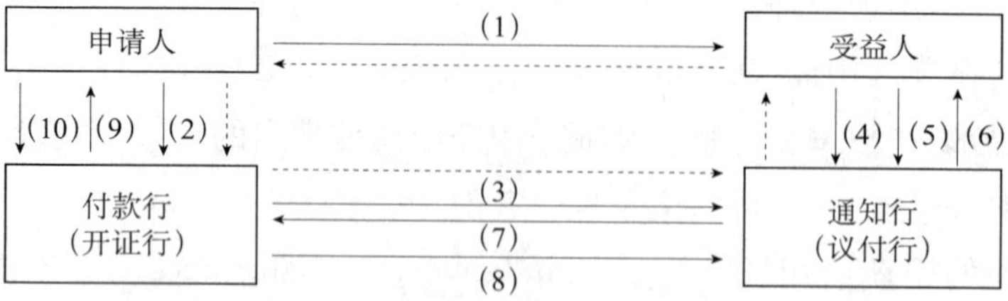

图 4-1　信用证业务流程图

押，完全相符后，尽快将信用证通知或转交受益人。

(4) 受益人收到信用证后，应认真审核各项条款，若发现信用证的条款与买卖合同不相符，或者不符合有关国际管理规定，应立即通知开证申请人修改信用证。开证申请人修改信用证内容时，需要按原来开证的路线，将修改内容转递给受益人。若信用证审核无误，即按照信用证规定装运货物，并备齐规定的各种单据。

(5) 受益人备齐全套单据后，开立汇票（或不开汇票，视信用证具体规定），连同信用证正本，在信用证规定的有效期和交单期内递交给信用证中指定的议付行办理议付。

(6) 议付行审核单据确定无误后，按汇票金额扣除一定利息和手续费，将余款垫付给受益人办理议付。

(7) 议付行议付后，取得了信用证规定的全套单据，即可凭单据向开证行或其指定银行请求偿付货款。

(8) 开证行或付款行收到单据后，经审核认为单据表面与信用证规定相符时，应将款项偿付给议付行。若开证行或付款行发现单据与信用证不符，应在不迟于收到单据的次日起 5 个工作日内通知议付行表示拒绝接受单据，如未能在该期限内表示拒绝，开证行必须履行付款责任。

(9) 开证行或付款行对议付行付款之后，向申请人提示单据，通知申请人付款赎单。

(10) 申请人接到开证行通知后，应立即到开证行检验单据，验单无误后将全部款项及有关费用一并向开证行付清并赎取单据。

七、开立信用证的程序

开证申请人一般为合同的进口方。进出口双方在货物买卖合同中确定采用信用证结算方式后，进口商即应按合同规定的期限向所在地银行申请开立信用证（Application for Credit)。申请开证时，申请人应填写并向银行递交开证申请书（Documentary Credit Application)，并以此作为银行开立信用证的证据。

（一）进口商申请开立信用证

进口商在合同规定的时间内向银行办理申请开立信用证的手续如下：

1. 填写开证申请书

进口商根据银行规定的开证申请书格式，一般填写一式三份，一份由银行结算部门留存，一份由银行贷款部门留存，一份由开证申请人留存。填写开证申请书，必须按照合同规定的条款，写明对信用证的各项要求，内容要明确、完整、清楚。开证申请书的格式和内容各银行印制得都差不多，大同小异。

2. 开证申请人承诺书

开证申请书的背面是信用证开证申请人承诺书，是开证申请人对开证行的声明，用以明确双方责任，内容如下：

开证申请人承诺书

致：****银行

我公司已依法办妥一切必要的进口手续，兹谨请贵行为我公司依照本申请书所列条款开立不可撤销的跟单信用证，并承诺如下：

一、同意贵行依照国际商会第 ________ 号出版物《跟单信用证统一惯例》办理该笔信用证项下的一切事宜，并同意承担由此产生的一切责任。

二、及时提供贵行要求我公司提供的真实、有效的文件及资料，接受贵行的审查监督。

三、在贵行规定的期限内支付该信用证项下的各种款项，包括货款及贵行和有关银行的各项手续费、电讯费、杂费、利息以及国外受益人拒绝承担的有关银行费用等。

四、在贵行信用证单据通知书规定期限内，书面通知贵行办理对外付款/承兑/确认迟期付款/拒付手续。否则贵行有权自行确定对外付款/承兑/确认迟期付款/拒付，并由我公司承担由此引起的一切责任和后果。

五、我公司如因单证有不符之处而拟拒绝付款/拒绝承兑/确认迟期付款时，将在贵行单据通知书规定的期限内提出书面拒付，并附拒付理由书一式两份，一次列明所有不符点。对单据存在的不符点，贵行有独立的最终认定权和处理权。经贵行根据国际惯例审核认为不属可据以拒付的不符点的，贵行有权主动对外付款/承兑/确认迟期付款，我公司对此放弃抗辩权。

六、该信用证如需修改，由我公司向贵行提出书面申请。贵行可根据具体情况确定能否办理修改。我公司保证支付因信用证修改而产生的一切费用。

七、经贵行承兑的远期汇票或确认的迟期付款，我公司无权以任何理由要求贵行止付。

八、按上述承诺，贵行在对外付款时，有主动借记我公司在贵行的账户款项。若发生任何形式的垫付，我公司将无条件承担由此产生的债务、利息和费用等，并按贵行要求及时清偿。

九、在收到贵行开出信用证、修改书的副本之后及时核对，如有不符之处，将在收到副本后的两个工作日内书面通知贵行。否则，视为正确无误。

十、该信用证如因邮寄、电讯传递发生遗失、延误、错漏，贵行概不负责。

十一、本申请书一律用英文填写。如由中文填写而引发歧义，贵行概不负责。

十二、因开证申请书字迹不清或词意含混而引起的一切后果均由我公司负责。

十三、如发生争议须诉讼，同意由贵行所在地法院管辖。

十四、我公司已对开证申请书及承诺书各印就条款进行审慎研阅，对各条款含义与贵行理解一致。

银行盖章

申请人（盖章）

负责人、法定代表人或授权代理人

年　月　日

3. 提交有关合同的副本及附件

为了最大限度地回避风险，除开证申请书外，银行会要求开证申请人提供其他相关资料，如进口合同副本、进口许可证以及与贷款相关的文件等。

(二) 银行审核

申请人提交申请书后，银行要对申请书进行认真的审核。因为申请书不仅是开证行对外开证的依据，也是与申请人之间明确各自权责的契约性文件。对开证申请书的审核内容包括以下几项：(1) 开证申请书的签名；(2) 受益人的名称和地址；(3) 信用证的种类；(4) 指示信用证的开出方式；(5) 要求受益人所提交单据的种类、份数、出单人；(6) 货物名称及其描述；(7) 起运地和目的地；(8) 货物的分批、转运条款；(9) 信用证的有效地点和有效期；(10) 对银行偿付方式的要求；(11) 对受益人的要求；(12) 特殊条款，如银行的费用由谁负担、提交单据的期限等。通过审核来确定各条款之间没有矛盾，同时使申请书记载的事项符合要求，使申请书记载的有关条款与购销合同保持一致。

开证行还要对申请人的资信进行审核。因为开立信用证是银行提供信用的一种形式，所以要像办理一般贷款业务一样，对申请人进行全面的了解和审查。银行对开证申请人一般是审核以下几个方面：(1) 经营和收益状况；(2) 经营和交易的历史；(3) 资金实力、作风、信誉；(4) 在同业中的地位与发展方向；(5) 可能提供或银行可能获得的保证。

另外，还要对该进口交易的合法性进行审核，并要求进口商同时提供有关文件，如进口许可证、合同文本等。

(三) 开证抵押

如果以上审查通过，开证行就会要求申请人提供押金，即保证金。一般来说，申请人提供不动产作抵押，或以动产及财产权利作抵押，以及提供其他银行的保函都是可以的，但实际业务中多数是要求以现金作为保证金。保证金可以用现汇，也可以从申请人的存款中扣除，拨入保证金账户。具体缴纳保证金的数额与申请人的资信、货物的市场销售等情况有关，有时高达90%～100%，有时只有百分之几，甚至免收。如果申请人同时是另一份信用证的受益人，则可以要求用出口信用证项下的权益代替押金。

大多数要求开立跟单信用证的客户都会在一段时间内进行多笔交易，因而也将多次申请开证。若每进行一笔业务都开展一次资信调查，则手续较为繁杂。因此银行往往根据资信调查情况规定一个授信额度，此额度是免保开证的最高限额，有了授信额度之后，在授信金额范围内开证可不收保证金，超过授信额度时才收取保证金。国外保证金通常不计利息。

申请人向银行交存保证金时，应提交支票和三联进账单，支票作借方凭证，第一联进账单作回单加盖转讫章后交申请人，第二联进账单作贷方凭证，第三联进账单作贷方凭证附件。对于申请人提供抵押、质押或保函的业务，应登记备忘科目登记簿，收入的重要单据或有价单证应专夹保管。

能力实训

一、单选题

1. 在结算方式中，按出口商承担风险从小到大的顺序排列，应该是（　　）。

A. D/P，L/C，D/A　　B. L/C，D/P，D/A

C. L/C，D/A，D/P　　D. D/A，D/P，L/C

2. 以下不属于信用证特点的是（　　）。

A. 信用证是由开证银行承担第一性付款责任的书面文件

B. 开证银行履行付款责任是有限度和条件的

C. 信用证是一种商业信用

D. 信用证是一项独立的、自足性的文件

3. 信用证对出口商的作用是（　　）。

A. 不必占用资金，反而能得到开证手续费的收入

B. 获得一笔数目可观的结算手续费

C. 可以凭信托收据，要求开证行先交付单据，在出售货物后再交付货款

D. 只要将符合信用证条款的货运单据交到出口地与其有来往的银行，即能完全地取得货款，加速资金周转

4. 信用证的第一付款人是（　　）。

A. 开证行　　B. 通知行

C. 议付行　　D. 开证申请人

5. 一般来说，保兑行对所保兑的信用证的责任是（　　）。

A. 在议付行不能付款时，承担付款责任

B. 在开证行不能付款时，承担付款责任

C. 承担第一性的付款责任

D. 在开证申请人不能付款时，承担付款责任

6. （　　）是一类允许出口商在装货交单前可以支取全部或部分货款的信用证。

A. 即期付款信用证　　B. 预支信用证

C. 对开信用证　　D. 保兑信用证

7. 以下当事银行中，（　　）对信用证受益人付款之后享有追索权。

A. 议付行　　B. 开证行

C. 保兑行　　D. 付款行

8. 在信用证业务中，（　　）不必向受益人承担付款的责任。

A. 开证行　　B. 保兑行

C. 通知行　　D. 付款行

9. 信用证的特点表明各有关银行在信用证业务中处理的是（　　）。

A. 相关货物　　B. 相关合同

C. 抵押权益　　D. 相关单据

10. 信用证是一种自足的文件，是指（　　）。

A. 信用证独立于交易合同之外，与交易合同没有任何关系

B. 信用证由开证行开立，与他人无关

C. 信用证条款与交易合同条款不符时，受益人无权提出异议

D. 信用证以交易合同为开立的基础，但一经开立就独立于交易合同

二、判断题

1. 跟单信用证中使用的是商业汇票，因此信用证结算方式是一种商业信用。（　　）

2. 信用证的开证行是第一付款人，因此开证行的资历和信用是出口商出运货物能否如期收回货款的主要因素。（　　）

3. 跟单信用证是一种银行承担第一性付款责任的书面承诺，因此开证行对出口商负责付款是没有限度和条件的，出口商可以无条件地取得货款。（　　）

4. 信用证有效期是指受益人能够利用信用证的最迟期限，这个期限是指受益人向出口地银行提示单据最迟的日期。（　　）

5. 信用证通常都应有最迟装船期和信用证有效期的规定。在信用证未规定最迟装船期的情况下，信用证的有效期就被同时认为是最迟装船期。（　　）

6. 信用证是一种银行开立的无条件的付款承诺。（　　）

7. 未注明有效期的信用证无效。（　　）

8. 根据国际商会的《跟单信用证统一惯例》的规定，信用证必须有一个最迟交单期的规定，即要求受益人在货物装运后的若干天内向银行交单。假如信用证上没有这一项规定，则银行可按 21 天掌握。（　　）

9. 信用证应明确规定是“可撤销信用证”还是“不可撤销信用证”。如无这项声明，则该信用证在形式上为不可撤销信用证。（　　）

10. 限制议付信用证只能在指定银行办理议付。为了保障我国海外分行的业务，我们对外开证应尽量开限制议付信用证。（　　）

三、能力拓展

2015 年 8 月 26 日，苏州林宇进出口有限公司与香港 LOTMK Ltd. 就进口 2 台德国产的 KMG 牌大型光学仪器设备 Super-Spherotronic HR 签订了合同（见表 4－5）。

表 4-5

进口合同

CONTRACT

Contract No. LH0328

Seller: LOTMK Ltd.

Address: No. 16 Wang Hui Road, Kowloon Bay, Kowloon, HongKong Date: Aug. 16th, 2015

Buyer: Suzhou LinYu Imp. & Exp. Corporation Ltd.

Address: No. 76 Xiangji Road, Suzhou, Jiangsu, China

This contract is made by and between the Buyer and Seller, whereby the Buyer agrees to buy and the Seller agrees to sell the under-mentioned commodity according to the terms and conditions stipulated below:

1. Description of Goods: Super-Spherotronic HR
2. Quantity: 2 sets
3. Unit Price: EUR 35 000. 00/set FOB Hamburg
4. Total Value: EUR 70 000. 00 (Say Euro Seventy Thousand only)
5. Country of Origin and Manufacturer: Germany/KMG TECH
6. Packing: The Seller shall undertake to pack the goods in container with skid packing suitable for long distance ocean transportation, and be liable for any rust, damage and loss attributable to inadequate or improper protective measure taken by the Seller in regard to the packing.
7. Shipping Mark: LH0328
   SHANGHAI, CHINA
8. Time of Shipment: All 2 sets Super-Spherotronic HR will be shipped within Sept. 15, 2015, subject to the L/C opening not later than Aug. 15, 2015. Partial shipment and transshipment are not allowed.
9. Port of Shipment and Destination: From Hamburg, Germany to Shanghai, China
10. Insurance: To be covered by the Buyer.
11. Terms of Payment: The Buyer shall open 100% L/C at 90 days after sight in favor of the Seller and remaining valid for negotiation in HongKong for further 15 days after the effected shipment.
    Advising bank: Deutsche Bank, HongKong Branch, HongKong; SWIFT: DUBKHKHH213
12. Documents:
    a. Full set of clean on board ocean Bills of Lading marked "freight to collect" and made out to order, blank endorsed, and notify the Buyer.
    b. Invoice in quintuplicate indicating contract number.
    c. Packing list in quintuplicate.
    d. Certificate of Germany Origin in 1 copy issued by the Manufacturer.
    e. Certificate of Quality and Quantity in duplicate issued by the Manufacture.
    f. A copy of the fax to the Buyer, advising the shipment details within three working days after it is effected.
    Note: The Seller shall send within 10 working days one copy each of the above mentioned documents, with the exception of Item of this Clause, to the Buyer.
13. Banking Charges: All banking charges outside the opening bank are for the Seller's account.
14. Other Terms: (omitted)

This contract is made in two originals, one original for each party in witness thereof.

THE SELLER	THE BUYER
LOTMK Ltd.	Suzhou LinYu Imp. & Exp. Corporation Ltd.
TONY	**沈浩**

［工作任务 1］2015 年 7 月 26 日，苏州林宇进出口有限公司外贸业务员李健根据上述外贸合同的内容填写开证申请书，并向其账户行中国工商银行苏州分行国际业务部（地址：苏州市工业园区星湖街 215 号，邮编 215032）办理申请开证手续，要求采用 SWIFT 电报方式开证。中国工商银行苏州分行给苏州林宇进出口有限公司的开证授信额度为 30 万美元。

［工作任务 2］中国工商银行苏州分行国际业务部对苏州林宇进出口有限公司提交的相关材料进行审核后批准了开证申请。2015 年 8 月 7 日，中国工商银行苏州分行国际业务部工作人员唐美丽根据开证申请书填制编号为 293LC08070315 的 MT700 报文各项内容，审核无误后通过 SWIFT 发送给通知行。

学习情境五

信用证审核业务

学习
目标

能力目标：

1. 能以通知行的身份阅读信用证条款，并向受益人通知信用证
2. 能以出口商的身份根据合同审核信用证，找出不合理条款并提出修改意见

知识目标：

1. 熟悉信用证通知书的内容
2. 掌握审核信用证的方法和原则

工作
项目

2015年6月21日，中国银行江苏分行国际业务部业务员程军收到恒丰银行纽约分行开来的信用证：

MT700　　ISSUE OF A DOCUMENTARY CREDIT

SENDER：HF BANK，NEW YORK
RECEIVER：BANK OF CHINA，JIANGSU BRANCH
27：SEQUENCE OF TOTAL：1/1
40A：FORM OF DOCUMENTARY CREDIT：IRREVOCABLE
20：DOCUMENTARY CREDIT NUMBER：2738LC346
31C：DATE OF ISSUE：150621
40E：APPLICABLE RULES：UCP LATEST VERSION
31D：DATE AND PLACE OF EXPIRY：150930 USA
50：APPLICANT：SEABELL FOOTWEAR INC.
NO. 62 GATEL ROAD，NEW YORK，USA
59：BENEFICIARY：NANJING OVERSEE TRADING CO.，LTD.
NO. 37 WUHAN ROAD，NANJING，CHINA
32B：CURRENCY CODE，AMOUNT
GBP 38360，00（SAY G. B. POUND THIRTY-EIGHT THOUSAND THREE HUNDRED AND SIXTY ONLY）
41A：AVAILABLE WITH … BY…：ANY BANK IN CHINA BY NEGOTIATION
42C：DRAFTS AT…：AT 30 DAYS AFTER SIGHT
42A：DRAWEE：HF BANK，NEW YORK BRANCH
43P：PARTIAL SHIPMENTS：ALLOWED
43T：TRANSSHIPMENT：ALLOWED
44E：PORT OF LOADING/AIRPORT OF DEPARTURE：NANJING，CHINA
44F：PORT OF DISCHARGE/AIRPORT OF DESTINATION：NEW YORK，USA
44C：LATEST DATE OF SHIPMENT：150820

45A：DESCRIPTION OF GOODS &/OR SERVICES
PAC BOOTS AS PER ORDER NO. 293460

ART. NO.	QUANTITY	UNIT PRICE	AMOUNT
3001	2000 PAIRS	GBP 12,60/PAIR	GBP 25200,00
3002	2000 PAIRS	GBP 14,80/PAIR	GBP 29600,00

AT FOB NANJING

46A：DOCUMENTS REQUIRED
+SIGNED COMMERCIAL INVOICE IN QUADRUPLICATE INDICATING L/C NO. AND CONTRACT NO. ORG3205.
+ PACKING LIST IN QUADRUPLICATE INDICATING QUANTITY, GROSS AND NET WEIGHTS OF EACH PACKAGE.
+FULL SET OF CLEAN ON BOARD OCEAN BILLS OF LADING MADE OUT TO ORDER AND BLANK ENDORSED, MARKED "FREIGHT TO COLLECT" SHOWING FREIGHT AMOUNT AND NOTIFY APPLICANT.
+CERTIFICATE OF CHINESE ORIGIN CERTIFIED BY CHAMBER OF COMMERCE OF CCPIT.
+BENEFICIARY'S CERTIFIED COPY OF FAX SEND TO THE APPLICANT WITHIN TWO WORKING DAYS AFTER SHIPMENT ADVISING L/C NO. , NAME OF VESSEL, DATE OF SHIPMENT, NAME, QUANTITY, WEIGHT AND VALUE OF GOODS.

47A：ADDITIONAL CONDITION
+ALL DOCUMENTS MUST INDICATE THE NUMBER OF THIS CREDIT.
+ALL PRESENTATIONS CONTAINING DISCREPANCIES WILL ATTRACT ADISCREPANCY FEE OF USD 50,00 PLUS TELEX COSTS OR OTHER CURRENCY EQUIVALENT. THIS CHARGE WILL BE DEDUCTED FROM THE BILL AMOUNT WHETHER OR NOT WE ELECT TO CONSULT THE APPLICANT FOR A WAIVER.

71B：CHARGES：ALL BANKING CHARGES OUTSIDE THE ISSUING BANK ARE FOR ACCOUNT OF BENEFICIARY

48：PERIOD FOR PRESENTATION
DOCUMENTS MUST BE PRESENTED WITHIN 15 DAYS AFTER SHIPMENT DATE, BUT WITHIN THE VALIDITY OF THIS CREDIT.

49：CONFIRMATION INSTRUCTION：WITHOUT

78：INSTRUCTION TO PAYING/ACCEPTING/ NEGOTIATION BANK
WE WILL HONOUR UPON RECEIPT OF THE STIPULATED DOCUMENTS WHICH CONSTITUTE A COMPLYING PRESENTATION.
THIS CREDIT IS SUBJECT TO UCPDC（2007 REVISION）ICC PUBLICATION NO. 600.

在收到 HF BANK，NEW YORK 开来的编号为 2738LC346 的 MT700 跟单信用证后，程军对信用证进行了审核，然后于 2015 年 6 月 22 日开出一张编号为 LCV2034591 的信用证通知书，告知受益人南京海外贸易有限公司。

2015 年 6 月 23 日，南京海外贸易有限公司收到美国 SEABELL FOOTWEAR INC. 电汇过来的 16 440 美元预付款，同时收到中国银行江苏分行国际业务部的信用证通知书和信用证，根据以下与美国 SEABELL FOOTWEAR INC. 签订的出口合同（见表 5－1），审核信用证，找出问题并向 SEABELL FOOTWEAR INC. 提出修改意见。

表 5－1

销售合同

SALES CONTRACT

THE SELLER：Nanjing Oversea Trading Co.，Ltd.
NO. 37 WuHan Road，Nanjing，CHINA

NO：ORG3205
Date：May 28，2015

THE BUYER：Seabell Footwear Inc.
No. 62 Gatel ROAD，New York，USA

This contract is made by and between the Buyer and Seller，whereby the Buyer agrees to buy and the Seller agrees to sell the under-mentioned commodity according to the terms and conditions stipulated below：

Commodity & Specification	Quantity	Unit Price	Amount
Pac Boots		CFR New York，USA	
Article No. 3001	2 000 pairs	USD 14. 80/pair	USD 29 600. 00
Article No. 3002	2 000 pairs	USD 12. 60/pair	USD 25 200. 00
Total	4 000 pairs		USD 54 800. 00

More or less 5% of quantity of goods and credit amount is allowed

TOTAL CONTRACT VALUE：SAY U. S. DOLLARS FIFTY-FOUR THOUNSAND AND EIGHT HUNDRED ONLY.

PACKING：4 pairs/carton

PORT OF LOADING AND DESTINATION：From Nanjing，China to New York，USA

TIME OF SHIPMENT：not later than Aug. 20，2015

INSURANCE：to be covered by the Buyer.

TERM OF PAYMENT：30% of contract value paid by T/T within 15 days after contract date，the remaining paid by letter of credit at sight

DOCUMENTS：

+Signed Invoice in quadruplicate.

+Full set of clean on board ocean bill of lading marked "Freight Prepaid" made out to order of issuing bank blank endorsed notifying the applicant.

+Packing List in quadruplicate.

+Certificate of Chinese Origin Certified by Chamber of Commerce or CCPIT.

+Beneficiary's certified copy of fax send to the applicant within two working days after shipment advising L/C No.，Name of Vessel，Date of Shipment，Name，Quantity，Weight and Value of Goods.

OTHER CLAUSE：

(1) Transshipment is allowed.

(2) 1 set shipping sample will be sent to the Buyer before shipment.

In witness thereof，this S/C is signed by both parties in two original copies，each party holds one copy.

THE SELLER
Nanjing Oversea Trading Co.，Ltd.

THE BUYER
Seabell Footwear Inc.

工作任务 1： 通知行制作信用证通知书

工作任务 2： 受益人审核信用证

操作示范

工作任务 1　通知行制作信用证通知书

【步骤 1】阅读 MT700 跟单信用证内容，列出相关信息

开证行：HF BANK，NEW YORK　通知行：BANK OF CHINA，NANJING BRANCH

信用证号码：2738LC346　信用证类型：IRREVOCABLE

开证日期：150621　到期日：150930　汇票期限：AT 30 DAYS AFTER SIGHT

【步骤 2】核对信用证的真实性

UCP600 第 9 条规定："通过通知或修改信用证，通知行即表明其认为信用证或修改的表面真实性得到满足，且通知准确地反映了所收到的信用证或修改的条款及条件。"因此，通知行收到开证行发来的信用证时，对于信开信用证，核对其签章和密押是否正确，对于电开信用证，核对其密押是否正确，以确认此证确实是本行应通知的，并从表面上辨别其真伪。

本信用证是通过 SWIFT 系统发送的 MT700 格式的报文，系统自动核押，因此是正本信用证。同时通知行应根据电开信用证副本登记"信用证通知登记簿"。在这里，对电开信用证、修改书等核对无误后要注明"正本"字样，复印联注明"副本"字样。

假如查证后密押不符，应立即向开证行查询，若本行与开证行无密押关系，可经第三家有密押关系的代理行加押证实。对信开信用证及修改通知书，以及授权书等，签章不符的，应及时将该信用证寄退开证行重开信用证；密押不符的，应在一个工作日之内查询开证行。

对于密押未查实的信用证或修改事项，可一面向开证行核实，一面通知受益人，注明"押未核，仅供参考"。

【步骤 3】熟悉信用证通知书的内容，制作信用证通知书（见表 5－2），并通知受益人

信用证通知书是通知行根据开证行开立的信用证的内容制作的用来通知受益人信用证信息的相关单据，主要内容包括：

（1）信用证的通知行。一般是出口商自己的账户行，同时也是开证行的往来银行或者国外联行和代理行。

（2）通知日期。收到国外开来的信用证后，应仔细审核通知行的签章、业务编号及通知日期。

（3）受益人。信用证上指定的有权使用信用证的人，一般为出口方。

（4）业务编号。收到国外开来的信用证后，应仔细审核通知行的签章、业务编号及通知日期。

（5）开证行。开证行是指受开证人之托开具信用证、保证付款的银行，一般在进口方所在地。

（6）转递行。转递行负责将开证行开给出口方的信用证原件递交给出口方。只有信开信用证，才有转递行；电开信用证，则无转递行。

（7）信用证号。信用证号是开证行的银行编号，在与开证行的业务联系中必须引用该编号。信用证号必须清楚，没有变字等错误。如果信用证号在信用证中多次出现，应注意前后是否一致，否则当电洽修改。

（8）开证日期。信用证上必须注明开证日期，如果没有，则视开证行的发电日期（电开信用证）或抬头日期（信开信用证）为开证日期。

由于有些日期需要根据开证日期来计算或判断，而且开证日期还表明进口方是否按照合同规定期限开出信用证，因此开证日期非常重要。

（9）信用证的有效地点。有效地点是指受益人在有效期以内向银行提交单据的地点。国外来证一般规定有效地点在我国境内，但如果规定有效地点在国外，则应提前交单以便银行有合理时间将单据寄到有效地点的银行，这一点应特别注意。

（10）信用证的有效期限。信用证的有效期限是指受益人向银行提交单据的最后期限，受益人应在有效期限日期之前或当天将单据提交指定地点的指定银行。

一般情况下，开证行和开证申请人（进口方）规定装运期限后 10 天、15 天或 21 天为交单的最后期限。如果信用证没有规定该期限，按照国际惯例，银行将拒绝受理于装运日期后 21 天提交的单据。

（11）未付费用。受益人尚未支付给通知行的费用。

（12）费用承担人。是指信用证中规定的各相关银行的银行费用等由谁来承担。

（13）来证方式。开立信用证可以采用信开和电开方式。信开信用证，由开证行加盖信用证专用章和经办人名章并加编密押，寄送通知行；电开信用证，由开证行加编密押，以电传方式发送通知行。

（14）信用证是否生效。有些信用证在一定条件下才正式生效。一般通知行在通知此类信用证时会在正本信用证上加注“暂不生效”字样。因此在此种情况下，受益人应在接到通知行的正式生效通知后再办理发货。

（15）印押是否相符。收到国外开来的信用证后，应仔细审核印押是否相符。

信开信用证要注意其签章，看有无印鉴核符签章；电开信用证应注意其密押，看有无密押核符签章（SWIFT 信用证因随机自动核押，无此章）。

一般情况下，通知行在通知信用证前会预先审查一下，看其有无不利条款，并在信用证上注明。受益人若发现此类注明，应加强注意或及时接洽开证人修改信用证。

（16）是否有保兑行。保兑行是指接受开证行的委托要求，对开证行开出的信用证的付款责任以本银行的名义实行保付的银行。保兑行在信用证上加具保兑后，即对信用证独立负责，承担必须付款或议付的责任。汇票或单据一经保兑行付款或议付，即使开证行倒闭或无理拒付，保兑行也无权向出口商追索票款。保兑行通常是通知行，也可以是其他第三者银行。

（17）通知行签章。收到国外开来的信用证后，应仔细审核通知行的签章、业务编号及通知日期。

表 5-2

信用证通知书
NOTIFICATION OF DOCUMENTARY CREDIT

日期：Jun. 22，2015

<table>
<tr><td colspan="2">TO 致：
Nanjing Oversea Trading Co.，Ltd.
NO. 37 WuHan Road，Nanjing，CHINA</td><td colspan="2">WHEN CORRESPONDING
PLEASE QUOTE OUR REF NO.
LCV2034591</td></tr>
<tr><td colspan="2">ISSUING BANK 开证行
HF BANK，NEW YORK</td><td colspan="2">TRANSMITTED TO US THROUGH 转递行
REF NO.</td></tr>
<tr><td>L/C NO. 信用证号
2738LC346</td><td>DATED 开证日期
2015-06-21</td><td>AMOUNT 金额
USD 38 360.00</td><td>EXPIRY PLACE
有效地 CHINA</td></tr>
<tr><td>EXPIRY DATE 有效期
2015-09-30</td><td>TENOR 期限
AT 30 DAYS AFTER SIGHT</td><td>CHARGE 未付费用
YES</td><td>CHARGE BY 费用承担人
BEN</td></tr>
<tr><td>RECEIVED VIA 来证方式
SWIFT</td><td>AVAILABLE 是否生效
YES</td><td>TEST/SIGN 印押是否相符
YES</td><td>CONFIRM 我行是否保兑
NO</td></tr>
<tr><td colspan="4">DEAR SIRS 敬启者：
WE HAVE PLEASURE IN ADVISING YOU THAT WE HAVE RECEIVED FROM THE A/M BANK A（N）LETTER OF CREDIT，CONTENTS OF WHICH ARE AS PER ATTACHED SHEET（S）. THIS ADVICE AND THE ATTACHED SHEET（S）MUST ACCOMPANY THE RELATIVE DOCUMENTS WHEN PRESENTED FOR NEGOTIATION.
兹通知贵公司，我行收自上述银行信用证一份，现随附通知。贵公司交单时，请将本通知书及信用证一并提示。
REMARK 备注：
PLEASE NOTE THAT THIS ADVICE DOES NOT CONSTITUE OUR CONFIRMATION OF THE ABOVE L/C NOR DOES IT CONVEY ANY ENGAGEMENT OR OBILIGATION ON OUT PART.</td></tr>
</table>

THIS L/C CONSIST OF 2 SHEET（S），INCLUDING THE COVERING LETTER AND ATTACHMENT（S）.
本信用证连同面函及附件共 2 页纸。
IF YOU FIND ANY TERMS AND CONDITIONS IN THIS L/C WHICH YOU ARE UNABLE TO COMPLY WITH AND OR ANY ERROR（S），IT IS SUGGESTED THAT YOU CONTACT APPLICANT DIRECTLY FOR NECESSARY AMENDMENT（S）SO AS TO AVOID AND DIFFICULTIES WHICH MAY ARISE WHEN DOCUMENTS ARE PRESENTED.
如本信用证中有无法办到的条款及/或错误，请与开证申请人联系，进行必要的修改，以排除交单时可能发生的问题。
THIS L/C IS ADVISED SUBJECT TO ICC UCP PUBLICATION NO. 600
本信用证之通知系遵循国际商会第 600 号出版物《跟单信用证统一惯例》办理。
此证如有任何问题及疑虑，请与结算业务部审证科联络。电话：××××××××。

YOURS FAITHFULL
FOR Bank of China，Jiangsu Branch

工作任务2　受益人审核信用证

【步骤1】读懂ORG3205外贸合同条款

外贸合同条款中有些特殊条款要特别注意，如溢短装条款“More or less 5% of quantity of goods and credit amount is allowed”。

【步骤2】根据合同条款，审核2738LC346信用证，找出问题条款

首先，对照外贸合同条款，逐条审核信用证各条款。审核之后发现如下不符的情况：

问题条款（1）：信用证规定交单地点在美国，容易造成受益人迟交单，对受益人不利。

问题条款（2）：信用证中受益人名称“OVERSEE”拼写错误，应该是“OVERSEA”。

问题条款（3）：信用证中的单价与金额货币单位错误，不是英镑而是美元。

问题条款（4）：信用证货物单价标注错误，货号和单价不匹配。

问题条款（5）：信用证贸易术语为FOB Nanjing，合同中规定为CFR New York，USA。

问题条款（6）：信用证中汇票的付款期限为“AT 30 DATS AFTER SIGHT”，合同中规定为“AT SIGHT”。

问题条款（7）：信用证货物描述中的合同号为No. 293460，但合同号应为ORG3205。

问题条款（8）：信用证发票条款中“SIGNED COMMERCIAL INVOICE IN QUADRUPLICATE INDICATING L/C NO. AND CONTRACT NO. ORG3205”，合同中规定“signed Invoice in quadruplicate”。

问题条款（9）：信用证提单条款中“FULL SET OF CLEAN ON BOARD OCEAN BILLS OF LADING MADE OUT TO ORDER AND BLANK ENDORSED，MARKED ‘FREIGHT TO COLLECT’ SHOWING FREIGHT AMOUNT AND NOTIFY APPLICANT”，合同中规定“Full set of clean on board ocean bill of lading marked ‘Freight Prepaid’ made out to order of issuing bank blank endorsed notifying the applicant”。

其次，核对外贸合同，查看有无信用证漏开的外贸合同条款：

问题条款（10）：信用证漏开了一条重要的外贸合同条款：“More or less 5% of quantity of goods and credit amount is allowed”。这对于受益人来说非常不利，大大限制了操作的弹性。

【步骤3】外贸单证员对信用证中的问题条款提出修改意见

外贸单证员遵循“利己不损人”的原则，对于以上审核出来的问题条款，分别按5种常见的处理原则处理如下：

■对我方有利，又不影响对方利益，一般不改。

在本案例中不存在这种问题条款。

■对我方有利，但会严重影响对方利益，一定要改。

问题条款（3）：信用证中的单价与金额货币单位错误，不是英镑而是美元。若不改，对我方影响并不大，甚至是有利的，但是对方会遭受损失，作为外贸业务员要摒弃“贪小便宜吃大亏”的理念，要求对方修改。

■对我方不利，但是在不增加或基本不增加成本的情况下可以完成，可以不改。

问题条款（8）：信用证发票条款中“SIGNED COMMERCIAL INVOICE IN QUADRUPLICATE INDICATING L/C NO. AND CONTRACT NO. ORG3205”，合同中规定“signed Invoice in quadruplicate”。尽管合同中不需要我们在发票上注明信用证号和合同号，但是如果要求标注上去也不影响我方完成交单手续，因此可以不改。

■对我方不利，又要在较大地增加成本的情况下完成，若对方愿意承担成本，则不改；否则要改。

问题条款（6）：信用证中汇票的付款期限为“AT 30 DATS AFTER SIGHT”，合同中规定为“AT SIGHT”。询问对方是否愿意承担成本，以此决定是否修改。

■对我方不利，若不改会严重影响收汇安全，则坚决要改。

问题条款（1）：信用证规定交单地点在美国，容易造成受益人迟交单，对受益人不利。

问题条款（2）：信用证中受益人名称“OVERSEE”拼写错误，正确的应该是“OVERSEA”。受益人名称写错是至关重要的，因为直接影响到收汇安全，一旦发生纠纷，我方极有可能败诉。

问题条款（4）：信用证货物单价标注错误，货号和单价不匹配。虽然总金额是正确的，但是货物单价明显不匹配，一旦发生纠纷，对我方索赔极为不利。

问题条款（5）：信用证贸易术语为 FOB Nanjing，合同中规定为 CFR New York，USA。如果不改，所有单据将有可能造成单证不符，影响结汇。

问题条款（7）：信用证货物描述中的合同号为 No. 293460，但合同号应为 ORG3205。如果不改，将有可能造成在货运单据的货物描述中出现单证不符，影响结汇。

问题条款（9）：信用证提单条款中“FULL SET OF CLEAN ON BOARD OCEAN BILLS OF LADING MADE OUT TO ORDER AND BLANK ENDORSED, MARKED ‘FREIGHT TO COLLECT’ SHOWING FREIGHT AMOUNT AND NOTIFY APPLICANT”，合同中规定“Full set of clean on board ocean bill of lading marked ‘Freight prepaid’ made out to order of issuing bank blank endorsed notifying the applicant”。所交提单应该是根据贸易术语 CFR New York，USA 来制作的，如果不改，将导致提单与信用证不符，影响结汇。

问题条款（10）：信用证漏开了一条重要的外贸合同条款：“More or less 5% of quantity of goods and credit amount is allowed”。这对于受益人来说非常不利，大大限制了操作的弹性。

知识
链接

一、通知行通知信用证的步骤

出口方一般选择自己的账户行为通知行，以便于业务联络及解决将来可能发生的贸易融资需求。对于国外银行开来的信用证，其受理与通知是办理出口信用证业务的第一步。

出口商所在地的联行或代理行收到开证行送达的信用证，应在1～2个工作日内核对密押及印鉴，确保准确无误后及时通知出口商，以利于出口商提前备货，在信用证有效期内完成规定工作。若将信用证原封不动地转给出口商，则为转递信用证；若将信用证的内容填写在通知书上发给受益人，则为通知信用证。通知行有义务仔细审查信用证条款的完整性及真实性。

信用证的通知方式，则因开证形式而异。如果是信开信用证，通知行一般以正本通知出口商，将副本存档；对于全电本，通知行将其复制后以复制本通知出口商，原件存档。电开信用证或修改（包括修改通知）中的密押（SWIFT 信用证无密押）需涂抹后再行通知。

如果信用证的受益人不同意接受信用证，则应在收到信用证通知书的三日内以书面形式告知通知行，并说明拒受理由。

二、通知信用证的注意事项

（一）关于 Acknowledgement of L/C

通知行收到信用证，经以上手续通知给受益人后，有时应开证行的要求需复函确认收妥，寄回开证行。这种确认收妥的回函称作 Acknowledgement of L/C，通常以这样的语句表示："we hereby acknowledge receipt of the captioned L/C which was advised to the Beneficiary on-（日期） under Ref No. " 但 Acknowledgement of L/C 与 Confirmation of L/C 是两回事，因通知行只负责通知，其任务是原原本本地把 L/C 通知给受益人，通知行在其通知书上往往要写明 "without any responsibility or obligation on the part of this Bank（通知行）" 以及 "please note that letter is merely an advice and does not confirmation of this credit on the part of this Bank"。

（二）重复开证，通知和出运

重复的原因可能属于通知行，也可能属于受益人。属于通知行常见的情况是：

（1）误将电报证实书视为另一信用证，忽略了 "Cable Confirmation" 两个词。

（2）将现在收到的副本误作另一信用证通知，实际上前一次所寄正本已通知。

（3）以简电当全电，在正式生效的完整条款的信用证到达时再一次通知。

在重复通知的情形下，往往在金额、货名及合同号码方面是一致的。因此，若加强检查，一般是能避免重复的。开证行有时因发现有问题，来电或来函要求注销。通知行若已收到信用证，经受益人同意后应将信用证退回注销。若注销通知先到，也应通知受益人。若通知行不将注销事宜进行通知，致使受益人照常出运，则一旦发生拒付，通知行应负一定责任。

（三）信用证的正副本内容必须一致

开证行在往来业务函电交涉中若规定了偿付、寄单的具体内容以及其他特殊要求，通知行应将函电附于信用证正本一起通知受益人，同时复印一份作为留底保存在信用证副本上。凡来证表明附有合同、订单及与出运有关的附件，也应连同正本信用证一并通知受益人，同时在信用证副本内批注正本附有 *** 附件。对于信用证项下的修改通知书，除正本通知受益人外，副本均应按修改日期的先后顺序附于信用证的副本之后，以保证信用证内容的完整性。对外交涉的其他函电也应在副本卷内存档，以备查考。

（四）第二通知行

根据 UCP600，通知行可以利用另一家银行（“第二通知行”）的服务向受益人通知信用证及其修改。通过通知信用证或修改，第二通知行即表明其认为所收到的通知的表面真实性得到满足，且通知准确地反映了所收到的信用证或修改的条款及条件。

要注意的是，如果一家银行利用另一家通知行或第二通知行的服务将信用证通知给受益人，它也必须利用同一家银行的服务通知修改书。

如果一家银行被要求通知信用证或修改，但不能确定信用证通知或修改的表面真实性，就必须不延误地告知向其发出该指示的银行。如果通知行或第二通知行仍决定通知信用证或修改，则必须告知受益人或第二通知行其未能核实信用证通知或修改的表面真实性。

三、审核信用证的作用

信用证的审核称为“审证”，是信用证业务中一个非常重要的环节。信用证由开证行在进口商的指示下开立，受益人要根据信用证的条款出口货物，如果信用证的条款与进出口贸易合同不符，或者出口商仍按原合同行事，开证行就会以单证不符拒绝付款；或者出口商按照信用证条款出货或提供单据，这就等于出口商承认了进口商单方面对贸易合同的修改。通过审证可在发现信用证与合同不符时要求开证行修改，所以审证是受益人提出改证的前提。此外，审证可以防止通过伪造信用证进行欺诈活动。

四、审核信用证的依据

（一）外贸合同

信用证是依据外贸合同开立的，所以其条款应与外贸合同的条款相符。卖方若不能履行信用证条款，就无法凭信用证兑款，更不能援用外贸合同的条款，将信用证条款予以补充或变更。因此，审查信用证条款是否与外贸合同的条款相符，是外贸单证员收到信用证后首先要做的工作。

（二）UCP600

外贸单证员审核信用证时，应遵循 UCP600 的规定来确定是否可以接受信用证的某些条款。例如，关于信用证的转让，UCP600 第 38 条 b 款规定，可转让信用证系指特别注明“可转让”（Transferable）字样的信用证。若信用证没有注明“可转让”（Transferable）字样，则视为不可转让信用证。

（三）业务实际情况

对于外贸合同中未作规定或无法根据 UCP600 来做出判断的信用证条款，外贸单证员应根据业务实际情况来审核。业务实际情况是指信用证条款对安全收汇的影响程度、进口国的法令和法规以及开证申请人的商业习惯等。

五、审证步骤

信用证审核步骤如图 5－1 所示。

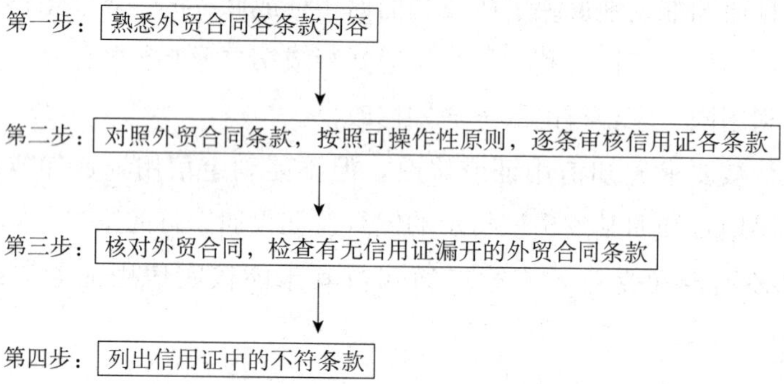

图 5－1　信用证审核步骤

六、审核信用证的注意事项

银行和出口企业各自审证重点有所不同，但对有些项目，如信用证有效期、信用证“软条款”等的识别，银行应主动帮助出口企业审查，提醒出口企业注意。

（一）银行审证

银行审证一般侧重于与收汇有关的细节，以保证国内货物出口后能安全收汇。通知行收到国外来证后，应考虑进口国的政治、经济形势与开证行的资信，以决定是否通知信用证；如决定通知信用证，必须合理、小心地审查信用证的表面合理性。

1. 对开证行资信的审查

开证行的资信状况是出口商能否安全收汇的基础。影响开证行资信的主要因素有：开证行所在国的宏观经济形势及其对开证行的影响；开证行的资金状况，包括资本额与资产负债总额；开证行的信誉与经营作风；开证行与通知行以往的合作关系等。

2. 对受益人的审查

受益人必须是当地有权办理出口业务的企业。受益人的名称和地址应与实际相符。若受益人为外地企业，应转由当地分行通知。若当地不具备通知条件，可直接通知受益人。

3. 对信用证付款责任的审查

由于可撤销信用证的付款无保障，因此一般不接受可撤销信用证。但一些信用证上虽未注明“可撤销”字样，却在特别条款中规定在某种情况下可以撤销，这类条款俗称“软条款”或“陷阱条款”。对这类信用证应视为可撤销信用证，银行一般不接受。

4. 对信用证使用货币的审查

除协定国家按照协定另有规定外，来证应使用可自由兑换的货币。若信用证规定的计价货币为一种货币，而用另一种外币偿付，原则上不接受，若视具体情况需要通融接受，应注意信用证上的折算时间与折算汇率是否合理。

5. 对信用证偿付方式的审查

对信用证偿付方式的审查应以国际贸易中通常使用的方式并且以有利于安全收汇为原则。如果信用证列有货到付款、验货合格付款等特殊条款，因不利于收汇，应在了解成交合同情况后，提出修改意见。

6. 对信用证生效性的审查

有些信用证规定必须取得某种条件或某种文件之后信用证才能生效。例如，只有进口商取得许可证或当局签发的授权书，信用证才能生效。银行通知未生效信用证时，一般应在信用证正本上明显加注“此证暂未生效，应在生效通知到达后再办理出运”字样。

7. 对信用证装运期、有效到期日和有效到期地的审查

银行应与出口商联系，掌握装运期长短的合适与合理性。有些信用证规定有效到期地在国外，这种规定受益人不易控制，若不是业务特殊需要，应要求受益人或由银行经洽商将国外到期修改成境内到期。

8. 对保兑条款的审查

凡信用证由第三家保兑银行保兑者，保兑责任必须明确包括提供保兑行的确认书。同时，对保兑行的资信应该审查。如开证行要求通知行保兑，通知行应根据对开证行的资信状况及其所在国政治、经济形势决定是否加具保兑，只有在认为收汇有把握的情况下才同意加保，否则应予拒绝。

9. 对信用证项下银行费用的审查

信用证应按贸易合同规定声明银行费用的负担者。如果信用证中规定银行费用由受益

人承担，银行应与受益人联系以证实是否与合同相符。如果此规定并非合同约定而是进口商强行加列，应要求受益人联系国外修改或向开证行声明银行费用的承担者。

10. 对信用证其他条款的审查

信用证要求的单据必须是出口国政策许可，出口商能够签得到的；信用证条款与条款之间、单据与单据之间不能有矛盾之处。如果保险是由出口商办理，应审查信用证所规定的保险险别和保险条款是否为出口国保险公司所能承保的。

（二）受益人审证

受益人（出口商）审证的依据有三条：第一是买卖合同；第二是收证时的政策法令，即来证内容有无违反我国政策法令规定的地方；第三是备货和船期等实际情况，即来证内容有无我方办不到的内容、有无影响我方安全及时收汇或会增加我方费用开支的内容。如果发现来证与合同不符，应立即联系开证申请人要求改证。受益人审证主要包括以下几个方面：

1. 信用证当事人

申请人、受益人的名称和地址是否准确；通知行是何种身份，即是否为付款行、限制议付行、保兑行等。

2. 信用证的类型

信用证是可撤销的还是不可撤销的。在不可撤销信用证上是否加有“软条款”使它成为可撤销信用证。发现有限制性付款条件和保留条件的，应当要求开证申请人改证。

3. 信用证的生效性

一些银行收到未生效信用证，没有在信用证上加注“暂不生效”等有关声明便通知受益人。出口商要认真审证以确认信用证是否为已生效信用证，在信用证未生效前不能发货。

4. 信用证金额

信用证金额应与单价和货物数量相称，大小写金额应该相等。有些金额可能已扣除佣金或折扣，有的金额内可能还包括应由买方承担的额外费用等。如果货物有溢短装，金额也应有相应的增减幅度，否则出口商要提出修改。

5. 货物描述

出口商应根据买卖合同对信用证中的货物名称、规格、尺码等进行核对，如果关键性的单词拼写错误或者所指不够明确，原则上应当提出修改。如果合同中的货物名称过多过细，信用证可打总称。有的来证只规定货名、货量，甚至有的只写参照第*****号合同，这些规定都可以接受。

6. 货物数量、重量

UCP600规定，除非信用证另有规定，其所付货物的数量与重量允许有5%的增减幅度。一般以重量为计量单位的货物，信用证上都有溢短装条款的要求。但有些信用证在货物数量上规定允许有增减，却没有规定金额可以增减，出口商应该避免增装，否则只能提出修改信用证。

7. 价格条件

如果信用证的价格条件与合同不符，则不能接受，除非信用证内同时规定额外费用在证下支取。

8. 装运港和目的港

装运港和目的港应符合合同规定，更改港口可能会引起运费和保险费的变化，若增加我方支出，则不能接受，除非开证申请人同意支付更改后的费用。如果合同中没有对此做出规定，出口商事先也无法确定装船口岸，最好通知进口商开证时在装运港栏中同时指定几个港口供受益人选择，或仅写"中国口岸"（Chinese Port）。若来证增加额外条件，例如在指定的码头卸货，这种限制性条件会使得承运人失去选择的余地。尤其是在对码头水深、卸货条件和设备等情况不清楚的情况下，应向港务局或航运公司咨询，以决定是否要求修改条款。如果来证中规定的目的港与我方无往来关系，则不能接受，应要求客户修改。

9. 装运期和有效期

信用证中应该规定装运期和有效期，有限期是指受益人交单取款的最后期限。

无装运期的视有效期为装运期，即装效同期，没有有效期的信用证视为无效的信用证。装运期和有效期不能颠倒。如果修改信用证的时候只是延展了装运期而没有延展有效期，则视为装运期和有效期同时延展。

若在信用证中用"as soon as possible""immediately""prompt"等词，应要求修改为具体日期，凡在日期前有"to""until""till""by"等词，均包括所述日期；凡是在日期前有"after""before"等词，不包括所述日期；"on or before/after"指某日或某日之前/后，"on or about"指某日及前后各 5 天；"beginning"指月初（1—3 日），"end"指月末（28 日至当月最后一天），"early"指上旬，"middle"指中旬，"late"指下旬，"first half"指上半月，"second half"指下半月，"for one month""for 4 weeks"等均从信用证的开证日算起。

10. 分批装运

通常信用证应表明是否允许分批装运，如果未做此规定，则被认为允许分批装运。

如果来证允许分批，但对每批货物的数量、品种、规格、装运时间及运输工具等加以限制，出口商应考虑实际可能性，如能否在规定的时间内备齐货物、能否租到船只等。如不能做到，应要求适当修改。

如果来证不允许分批，出口商应考虑装运期之前能否备齐全部货物。如果不能，应要求修改成允许分批，或推迟装运期等。如果信用证中规定不允许分批，但是货物发送至不同的目的港，应要求修改为允许分批，因为如果目的地不同，即使同一船只同一航次出运也不能视为同一批。如果信用证中规定“several shipment”，应理解为三次或三次以上。

11. 对船只和转船的限制

信用证中往往对装运船只或船龄、是否准许转船以及货物装运船舱的部位等加以限制，出口商要根据实际可能性决定是否可接受，是否应做修改。有些信用证上有限制船龄的条款，阿拉伯地区来证经常有这种要求，因为该地区装卸效率低，船舶周转慢，所以船方多派旧船到该地区。审证时必须与船方联系，只有直达该港不超过 15 年船龄的船期才能接受。

如果信用证中未明确是否可以转船，都视为可以转船。如果来证允许转船，但要求在提单上注明二程船名或有对转船口岸及转船船只加以种种限制等比较难办的条款，出口商应及时与承运人联系确定要不要修改。如果来证中不允许转船，但装运港或目的港泊位较少，条件较差，无直达船或固定船期等，可要求修改信用证。

12. 相关单据的要求

（1）汇票。审核汇票首先要看汇票金额和付款期限是否与合同一致。如果汇票金额与发票金额不一致，应审查是否已扣除佣金或有其他规定。根据 UCP600 开证，汇票的付款人只能是银行。

（2）发票。UCP600 规定，除转让信用证外，商业发票应由受益人开立，发票也不需要签署。如果有些信用证规定发票由第三者签署，则由贸促会签署者可以接受，但由进口国驻出口国领事签署者通常无法接受。有些信用证要求受益人在发票内加注一些证明词句等内容，通常只要能做到的就可以接受。

（3）提单。在对信用证关于提单条款的审查中，要特别注意“正本提单直接寄开证申请人”的条款。目前国际航运界的规范做法是收货人只要提交其中的一份正本提单并经背书后，船公司和船代理就予放货，不管收货人是否已给付货款。如果受益人按信用证要求将 1/3、2/3 或全套正本提单直接寄给开证申请人，则开证申请人可凭提单背书后直接提走货物，当出口商向银行交单议付时，开证行或开证申请人可能会以种种借口提出单据和信用证不符而拒绝付款。

（4）保险单据。保险类别应和合同相符，有些来证扩大了保险责任范围或增加了新的险别，受益人不能接受，除非信用证同时规定超保费用在证下或超证支取。保险金额加成率应该与合同一致，若超过合同规定，要与开证申请人商妥处理办法。如果保险费损失不大，可以通融接受。

在买方投保的情况下，有些来证要求受益人将预保信寄给进口国保险公司，经其签收保险回执，受益人凭回执与货运单据一起议付。这种条款一般不能接受，因为如果受益人收不到这种回执就无法交单议付。

能力实训

一、选择题

1.（　　）是在信用证业务中负责向受益人传递信用证并证实信用证的真实性，但不承担其他责任的银行。

A. 开证行　　B. 通知行　　C. 保兑行　　D. 议付行

2. 信用证业务中，通知行的责任是（　　）。

A. 及时通知和传递信用证　　B. 保兑并及时通知信用证

C. 保兑所收到的信用证　　D. 验明信用证的真实性并及时通知信用证

3. 跟单信用证业务中，在审单时要求“单单一致”的核心单据是（　　）。

A. 货运单据　　B. 汇票　　C. 商业发票　　D. 保险单据

4. 审核单据的基本原则是（　　）。

A. 单据和贸易合同一致　　B. 单单一致、单证一致

C. 信用证和贸易合同一致　　D. 单据和开证申请书一致

5. 若信用证本身未具体规定可否分批装运和可否转运，则受益人（　　）。

A. 可以分批装运，也可以转运　　B. 不得分批装运，但可以转运

C. 可以分批装运，但不能转运　　D. 不得分批装运，也不能转运

二．判断题

1. 通知行要想了解信用证的条款是否完整，就应将信用证与凭以开立的贸易合同进行全面的核对。（　　）

2. 通知行如选择通知信用证，就必须合理、谨慎地验核信用证的表面真实性。（　　）

3. 银行和受益人在审查信用证时的注意点是一样的。（　　）

4. 开证行来证要求通知行加具保兑，除非通知行立即通知开证行表示拒绝，否则即被认为已同意加具保兑。（　　）

5. 在审查信用证时，通知行不负责查验信用证条款是否与贸易合同条款一致。（　　）

三、能力拓展

背景资料：2017 年 5 月 25 日，中国建设银行上海分行国际业务部的工作人员浦明敏收到花旗银行伦敦分行开来的如下信用证：

MT700 ISSUE OF A DOCUMENTARY CREDIT

SENDER：CITIC BANK，LONDON BRANCH

RECEIVER：CHINA CONSTRUCTION BANK，SHANGHAI BRANCH

27：SEQUENCE OF TOTAL：1/1

40A：FORM OF DOCUMENTARY CREDIT：IRREVOCABLE

20：DOCUMENTARY CREDIT NUMBER：LC-204539429

31C：DATE OF ISSUE：170525

40E：APPLICABLE RULES：UCP LATEST VERSION

31D：DATE AND PLACE OF EXPIRY：170630 U. K.

50：APPLICANT：TENA TRADING CO.，LTD.
NO. 21 WILLSON STREET，LITTLEBOROUGH，U. K.

59：BENEFICIARY：SHANGHAI JINLAN TEXTILE TRADING CO.，LTD.
NO. 5 HUAIHAI ROAD，SHANGHAI，CHINA

32B：CURRENCY CODE，AMOUNT
EUR 26566,20（SAY EURO TWENTY-SIX THOUSAND FIVE HUNDRED AND SIXTY-SIX AND TWENTY PERCENT ONLY）

41A：AVAILABLE WITH … BY…：ANY BANK IN CHINA BY NEGOTIATION

42C：DRAFTS AT…：AT 90 DAYS AFTER SIGHT

42A：DRAWEE：CITIC BANK，LONDON BRANCH

43P：PARTIAL SHIPMENTS：ALLOWED

43T：TRANSSHIPMENT：ALLOWED AT HONGKONG ONLY

44E：PORT OF LOADING/AIRPORT OF DEPARTURE：CHINESE MAIN PORT

44F：PORT OF DISCHARGE/AIRPORT OF DESTINATION：SOUTHAMPTON，U. K.

44C：LATEST DATE OF SHIPMENT：170625

45A：DESCRIPTION OF GOODS &/OR SERVICES
WHITE DUCK FEATHER AND DOWN DUVET，AS PER S/C NO. DF20130525

ART. NO.	QUANTITY	UNIT PRICE	AMOUNT
8001QUEEN 225 * 220CM	565 PCS	EUR 19,20/PC	EUR 10848,00
8002QUEEN 225 * 220CM	782 PCS	EUR 20,10/PC	EUR 15718,20

AT CIF SOUTHAMPTON，U. K.

46A：DOCUMENTS REQUIRED
+SIGNED COMMERCIAL INVOICE IN TRIPLICATE.
+PACKING LIST IN TRIPLICATE.
+ORIGINAL GSP FORM A CERTIFICATE OF CHINESE ORIGIN PLUS TWO COPIES CERTIFIED BY CCPIT.

+FULL SET OF CLEAN ON BOARD OCEAN BILLS OF LADING MADE OUT TO APPLICANT MARKED "FREIGHT PREPAID" AND NOTIFY APPLICANT.

+INSURANCE POLICY/CERTIFICATE IN DUPLICATE ENDORSED IN BLANK FOR 130% INVOICE VALUE, COVERING ALL RISKS OF PICC DATED 1981/1/1.

47A: ADDITIONAL CONDITION

+DOCUMENTS DATED PRIOR TO THE DATE OF THIS CREDIT ARE NOT ACCEPTABLE.

+THE NUMBER AND THE DATE OF THIS CREDIT AND THE NAME OF ISSUING BANK MUST BE QUOTED ON ALL DOCUMENTS.

+SHORT FORM/CHARTER PARTY/THIRD PARTY BILLS OF LADING ARE NOT ACCEPTABLE.

+SHIPMENT MUST BE EFFECTED BY 1 * 40' FULL CONTAINER LOAD. B/L TO SHOW EVIDENCE OF THIS EFFECT IS REQUIRED.

+ALL PRESENTATIONS CONTAINING DISCREPANCIES WILL ATTRACT A DISCREPANCY FEE OF USD 50,00 PLUS TELEX COSTS OR OTHER CURRENCY EQUIVALENT. THIS CHARGE WILL BE DEDUCTED FROM THE BILL AMOUNT WHETHER OR NOT WE ELECT TO CONSULT THE APPLICANT FOR A WAIVER.

71B: CHARGES

ALL BANKING CHARGES AND COMMISSIONS OUTSIDE THE ISSUING BANK ARE FOR ACCOUNT OF BENEFICIARY INCLUDING REIMBURSING FEE.

48: PERIOD FOR PRESENTATION

DOCUMENTS MUST BE PRESENTED WITHIN 5 DAYS AFTER SHIPMENT DATE, BUT WITHIN THE VALIDITY OF THIS CREDIT.

49: CONFIRMATION INSTRUCTION: WITHOUT

78: INSTRUCTION TO PAYING/ACCEPTING/ NEGOTIATION BANK

WE WILL HONOUR UPON RECEIPT OF THE STIPULATED DOCUMENTS WHICH CONSTITUTE A COMPLYING PRESENTATION. THIS CREDIT IS SUBJECT TO UCPDC (2007 REVISION) ICC PUBLICATION NO. 600.

[工作任务 1] 通知行业务员王胜利审核信用证的真实性，制作编号为 243-WDT 20130578 的信用证通知书，通知受益人。

[工作任务 2] 受益人审核信用证。

2017 年 5 月 25 日，上海金澜贸易有限公司在收到中国建设银行上海分行国际业务部的信用证通知书和信用证后，根据以下与英国 TENA 贸易有限公司签订的外贸合同（见表 5 - 3）审核信用证，并找出问题条款，提出相关修改意见。

表 5-3

销售合同

SALES CONTRACT

THE SELLER: Shanghai Jinlan Textile Trading Co., Ltd.
No. 5 Huaihai Road, Shanghai, CHINA

NO. XIT20150035
Date: May 18, 2015

THE BUYER: Tena Trading Co., Ltd.
No. 21 Willson Street, Littleborough, U. K.

This contract is made by and between the Buyer and Seller, whereby the Buyer agrees to buy and the Seller agrees to sell the under-mentioned commodity according to the terms and conditions stipulated below:

Commodity & Specification	Quantity	Unit Price	Amount
WHITE DUCK FEATHER AND DOWN DUVET ART. NO.		CIF SOUTHAMPTON, U. K	
8001QUEEN 225 * 220CM	565 PCS	USD 19.20/PC	USD 10 848.00
8002QUEEN 225 * 220CM	782 PCS	USD 20.10/PC	USD 15 718.20
Total	1 347 PCS		USD 26 566.20

More or less 5% of quantity of goods and credit amount is allowed

TOTAL CONTRACT VALUE: SAY U. S. DOLLARS TWENTY-SIX THOUSAND FIVE HUNDRED AND SIXTY-SIX AND TWENTY PERCENT ONLY

PACKING: 6 PCS/carton

MARKS: Shipping Mark includes RAM, S/C No., Article No., Port of Destination and Carton No.

PORT OF LOADING AND DESTINATION: From Shanghai, China to Southampton, U. K., Transshipment is allowed and partial shipment is prohibited.

TIME OF SHIPMENT: Within 60 days upon receipt of the L/C which accord with relevant clauses of this Contract.

INSURANCE: to be covered by the Seller for 110% of invoice value covering All Risks as per PICC dated 1981/1/1.

TERM OF PAYMENT: by irrevocable letter of credit at 30 days after sight, reaching the Seller not later than Jun. 6, 2017 and remaining valid for negotiation in China for further 15 days after the effected shipment. In case of late arrival of the L/C, the Seller shall not be liable for any delay in shipment and shall have the right to rescind the contract and/or claim for damages.

DOCUMENTS:

+signed Invoice in triplicate.

+Full set of clean on board ocean bills of lading marked "Freight Prepaid" made out to order of shipper blank endorsed notifying the applicant.

+Packing List in triplicate.

+Insurance Policy in duplicate endorsed in blank.

+Original GSP Form A Certificate of Origin plus two copies certified by CCPIT.

In witness thereof, this S/C is signed by both parties in two original copies, each party holds one copy.

THE SELLER
Shanghai Jinlan Textile Trading Co., Ltd.

THE BUYER
Tena Trading Co., Ltd.

学习情境六

信用证修改业务

学习目标

能力目标：

1. 能以开证申请人的身份制作信用证修改申请书给开证行
2. 能以开证行身份，根据信用证修改申请书，制作 MT707 报文
3. 能以通知行身份，制作信用证修改通知书

知识目标：

1. 掌握信用证修改的基本原则
2. 掌握信用证修改的业务流程
3. 了解 UCP600 关于信用证修改的条款
4. 熟悉 MT707 报文内容

工作项目

根据学习情境五的工作内容，2015 年 6 月 30 日，美国 Seabell Footwear Inc. 公司收到南京海外贸易有限公司外贸业务员王莉莉改证申请的电子邮件，邮件内容如下：

Dear sirs,

We are pleasure to receive your L/C No. 2738LC346 issued by HF Bank, New York. But we find that it contains some discrepancies with S/C No. ORG3205. Please instruct the issuing bank to amend the L/C as soon as possible. The L/C should be amended as follows:

1) Under field 31D, the date and place of expiry amends to: "Sept. 30, 2015 and in China".

2) Under field 59, the correct name of beneficiary amends to: "NANJING OVERSEA TRADING CO., LTD."

3) Under field 32B, the currency of credit amount is USD not GBP.

4) Under field 45A, the unit price of the cargo should be amends to: "Art. No. 3001 at USD 14.80/Pair and Art. No. 3002 at USD 12.60/Pair".

5) Under field 45A, the trade term should be CFR New York, USA not FOB Nanjing.

6) Under field 42C, the tenor of draft is "AT SIGHT" instead of "AT 30 DATS AFTER SIGHT".

7) Under field 45A, the S/C No. should be No. ORG3205 not No. 293460.

8) Under field 46A, the B/L clause amends to "Full set of clean on board ocean bill of lading marked 'Freight Prepaid' made out to order of issuing bank blank endorsed notifying the applicant".

9) Under field 47A, to increase the clause "More or less 5% of quantity of goods and credit amount is allowed".

Thank you for your kind cooperation. Please see to it that L/C amendment reach us not later than July 5, 2015. Failing with we shall not be able to effect shipment.

Waiting for your reply soon.

Yours faithfully,

Wang Lili

美国 Seabell Footwear Inc. 公司业务员审阅了邮件内容后，同意南京海外贸易有限公司的改证意见，于 2015 年 7 月 3 日制作信用证修改申请书，向开证行恒丰银行纽约分行办理改证申请。

2015 年 7 月 5 日，恒丰银行纽约分行同意美国 Seabell Footwear Inc. 公司的改证申请。恒丰银行纽约分行的业务员 Shelton 根据美国 Seabell Footwear Inc. 公司的信用证修改申请书，制作 MT707 报文，发给通知行，修改信用证。

2015 年 7 月 6 日，中国银行江苏分行根据开证行恒丰银行纽约分行发来的 MT707 报文，制作信用证修改通知书，通知受益人南京海外贸易有限公司。

工作任务 1：开证申请人申请修改信用证

工作任务 2：开证行根据改证申请书制作 MT707 报文，修改信用证

工作任务 3：通知行制作信用证修改通知书，通知受益人

操作示范

工作任务 1 开证申请人申请修改信用证

【步骤 1】整理修改意见，对照合同和信用证，列出相关信息

开证行：HF Bank，New York

通知行：BANK OF CHINA，JIANGSU BRANCH

开证申请人：SEABELL FOOTWEAR INC.
NO. 62 GATEL ROAD，NEW YORK，USA

受益人：NANJING OVERSEA TRADING CO. LTD.
No. 37 WUHAN ROAD，NANJING，CHINA

信用证号码：2738LC346

信用证金额：GBP 38 360.00（SAY G. B. POUND THIRTY-EIGHT THOUSAND THREE HUNDRED AND SIXTY ONLY）

【步骤 2】熟悉信用证修改申请书的内容，根据修改意见填制修改申请书（见表 6-1）

（1）To：开证行的名称。本业务中开证行为“HF Bank，New York”。

（2）Amendment to Our Documentary Credit No.：被修改的信用证号码。本业务中此处应填写“2738LC346”。

（3）Date of Amendment：申请修改信用证的日期。本业务中此处应填写 2015 年 7 月 3 日，即“July 3rd，2015”。

（4）Applicant：开证申请人的名称。本业务中应填写“SEABELL FOOTWEAR INC.，NO. 62 GATEL ROAD，NEW YORK，USA”。

（5）Beneficiary：受益人的名称。此处应填写开证行开出的信用证中受益人名字，本例中由于信用证中受益人名字写错，应写上修改前的错误名字，而非正确的名字，因此填写“NANJING OVERSEE TRADING CO.，LTD.，NO. 37 WUHAN ROAD，NANJING，CHINA”。

（6）Advising Bank：通知行的名称。本业务中应填写“BANK OF CHINA，JIANGSU BRANCH”。

（7）Amount：信用证金额。由于信用证中开出的金额与合同不符，此处应写出信用证中开出的金额，然后在修改意见中提出正确的金额，因此此处应填写“GBP 38 360.00（SAY G. B. POUND THIRTY-EIGHT THOUSAND THREE HUNDRED AND SIXTY ONLY）”。

（8）The above mentioned credit is amended as follows：信用证修改要求。在本业务中，信用证修改意见有数条，其中具体列出如下：

1）Under field 31D，the date and place of expiry amends to：“Sept. 30，2015 and in China”.

2）Under field 59，the correct name of beneficiary amends to：“NANJING OVERSEA TRADING CO.，LTD.”

3）Under field 32B，the currency of credit amount is USD not GBP.

4）Under field 45A，the unit price of the cargo should be amends to：“Art. No. 3001 at USD 14.80/Pair and Art. No. 3002 at USD 12.60/Pair”.

5）Under field 45A，the trade term should be CFR New York，USA not FOB Nanjing.

6）Under field 42C，the tenor of draft is “AT SIGHT” instead of “AT 30 DATS AFTER SIGHT”.

7）Under field 45A，the S/C No. should be No. ORG3205 not No. 293460.

8）Under field 46A，the B/L clause amends to “Full set of clean on board ocean bill of lading marked ‘Freight Prepaid’ made out to order of issuing bank blank endorsed notifying the applicant”.

9）Under field 47A，to increase the clause “More or less 5% of quantity of goods and credit amount is allowed”.

（9）Authorized signature：开证申请人签章。此处应填写开证申请人的公司签章，即“SEABELL FOOTWEAR INC.”。

表 6－1

信用证修改申请书

APPLICANT FOR AMENDMENT

To (1): HF Bank, New York　　Amendment to Our Documentary Credit No. (2) 2738LC346

Date of Amendment (3): July 3rd, 2015　　No. of Amendment: 01

Applicant (4)	Advising Bank (6)
SEABELL FOOTWEAR INC. NO. 62 GATEL ROAD, NEW YORK, USA	BANK OF CHINA, JIANGSU BRANCH
Beneficiary (before this amendment) (5)	Amount (7)
NANJING OVERSEE TRADING CO., LTD. NO. 37 WUHAN ROAD, NANJING, CHINA	GBP 38 360.00 (SAY G. B. POUND THIRTY-EIGHT THOUSAND THREE HUNDRED AND SIXTY ONLY)

The above mentioned credit is amended as follows: (8)

☐Shipment date extended to ____________________

☐Expiry date extend to ____________________

☐Amount increased by __________ to __________

☒Other terms:

1) Under field 31D, the place of expiry amends to: "Sept. 30, 2015 and in China".

2) Under field 59, the correct name of beneficiary amends to: "NANJING OVERSEA TRADING CO., LTD."

3) Under field 32B, the currency of credit amount is USD not GBP.

4) Under field 45A, the unit price of the cargo should be amends to: "Art. No. 3001 at USD 14.80/Pair and Art. No. 3002 at USD 12.60/Pair".

5) Under field 45A, the trade term should be CFR New York, USA not FOB Nanjing.

6) Under field 42C, the tenor of draft is "AT SIGHT" instead of "AT 30 DATS AFTER SIGHT".

7) Under field 45A, the S/C No. should be No. ORG3205 not No. 293460.

8) Under field 46A, the B/L clause amends to "Full set of clean on board ocean bill of lading marked 'Freight Prepaid' made out to order of issuing bank blank endorsed notifying the applicant".

9) Under field 47A, to increase the clause "More or less 5% of quantity of goods and credit amount is allowed".

☒Banking charges: The amendment fee is borne by the applicant. All other terms and conditions remain unchanged.

Authorized signature (9)

SEABELL FOOTWEAR INC.

This Amendment is Subject to Uniform Customs and Practice for Documentary Credits International Chamber of Commerce Publication No. 600.

工作任务2　开证行根据信用证修改申请书制作 MT707 报文，修改信用证

【步骤 1】开证行审核信用证修改申请书的内容，列出发送 MT703 报文需要的栏目

【步骤 2】根据信用证修改申请书，制作 MT707 报文

1. “20”栏目

该栏目是发报行业务编号，一般是信用证号码。本业务填写：2738LC346。

2. “21”栏目

该栏目是收报行业务编号，本业务填写：NON。

3. “31C”栏目

该栏目填写信用证开证日期。本业务填写：JUN. 21，2015。

4. “30”栏目

该栏目填写信用证修改日期。本业务填写：JUL. 5，2015。

5. “26E”栏目

该栏目填写信用证修改次数。本业务中修改一次，填写：01。

6. “59”栏目

该栏目填写修改前的受益人。本业务中受益人名称错误，根据修改前的名称，应该填写：NANJING OVERSEE TRADING CO.，LTD.，NO. 37 WUHAN ROAD，NANJING，CHINA。

7. “79”栏目

该栏目是对信用证修改的详细描述。本业务中应根据客户提出的申请逐一列出，此处省略。

8. “72”栏目

该栏目是附言。本业务中是开证行告知通知行费用由开证申请人承担。

MT707	**AMENDMENT TO A DOCUMENTARY CREDIT**
SENDER	HF BANK，NEW YORK
RECEIVER	BANK OF CHINA，JIANGSU BRANCH
SENDER'S REFERENCE	20：2738LC346
RECEIVER'S REFERENCE	21：NON
DATE OF ISSUE	31C：150621
DATE OF AMENDMENT	30：150705
NUMBER OF AMENDMENT	26E：01
BENEFICIARY（BEFORE THIS AMENDMENT）	59：NANJING OVERSEE TRADING CO.，LTD. NO. 37 WUHAN ROAD，NANJING，CHINA
NARRATIVE	79：

1) UNDER FIELD 31D, THE PLACE OF EXPIRY AMENDS TO: "SEPT. 30, 2015 AND IN CHINA".
2) UNDER FIELD 59, THE CORRECT NAME OF BENEFICIARY AMENDS TO: "NANJING OVERSEA TRADING CO., LTD.".
3) UNDER FILED 32B, THE CURRENCY OF CREDIT AMOUNT IS USD NOT GBP.
4) UNDER FIELD 45A, THE UNIT PRICE OF THE CARGO SHOULD BE AMENDS TO: "ART. NO. 3001 AT USD 14.80/PAIR AND ART. NO. 3002 AT USD 12.60/PAIR".
5) UNDER FIELD 45A, THE TRADE TERM SHOULD BE CFR NEW YORK, USA NOT FOB NANJING.
6) UNDER FIELD 42C, THE TENOR OF DRAFT IS "AT SIGHT" INSTEAD OF "AT 30 DAYS AFTER SIGHT".
7) UNDER FIELD 45A, THE S/C NO. SHOULD BE NO. ORG3205 NOT NO. 293460.
8) UNDER FIELD 46A, THE B/L CLAUSE AMENDS TO "FULL SET OF CLEAN ON BOARD OCEAN BILL OF LADING MARKED 'FREIGHT PREPAID' MADE OUT TO ORDER OF ISSUING BANK BLANK ENDORSED NOTIFYING THE APPLICANT".
9) UNDER FIELD 47A, TO INCREASE THE CLAUSE "MORE OR LESS 5% OF QUANTITY OF GOODS AND CREDIT AMOUNT IS ALLOWED".

SENDER TO RECEIVER INFORMATION　　72: THE AMENDMENT FEE IS BORNE BY THE APPLICANT.

工作任务3　通知行制作信用证修改通知书，通知受益人

【步骤1】通知行审核开证行发来的MT707报文的真实性和密押的真实性

【步骤2】通知行制作信用证修改通知书（见表6-2），通知受益人

信用证修改通知书是通知行在收到开证行开来的信用证修改书后，仔细审核并列出被修改的条款，然后通知受益人时所制作和使用的单据。信用证修改通知书的内容包括：(1) 通知行的编号；(2) 受益人的名称；(3) 原信用证被修改的条款；(4) 通知行签名和印鉴。

(1) To：致。此处填写受益人的名称。本业务填写“NANJING OVERSEA TRADING CO., LTD., NO. 37 WUHAN ROAD, NANJING, CHINA”。

(2) Issuing Bank：开证行。此处填写信用证开证行的名称，本业务填写“HF BANK, NEW YORK”。

(3) L/C No.：信用证号码。本业务填写原信用证号码“2738LC346”。

(4) AMENDMENT NO.：修改次数。此处填写信用证修改次数，本业务中修改一次，填写“01”。

(5) DATED：开证日期。本业务中填写“JUN. 21, 2015”。

(6) AMENDMENT DATE：修改日期。经查MT707报文，本业务中信用证修改日

期为“JUL. 5，2015”。

表 6-2

中国银行江苏分行
BANK OF CHINA，JIANGSU BRANCH
信用证修改通知书
NOTIFICATION OF DOCUMENTARY CREDIT

To：致（1） NANJING OVERSEA TRADING CO.，LTD. NO. 37 WUHAN ROAD，NANJING，CHINA	WHEN CORRESPONDING AD3304956224 PLEASE QUTOTE REF. NO.
ISSUING BANK 开证行（2） HF BANK，NEW YORK	TRANSMITTED TO US THROUGH 传递行 REF. NO. REIM. BANK
L/C NO. 信用证号（3） 2738LC346	AMENDMENT NO. 修改次数（4） 01
DATED 开证日期（5） JUN. 21，2015	AMENDMENT DATE 修改日期（6） JUL. 5，2015

DEAR SIRS，敬启者

WE HAVE PLEASURE IN ADVISING YOU THAT WE HAVE RECEIVED FROM THE ABOVE MENTIONED BANK A（N）AMENDMENT TO THE CAPTIONED L/C，CONTENTS OF WHICH ARE AS PER ATTACHED SHEET（S）.

兹通知贵公司，我行收到自上述银行的信用证修改一份，内容见附件。

THIS AMENDMENT SHOULD BE ATTACHED TO THE CAPTIONED L/C ADVISED BY US，OTHERWISE THE BENEFICIARY WILL BE RESPONSIBLE FOR ANY CONSEQUENCES ARISING THEREFROM.

本修改须附于有关信用证，否则，贵公司须对因此而产生的后果承担责任。

REMARK 备注：

THIS AMENDMENT CONSIST OF ONE SHEET，INCLUDING THE COVERING LETTER AND ATTACHMENT（S）.

本修改连同面函及附件共 1 页纸。

THIS AMENDMENT IS ADVISED SUBJECT TO ICC UCP PUBLICATION NO. 600.

本修改之通知系遵循国际商会第 600 号出版物《跟单信用证统一惯例》办理。

YOURS FAITHFULLY

FOR BANK OF CHINA，JIANGSU BRANCH

知识链接

信用证的修改简称为“改证”。出口商审证后，如果发现信用证有问题或有风险，应洽谈对方进行修改。只有在货物出运前做好审证和改证工作，才能最大限度地防止拒付或延迟付款，为及时、安全收汇创造条件。

一、修改信用证的基本要求和注意事项

（一）修改信用证的基本要求

出口企业对信用证进行全面审核后，如发现问题，凡属不符合我国对外贸易政策、影响合同履行和安全收汇的内容，必须要求国外客户通过开证行进行修改，并坚持在收到银行修改信用证通知书后对外发货，以免发生货物装运后而修改通知未到的情况，造成出口企业的被动和经济损失。

外贸单证员对于审核出来的问题，要遵循“利己不损人”的原则，分别按照以下的原则来进行处理：

1. 对我方有利，又不影响对方利益，一般不改

例如：信用证中装运港为“CHINESE MAIN PORT”，合同中是“SHANGHAI”。信用证的装运港是中国主港，包括上海港，增加了受益人可选择的范围，对我方有利，又不影响对方利益，所以一般不予修改。

2. 对我方有利，但会严重影响对方利益，一定要改

例如：信用证的单价与金额货币单位错误，不是英镑而是美元。若不改，我方会增加收入，对方会遭受损失。作为外贸单证员，一定要有诚信的品质，否则流失客户得不偿失。

3. 对我方不利，但是在不增加或基本不增加成本的情况下可以完成，可以不改

例如：信用证规定只能在香港转运，与合同中不符。尽管我方在选择运输路线上缺少弹性，但不影响正常的托运操作，也基本不影响运费，因此可以不改。

4. 对我方不利又要在较大地增加成本的情况下完成，若对方愿意承担成本则不改，否则要改

例如：信用证保险条款中投保金额比例为“150% INVOICE VALUE”，需要改成“110% INVOICE VALUE”。

5. 对我方不利，若不改会严重影响安全收汇，则坚决要改

例如：信用证中汇票的付款期限把合同中的“AT 30 DAYS AFTER SIGHT”改成了“AT 60 DAYS AFTER SIGHT”，延长了结汇时间，必须修改。

（二）修改信用证的注意事项

（1）一份信用证如果有多处需要修改，应集中一次通知开证人办理修改以减少双方的费用和时间。

（2）修改信用证的要求一般应用电信通知开证人，同时应规定信用证修改通知书的到达时限。

（3）对收到的信用证修改通知书应认真审核，如发现修改内容有误或我方不能同意，

有权拒绝接受。

(4) 一份信用证修改通知书的内容要么全部拒绝，要么全部接受，不能只接受或拒绝其中一部分。

(5) 如某银行被要求通知或修改信用证，但其决定不予通知，则应毫不延迟地告知自其处收到信用证、修改或通知的银行。

二、修改信用证的主体

(一) 受益人提出修改

信用证是开证行与受益人之间的契约，受益人如果要求修改，则必须经过开证行的同意，由开证行改证。所以受益人应与开证行联系和协商。如果受益人直接向开证行提出要求改证，开证行必定会联系开证申请人商量，在开证申请人同意后才办理。在实务中为了省时省事，受益人一般总是自己联系开证申请人要求改证，然后由开证申请人通知开证行办理。但在实际业务中需注意：开证申请人回复受益人表示同意改证的函电，并不具备法律效力，受益人必须收到开证行发来的修改书再发货。

(二) 进口商提出修改

进口商提出修改信用证的情况主要有：第一，进口商可能在订立合同时对国内销售形势估计和预测有误，现在要根据新掌握的情况修改信用证，如增加或减少货物的数量，改变货物的品种，修改信用证金额、单价等；第二，有些客观原因如战争爆发使货物运输风险增大，进口商要求增保战争险、改变目的港，或政府颁布新规定，要求进口货物具备某种单据才能进口，进口商只得修改信用证以通知出口商按新规定办理单据等。

如果原证是可撤销信用证，进口商可以撤销原证重开新证。如果原证是不可撤销的，进口商只能提出修改信用证。进口商要求改证首先必须征得开证行同意，由开证行办理。

三、信用证修改书的生效

信用证的修改最终要得到受益人的同意才能生效。受益人收到由通知行转来的信用证修改书后，原则上应该向通知行明确表态：是接受修改还是不接受修改。表态的期限没有硬性规定，在实务中习惯上以三天为限。如果受益人因故迟迟未能表态，则以交单情况为准：如所交单据与修改的内容相符，则视为已接受修改；如所交单据与修改的内容不符而与原证内容相符，则视为已拒绝修改。在受益人尚未向通知行表态时，原证条款仍然有效，或者说，只要受益人没有表态同意接受修改，原证条款就仍旧有效。

四、修改信用证的业务流程

修改信用证的业务流程如图 6-1 所示。

(1) 受益人给开证申请人发改证函，协商改证事宜。

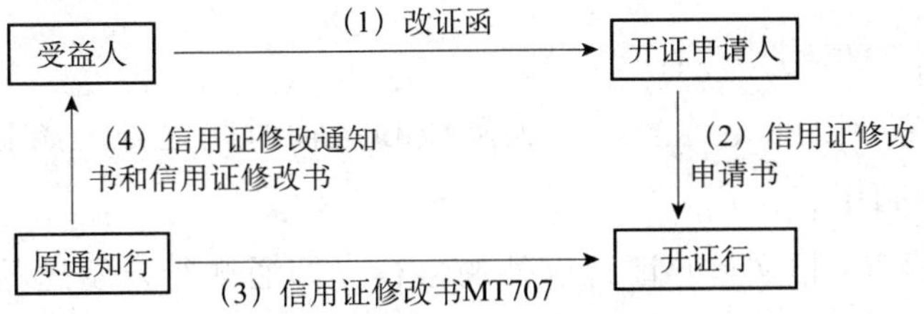

图 6-1　修改信用证的业务流程

（2）协商一致后，开证申请人填写信用证修改申请书，向开证行提出改证申请。

（3）开证行同意后，向信用证的原通知行发信用证修改书，即 MT707 报文。

（4）原通知行给受益人信用证修改通知书和信用证修改书，进行信用证修改通知。

五、SWIFT 格式——MT707 报文

MT707 是“跟单信用证修改”报文，其栏目内容见表 6-3。M/O 为 Mandatory/Optional 的缩写，前者是指必选项目，后者是指可选项目。

表 6-3　　MT707 报文内容

M/O	Tag（项目编号）	Field Name（项目名称）	说明
M	20	Sender's Reference	发报行业务编号
M	21	Receiver's Reference	收报行业务编号
O	23	Issuing Bank's Reference	开证行业务编号
O	52a	Issuing Bank	开证行
O	31C	Date of Issue	开证日期
O	30	Date of Amendment	修改日期
O	26E	Number of Amendment	修改次数
M	59	Beneficiary（before this amendment）	修改前的受益人
O	31E	New Date of Expiry	修改后的到期日
O	32B	Increase of Documentary Credit Amount	跟单信用证的增额
O	33B	Decrease of Documentary Credit Amount	跟单信用证的减额
O	34B	New Documentary Credit Amount after Amendment	修改后的跟单信用证金额
O	39A	Percentage Credit Amount Tolerance	修改后的信用证金额浮动上下限
O	39B	Maximum Credit Amount	修改后的信用证金额最高限额
O	39C	Additional Amounts Covered	附加金额
O	44A	Place of Taking in Charge/of Receipt	对接管地/接收地的修改
O	44E	Port of Loading/Airport of Departure	对装运港/始发港的修改
O	44F	Port of Discharge/Airport of Destination	对卸货港/目的港的修改
O	44B	Place of Final Destination/of Delivery	对最终目的地/交货地的修改
O	44C	Latest Date of Shipment	对最迟装运日期的修改
O	44D	Shipment Period	对装运期间的修改
O	79	Narrative	修改详述
O	72	Sender to Receiver Information	附言

MT707 报文制作的注意事项：

（1）除信用证的到期日、金额、运输路线和运输时间之外的条款修改内容都写在“79：Narrative”栏目中。

（2）如果该 MT707 报文是开证行以外的银行（即通知行）发送的，报文使用“23：Issuing Bank's Reference”栏目列明开证行的跟单信用证号码。

（3）如果发报行不是开证行，报文使用“52a：Issuing Bank”栏目列明开证行。

（4）可能出现的代码如下：

BENCON：要求收报行通知发报行受益人是否接受该信用证的修改。

PHONBEN：请电话通知受益人（代码后跟受益人的电话号码）。

TELEBEN：请用快捷的有效电讯通知受益人（包括 SWIFT、传真、电报、电传）。

六、改证操作与 UCP600

（一）改证的常见情形

1. 开证错误

因信用证条款与外贸合同条款不一致或存在“软条款”等开证错误，要求修改信用证。

2. 受益人要求展期

受益人由于货源不足、生产事故、运输脱节、社会动乱、开证申请人未能在合同规定期限内把信用证开到等原因无法如期装运，要求展期，展期涉及装运期和信用证截止日。

3. 开证申请人要求增加商品数量和金额

由于信用证项下的商品在开证申请人所在国很畅销，因此为了能够获得更多的货源，与受益人协商后，开证申请人向开证行提出增加商品数量和金额的改证申请。

（二）改正通知与 UCP600

UCP600 第 9 条 b 款规定，通知行通知信用证或修改的行为表示其已确信信用证或修改的表面真实性，而且其通知准确地反映了其收到的信用证或修改的条款。

UCP600 第 9 条 c 款规定，通知行可以通过另一银行（“第二通知行”）向受益人通知信用证及修改。第二通知行通知信用证或修改的行为表明其已确信收到的通知的表面真实性，并且其通知准确地反映了收到的信用证或修改的条款。

UCP600 第 9 条 d 款规定，经由通知行或第二通知行通知信用证的银行必须经由同一银行通知其后的任何修改。

UCP600 第 9 条 e 款规定，如一银行被要求通知信用证或修改但其决定不予修改，则应毫不延迟地告知自其处收到信用证、修改或通知的银行。

UCP600 第 9 条 f 款规定，如一银行被要求通知信用证或修改但其不能确信信用证、修改或通知的表面真实性，则应毫不延误地通知看似从其处收到指示的银行。如果通知行或第二通知行决定仍然通知信用证或修改，则应告知受益人或第二通知行其不能确信信用证、修改或通知的表面真实性。

UCP600 第 10 条 d 款规定，通知修改的银行应将任何接受或拒绝的通知转告发出修改的银行。

（三）开证行、保兑行改证责任与 UCP600

UCP600 第 10 条 b 款规定，开证行自发出修改之时起，即不可撤销地受其约束。保兑行可将其保兑扩展至修改，并自通知该修改之时起，即不可撤销地受其约束。但是，保兑行可以选择将修改通知受益人而不对其加具保兑。若然如此，其必须毫不延误地将此告知开证行，并在其给受益人的通知中告知受益人。

（四）改证生效与 UCP600

UCP600 第 10 条 a 款规定，除第 38 条另有规定者外，未经开证行、保兑行（如有的话）及受益人同意，信用证既不得修改，也不得撤销。

UCP600 第 10 条 c 款规定，在受益人告知通知修改的银行其接受该修改之前，原信用证（或含有先前被接受的修改的信用证）的条款对受益人仍然有效。受益人应提供接受或拒绝修改的通知。如果受益人未能给予通知，当交单与信用证以及尚未表示接受的修改的要求一致时，即视为受益人已做出接受修改的通知，并且从此时起，该信用证被修改。

UCP600 第 10 条 e 款规定，对同一修改的内容不允许部分接受，部分接受将被视为拒绝修改的通知。

UCP600 第 10 条 f 款规定，修改中关于"除非受益人在某一时间内拒绝修改，否则修改生效"的规定应被不予理会。

能力实训

一、选择题

1. 信用证的某些条款需要修改并经进出口商双方协商，开证申请人复电受益人表示同意受益人意见但因故未能办理信用证修改书，受益人按修改后的内容填制和提交单据，以求办理结算（　　）。

A. 这样做，因为进出口双方已取得一致，不会遇到困难

B. 开证银行将会以单证不符为由拒绝付款

C. 只要出示开证申请人的复电，开证行必须付款

D. 只要不超过信用证的有效期，开证行必须付款

2. 信用证开立的原始依据是贸易合同。当受益人审证过程中发现信用证的某些条款与贸易合同规定不一致时，受益人应要求（　　）修改。

A. 开证行　　B. 开证申请人　　C. 通知行　　D. 开证行和通知行

3. 信用证开立的缘由是双方的贸易合同，当信用证的条款与贸易合同不一致时，受益人应（　　）。

A. 使所提交的单据与贸易合同条款相一致

B. 使所提交的单据与信用证条款相一致

C. 使所提交的单据与开证申请书相一致

D. 发现上述情况要求修改信用证，使其一致

4. 信用证要求提交运输单据，但未规定交期，单据最迟应在提单装运日期后（　　）天内提交，但必须在信用证有效期内提交才有效。

A. 15　　B. 10　　C. 21　　D. 30

5. 某信用证的通知行为甲银行，限制由乙银行议付，委托丙银行偿付，开证行应申请人的要求修改信用证，信用证修改应由（　　）通知受益人。

A. 开证行　　B. 甲银行　　C. 乙银行　　D. 丙银行

二、判断题

1. 不可撤销信用证修改项目不止一项时，当事人要么接受全部项目，要么退回全部项目，不能只接受其中个别项目，而拒绝其他项目。（　　）

2. 通知行要想了解信用证的条款是否完整，就应将信用证与凭以开立的贸易合同进行全面的核对。（　　）

3. 银行和受益人在审查信用证时的注意点是一样的。（　　）

4. 受益人对信用证的修改的接受或拒绝的表示，可以在向银行交单时做出；若提交的单据与原信用证相符，而不符合信用证修改书的规定，则表明受益人拒绝信用证修改书。（　　）

5. 信用证修改书只有在得到受益人接受后才能生效。（　　）

三、能力拓展

根据学习情境五之能力训练的相关内容，继续完成信用证申请改证和改证操作。

[工作任务 1] 2017 年 6 月 1 日，英国 TENA 贸易有限公司同意了上海金澜贸易有限公司的改证意见，并准备填制信用证修改申请书，向开证行花旗银行伦敦分行办理改证申请。

[工作任务 2] 2017 年 6 月 3 日，花旗银行纽约分行同意英国 TENA 贸易有限公司的改证申请，花旗银行纽约分行的业务员 Sara 根据英国 TENA 贸易有限公司的信用证修改申请书，制作 MT707 报文，发给通知行中国建设银行上海分行，修改信用证。

[工作任务 3] 2017 年 6 月 7 日，通知行中国建设银行上海分行根据开证行花旗银行伦敦分行的 MT707 报文，制作信用证的修改通知书，通知受益人。

学习情境七

制作结汇单据

学习目标

能力目标：

能根据信用证内容制作和办理结汇单据，包括商业发票、装箱单、原产地证书、运输单据、保险单据等

知识目标：

1. 掌握结汇单据制作的依据和要求
2. 掌握商业发票和装箱单的概念、内容
3. 掌握海运提单的概念、作用、内容和种类
4. 掌握保险单和原产地证书的内容和种类
5. 了解装运通知、受益人证明等内容

工作项目

MT700　　ISSUE OF A DOCUMENTARY CREDIT

SENDER：STANDARD CHARTERED BANK，RIO DE JANEIRO，BRAZIL
RECEIVER：BANK OF CHINA，SHANGHAI BRANCH
27：SEQUENCE OF TOTAL：1/1
40A：FORM OF DOCUMENTARY CREDIT：IRREVOCABLE
20：DOCUMENTARY CREDIT NUMBER：T-032947
31C：DATE OF ISSUE：140328
40E：APPLICABLE RULES：UCP LATEST VERSION
31D：DATE AND PLACE OF EXPIRY：140510 CHINA
50：APPLICANT：SANTONS TRADE COMPANY LIMITED
NO. 35 SAN JOSE BOULEVARD，RIO DE JANEIRO，BRAZIL
59：BENEFICIARY：SHANGHAI AMC MOULD CO.，LTD.
NO. 37 ZHUJIANG ROAD，PUDONG DISTRICT，SHANGHAI，CHINA
32B：CURRENCY CODE，AMOUNT
USD 23864,00（SAY U. S. DOLLARS TWENTY-THREE THOUSAND EIGHTY HUNDRED AND SIXTY-FOUR ONLY）
41A：AVAILABLE WITH … BY…：ANY BANK IN CHINA BY NEGOTIATION
42C：DRAFTS AT…：AT 30 DAYS AFTER SIGHT
42A：DRAWEE：STANDARD CHARTERED BANK，RIO DE JANEIRO，BRAZIL
43P：PARTIAL SHIPMENTS：ALLOWED
43T：TRANSSHIPMENT：ALLOWED

44E：PORT OF LOADING/AIRPORT OF DEPARTURE：SHANGHAI，CHINA

44F：PORT OF DISCHARGE/AIRPORT OF DESTINATION：RIO DE JANEIRO，BRAZIL

44C：LATEST DATE OF SHIPMENT：140430

45A：DESCRIPTION OF GOODS &/OR SERVICES

7 000 PCS HANDLE CABINET AT USD 1,68 PER PC AND 6800 PCS FREEZER HANDLE AT USD 1,78 PER PC. THE GOODS HAVE BEEN SHIPPED IN PALLETS IN CONTAINERS AND ALL PALLETS HAVE BEEN HEAT TREATED. 100 PCS ARE PACKED IN STRONG SEA-WORTHY CTNS. TRADE TERM：CIF RIO DE JANEIRO AS PER S/C NO. GYH2034927 DATED 2014-3-15.

46A：DOCUMENTS REQUIRED

+SIGNED COMMERCIAL INVOICE IN TRIPLICATE INDICATING S/C NO. GYH2034927 DATED 2014-3-15 AND L/C NO.

+PACKING LIST IN TRIPLICATE INDICATING QUANTITY，GROSS AND NET WEIGHTS OF EACH PACKAGE.

+FULL SET OF CLEAN ON BOARD OCEAN BILLS OF LADING MADE OUT TO ORDER OF THE ISSUING BANK，MARKED "FREIGHT PREPAID" AND NOTIFY APPLICANT.

+SIGNED CERTIFICATE OF ORIGIN IN TRIPLICATE.

+INSURANCE POLICY/CERTIFICATE IN DUPLICATE ENDORSED IN BLANK FOR 110% INVOICE VALUE，COVERING ALL RISKS OF PICC DATED 1981/1/1. WAREHOUSE TO WAREHOUSE AND I. O. P AND SHOWING THE CLAIMING CURRENCY IS THE SAME AS THE CURRENCY OF CREDIT.

+COPY OF FAX/E-MAIL SENT BY THE SELLER TO THE BUYER WITHIN TWO DAYS FROM B/L ON BOARD DATE EVIDENCING；VALUE OF GOODS AND THEIR QUANTITY，FEEDER AND OCEANIC VESSEL NAME，PORT OF LOADING AND PORT OFDISCHARGE，CONTAINER NUMBER，SAILING DATE AND E. T. A.

47A：ADDITIONAL CONDITION

+ADDITIONAL FEE OF USD 50,00 OR EQUIVALENT WILL BE DEDUCTED FROM THE PROCEEDS PAID UNDER ANY DRAWING WHERE DOCUMENTS PRESENTED ARE FOUND NOT TO BE IN STRICT CONFOIRMITY WITH THE TERMS OF THIS CREDIT.

71B：CHARGES

ALL BANKING CHARGES OUTSIDE BRAZIL INCLUDING ADVISING COMMISSION ARE FOR ACCOUNT OF BENEFICIARY AND MUST BE CLAIMED AT THE TIME OF ADVISING.

48：PERIOD FOR PRESENTATION

DOCUMENTS MUST BE PRESENTED WITHIN 15 DAYS AFTER SHIPMENT DATE，BUT WITHIN THE VALIDITY OF THIS CREDIT.

49：CONFIRMATION INSTRUCTION：WITHOUT

78：INSTRUCTION TO PAYING/ACCEPTING/ NEGOTIATION BANK

WE WILL HONOUR UPON RECEIPT OF THE STIPULATED DOCUMENTS WHICH CONSTITUTE A COMPLYING PRESENTATION.

THIS CREDIT IS SUBJECT TO UCPDC（2007 REVISION）ICC PUBLICATION NO. 600.

上海 AMC MOULD 有限公司的外贸单证员朱丽云根据信用证和以下相关信息，制作符合信用证要求的商业发票和装箱单。

（1）货物实际出运信息：

纸箱重量：毛重 18.7 千克/纸箱，净重 17.5 千克/纸箱，体积 0.16 米^3

集装箱：2＊20'FCL CY/CY，TRIU1305394 SEAL06934，KHLU530496 SEAL06935

（2）发票信息：

发票号码：2014NH3985　　　　　　　　发票日期：2014 年 4 月 12 日

2014 年 4 月 15 日，上海 AMC MOULD 有限公司的外贸单证员朱丽云制作订舱委托书，交由中国对外贸易运输（集团）总公司，洽定舱位，办理订舱手续，当货运转船完毕后，出具海运提单。

（3）货物出运信息：

提单号码：GSOK320345　　　　　　　　提单日期：2014 年 4 月 20 日

船名：CROWN QUEEN V. 88097H　　　　航线号：FWP3045

2014 年 4 月 15 日，外贸单证员朱丽云向上海出入境检验检疫局申领原产地证书。

（4）产地证信息：

原产地证书编号：03938496　　　　　　　商品编号：0813.2500

该货物不含任何进口成分。

2014 年 4 月 18 日，外贸单证员朱丽云按照信用证、商业发票、装箱单和相关信息，制作投保单，向中国人民保险公司办理投保和保险单。

工作任务 1：制作商业发票和装箱单

工作任务 2：制作订舱委托书，办理海运提单

工作任务 3：制作和申领原产地证书

工作任务 4：制作投保单，办理投保和保险单

操作示范

工作任务 1　制作商业发票和装箱单

【步骤 1】熟悉商业发票的内容，准备信息并填制发票

1. 发票名称

根据《关于审核跟单信用证项下单据的国际标准银行实务》（ISBP）的规定，若信用证只要求发票而未做进一步定义，则提交发票（Invoice）、商业发票（Commercial Invoice）、海关发票（Customs Invoice）、领事发票（Consular Invoice）等形式的发票都可以接受，但是临

时发票（Provisional Invoice）和形式发票（Proforma Invoice）不可以接受。当信用证要求提交商业发票时，标为“发票”和“商业发票”的单据都是可以接受的。

本业务可以填写为“COMMERCIAL INVOICE”或“INVOICE”。

2. 出票人名称和地址

根据 UCP600 的规定，若信用证无另外规定，商业发票的出票人一般为受益人。在发票的顶端一般会有出票人名称、详细地址。许多出口企业在印刷空白发票时会印上这些内容，或将这些内容编入电脑程序一并打印，这样就不需要外贸单证员填写了。

本业务需要填写出票人的名称和地址，根据信用证“59”项目，应填入：

SHANGHAI AMC MOULD CO.，LTD.

NO. 37 ZHUJIANG ROAD，PUDONG DISTRICT，SHANGHAI，CHINA

3. 抬头名称和地址

根据 UCP600 的规定，若信用证无另外规定，商业发票的抬头为开证申请人。

本业务根据信用证“50”项目填写在发票“TO”后面：

SANTONS TRADE COMPANY LIMITED

NO. 35 SAN JOSE BOULEVARD

RIO DE JANEIRO，BRAZIL

4. 发票号码、发票日期、信用证号码、合同号码等信息

发票号码由出口商统一编制，一般采用顺序编号，便于查对。

发票日期应早于提单日期，不能迟于信用证有效期。根据 UCP600 的规定，如果信用证没有特殊规定，银行可以接受签发日期早于开证日期的发票。

信用证号码参照信用证条款内容填制。

合同号码应该与信用证上列明的一致，若一笔交易有几份合同，则应都打印在发票上。

根据上述分析，本业务应该填写的内容如下：

Invoice No.：2014NH3985

Invoice Date：Apr. 12，2014

S/C NO.：GYH2034927

S/C Date：Mar. 15，2014

5. 启运地和目的地

该栏目为合同的非必需栏目，可以省略。如果不省略，则启运地和目的地应当与提单一致。如果货物需要转运，转运地点也应明确地表示出来。例如：从大连经香港转船至悉尼，采用格式为 From… via… to…，即 From Dalian via HongKong to Sydney。

本业务根据信用证应填写：From SHANGHAI，CHINA to RIO DE JANEIRO，BRAZIL。

6. 唛头

凡是信用证中有指定唛头的，必须逐字按照规定制唛。如无指定，出口商可以自行设计唛头，唛头一般以简明、易于识别为原则。唛头内容包括名称的缩写、合同号（或发票号）、目的港、件号和箱号等。如无唛头，可以打上“N/M”（No Mark）。

本业务应写成：

SAMC GYH2034927

RIO DE JANEIRO

C/NO.：1-138

7. 包装数量及种类；货物描述

发票中的货物描述必须与信用证规定的一致，同时必须反映实际装运的货物。发票中有关货物描述的单价、数量和金额等可以显示在对应的栏目中。在其他一切单据中，货物描述可使用与信用证中货物描述无矛盾的统称。由此可见，信用证对发票的描述的要求高于其他单据。

本业务应填写：

HANDLE CABINET

FREEZER HANDLE

SHIPPED IN PALLETS IN CONTAINERS AND ALL PALLETS HAVE BEEN HEAT TREATED.

100 PCS ARE PACKED IN STRONG SEA-WORTHY CTNS.

8. 数量、单价和金额

商品数量单位一定要与单价中的数量单位一致。单价由计价货币、单位数额、计量单位和贸易术语四个部分组成。金额必须准确计算并认真审核，特别要注意小数点的位置是否正确。发票金额一般不应超过信用证金额，但当采用部分金额信用证方式支付、部分金额其他付款方式支付时，开具发票金额就可能会超过信用证规定的金额（如80%的合同金额采用即期信用证支付和20%的合同金额采用前T/T支付）。发票必须显示信用证要求的折扣或扣减。发票还可以显示信用证未规定的与预付款或折扣等有关的扣减额。

根据UCP600的规定，指定银行、保兑行或开证行可以接受金额大于信用证允许金额的商业发票，其决定对有关各方均有约束力，只要该银行对超过信用证允许金额的部分未做承付或者议付。

本业务填写如下内容：

Quantity	Unit Price	Amount
	CIF RIO DE JANEIRO	
7 000 PCS 6 800 PCS	USD 1.68/PC USD 1.78/PC	USD 11 760.00 USD 12 104.00
13 800 PCS		USD 23 864.00

SAY U. S. DOLLARS TWENTY-THREE THOUSAND EIGHTY HUNDRED AND SIXTY-FOUR ONLY.

9. 发票上加各种证明

国外来证有时要求在发票上加注各种费用金额、特定号码、有关证明句，一般可将这些内容打在发票商品栏以下的空白处，大致有以下几种：

(1) 加注运费、保险费和FOB金额。

(2) 注明特定号码。如进口证号、配额许可证号码等。

(3) 缮打证明句。如出口澳大利亚可以享受GSP待遇，就要求加注“发展中国家声明”；又如有些来证要求加注非木质包装证明等。

(4) 有些来证要求比较苛刻，如要求卖方列出一系列详细费用，包括成本、海洋运费、内陆运费、包装费、银行费、外包装费、码头和港口费、转运费以后，再给出CFR价的总额。如果出现这样的条款，卖方应根据实际情况考虑能否接受，如果确实难以办到，就应及时要求对方修改条款。

本业务要根据信用证“47A”项目条款，填写：

L/C NO.：T-032947

NAME OF ISSUING BANK：STANDARD CHARTERED BANK，RIO DE JANEIRO，BRAZIL

DATE OF ISSUE：MAR. 28，2014

10. 出单人签名

商业发票由信用证中规定的受益人出具，除非信用证另有规定。如果以影印、自动或电脑处理或复写方法制作的发票作为正本，应在发票上注明“正本”(ORIGINAL) 字样，并由出单人签字。

11. 发票份数

发票有正、副本之分。发票正、副本份数的确定方法包括：

(1) 若信用证规定“发票若干份”(Invoice in x copies)，如发票三份，则提交至少一份正本发票。

(2) 若信用证规定“一份发票”(One invoice) 或“发票一份”(Invoice in one copy)，则需提交一份正本发票。

(3) 若信用证规定“发票的一份”(One copy of invoice)，则提交一份正本或副本发票即符合要求。

制作好的发票见表7-1。

表 7-1 发票

SHANGHAI AMC MOULD CO., LTD.
NO. 37 ZHUJIANG ROAD, PUDONG DISTRICT, SHANGHAI, CHINA

COMMERCIAL INVOICE

TO: SANTONS TRADE COMPANY LIMITED
NO. 35 SAN JOSE BOULEVARD
RIO DE JANEIRO, BRAZIL

Invoice No.: 2014NH3985
Invoice Date: Apr. 12, 2014
S/C No.: GYH2034927
S/C Date: Mar. 15, 2014

From: SHANGHAI, CHINA
To: RIO DE JANEIRO
Letter of Credit No.: T-032947
Date: MAR. 28, 2014
Issued By: STANDARD CHARTERED BANK, RIO DE JANEIRO, BRAZIL

Marks and Numbers	Number and kind of package; Description of goods	Quantity	Unit Price	Amount
			CIF RIO DE JANEIRO	
SAMC GYH2034927 RIO DE JANEIRO C/NO.: 1-138	HANDLE CABINET FREEZER HANDLE SHIPPED IN PALLETS IN CONTAINERS AND ALL PALLETS HAVE BEEN HEAT TREATED. 100 PCS ARE PACKED IN STRONG SEA-WORTHY CTNS.	7 000 PCS 6 800 PCS	USD 1.68/PC USD 1.78/PC	USD 11 760.00 USD 12 104.00
TOTAL:		13 800 PCS		USD 23 864.00

SAY TOTAL: U.S. DOLLARS TWENTY-THREE THOUSAND EIGHTY HUNDRED AND SIXTY-FOUR ONLY.
L/C NO.: T-032947
NAME OF ISSUING BANK: STANDARD CHARTERED BANK, RIO DE JANEIRO, BRAZIL
DATE OF ISSUE: MAR. 28, 2014

SHANGHAI AMC MOULD CO., LTD.

【步骤 2】根据信用证、货物实际装运信息以及已完成的商业发票，制作符合信用证规定的装箱单

1. 单据名称

单据名称应该符合信用证的规定。信用证中有些要求提供装箱单，则名称应该写“PACKING LIST”；有些要求提供重量单，则名称应该写“WEIGHT LIST”；有些要求提供尺码单，则名称应该写“MEASUREMENT LIST”。本业务应填写“PACKING LIST”。

2. 抬头

除非信用证有特别要求，否则银行可以接受装箱单表面无抬头，但是一般抬头与发票相一致。本业务应填写：

SANTONS TRADE COMPANY LIMITED

NO. 35 SAN JOSE BOULEVARD

RIO DE JANEIRO, BRAZIL

3. 号码和日期

本栏目一般填写发票号码和日期以及合同号码和日期，如信用证未做具体规定，也可以不注明出单日。本业务应填写：

Invoice No.：2014NH3985

Invoice Date：Apr. 12，2014

S/C NO.：GYH2034927

S/C Date：Mar. 15，2014

4. 唛头

本栏目填写唛头，并且要做到与发票、信用证和实务印刷完全一致。

本业务应填写：

SAMC GYH2034927

RIO DE JANEIRO

C/NO.：1-138

5. 数量、包装、净重、毛重和体积

本栏目填写商品的总包装数量、净重和毛重。外包装总数需要有大写形式，用“Say…only”格式表达。注意净重和毛重是以千克为单位，保留整数。填写商品的体积的单位则是立方米，保留三位小数。

本业务应该填写：

Quantity	Package	G. W.	N. W.	Meas.
7 000 PCS 6 800 PCS	70 CTNS 68 CTNS	1 309 KGS 1 272 KGS	1 225 KGS 1 190 KGS	11. 20 M^3 10. 88 M^3

SAY TOTAL：ONE HUNDRED AND THIRTY-EIGHT CARTONS ONLY.

6. 其他

本栏目应根据信用证中关于装箱单的特殊要求条款，制作时在装箱单上注明。如所有单据注明信用证号码、开证日期和开证行名称等。

本业务应填写：

L/C NO.：T-032947

NAME OF ISSUING BANK：STANDARD CHARTERED BANK，RIO DE JANEIRO，BRAZIL

DATE OF ISSUE：MAR. 28，2014

7. 签署

本栏目根据信用证规定，如没有规定装箱单签名时可以不盖章签名，当然也可以盖章签名。

制作好的装箱单见表 7-2。

表 7-2 装箱单

SHANGHAI AMC MOULD CO., LTD.
NO. 37 ZHUJIANG ROAD, PUDONG DISTRICT, SHANGHAI, CHINA

PACKING LIST

TO: SANTONS TRADE COMPANY LIMITED
NO. 35 SAN JOSE BOULEVARD
RIO DE JANEIRO, BRAZIL

Invoice No.: 2014NH3985
Invoice Date: Apr. 12, 2014
S/C No.: GYH2034927
S/C Date: Mar. 15, 2014

From: SHANGHAI, CHINA
To: RIO DE JANEIRO, BRAZIL
Letter of Credit No.: T-032947
Date: MAR. 28, 2014
Issued By: STANDARD CHARTERED BANK, RIO DE JANEIRO, BRAZIL

Marks and Numbers	Number and kind of package; Description of goods	Quantity	Package	G. W	N. W	Meas.
SAMC GYH2034927 RIO DE JANEIRO C/NO.: 1-138	HANDLE CABINET FREEZER HANDLE SHIPPED IN PALLETS IN CONTAINERS AND ALL PALLETS HAVE BEEN HEAT TREATED. 100 PCS ARE PACKED IN STRONG SEA-WORTHY CTNS.	7 000 PCS 6 800 PCS	70 CTNS 68 CTNS	1 309 KGS 1 272 KGS	1 225 KGS 1 190 KGS	11.20 M^3 10.88 M^3
TOTAL:		13 800 PCS	138 CTNS	2 581 KGS	2 415 KGS	22.08 M^3

SAY TOTAL: ONE HUNDRED AND THIRTY-EIGHT CARTONS ONLY.
L/C NO.: T-032947
NAME OF ISSUING BANK: STANDARD CHARTERED BANK, RIO DE JANEIRO, BRAZIL
DATE OF ISSUE: MAR. 28, 2014

SHANGHAI AMC MOULD CO., LTD.

工作任务 2 制作订舱委托书，办理海运提单

【步骤 1】业务员向运输公司询问舱位，制作订舱委托书，办理相关手续

1. 托运人

托运人就是货主，是与船公司或其代理签订运输合同的人。一般是出口商，在信用证业务下是信用证的受益人。本业务应填写：

SHANGHAI AMC MOULD CO., LTD.
NO. 37 ZHUJIANG ROAD, PUDONG DISTRICT, SHANGHAI, CHINA

2. 收货人

收货人是指当货物到达目的地时，有权领取货物的当事人，通常是买卖合同的买方或买方指定的代理人。本业务应填写："TO ORDER"。

3. 通知人

通知人是指承运人将货物送达目的港时，接受到货通知的人，有时就是进口商，或者进口商指定的代理人。本业务应填写：

SANTONS TRADE COMPANY LIMITED

NO. 35 SAN JOSE BOULEVARD，RIO DE JANEIRO，BRAZIL

4. 合同号、发票号、信用证号

本栏目填写合同号、发票号和信用证号，根据业务实际填写："合同号：GYH2034927；发票号：2014NH3985；信用证号：T-032947"。

5. 运输方式、启运港、目的港、装运期

运输方式主要是注明是海运还是其他运输方式，如海运可以表达为"BY SEA"，启运港和目的港根据信用证规定填写，装运期也根据信用证规定的最迟装运日填写。本业务应填写："运输方式：BY SEA；启运港：SHANGHAI；目的港：RIO DE JANEIRO；装运期：NOT LATER THAN APRIL 30，2014"。

6. 分批装运和转运

分批装运和转运栏根据信用证规定来填写，主要注明是允许还是不允许，如果允许转运，有些还需要注明转运港。本业务应填写："可否转运：YES；可否分批：YES"。

7. 运费支付方式

运费支付方式主要是注明在托运人委托时是否已经支付主运费，这和贸易术语是直接相关的。如果采用 FOB 贸易术语成交，则是主运费未付，在本栏应该填写"FREIGHT TO COLLECT"；如果采用 CFR 和 CIF 贸易术语，则是主运费已付，在本栏应该填写"FREIGHT PREPAID"。本业务采用 CIF 术语，所以填写"PREPAID"。

8. 正本提单份数

正本提单份数根据信用证要求填写。本业务应填写："3 COPIES"。

9. 唛头

本栏目填写唛头，并且要做到与发票、信用证和实务印刷完全一致。本业务应填写：

SAMC GYH2034927

RIO DE JANEIRO

C/NO.：1-138

10. 货物名称

货物名称必须与信用证规定的一致，同时必须反映实际装运的货物。本业务应填写："HANDLE CABINET，FREEZER HANDLE"。

11. 包装件数、毛重、体积

货物的包装件数、毛重和体积根据实际装运的货物来填写，按照整批货物总的外包装件数、毛重和体积填写。本业务应填写："包装件数：138 CTNS；毛重：2 581 KGS；体积：22.08 M³”。

12. 注意事项

本栏目主要是注明委托人向承运人提出的具体货运安排要求。

13. 签署

本栏目填写托运人的签名，包括公司盖章和业务联系人签字。

制作好的订舱委托书见表 7－3。

表 7－3

订舱委托书

（2014 年 4 月 15 日）

<table>
<tr><td rowspan="4">托运人</td><td colspan="3" rowspan="4">SHANGHAI AMC MOULD CO.，LTD.
NO. 37 ZHUJIANG ROAD，PUDONG DISTRICT，
SHANGHAI，CHINA</td><td>合同号</td><td>GYH2034927</td></tr>
<tr><td>发票号</td><td>2014NH3985</td></tr>
<tr><td>信用证号</td><td>T-032947</td></tr>
<tr><td>运输方式</td><td>BY SEA</td></tr>
<tr><td rowspan="3">收货人</td><td colspan="3" rowspan="3">TO ORDER</td><td>启运港</td><td>SHANGHAI</td></tr>
<tr><td>目的港</td><td>RIO DE JANEIRO</td></tr>
<tr><td>装运期</td><td>NOT LATER THAN
APRIL 30，2014</td></tr>
<tr><td rowspan="4">通知人</td><td colspan="3" rowspan="4">SANTONS TRADE COMPANY LIMITED
35 SAN JOSE BOULEVARD，
RIO DE JANEIRO，BRAZIL</td><td>可否转运</td><td>YES</td></tr>
<tr><td>可否分批</td><td>YES</td></tr>
<tr><td>运费支付方式</td><td>PREPAID</td></tr>
<tr><td>正本提单</td><td>3 COPIES</td></tr>
<tr><td colspan="2">唛头</td><td>货物名称</td><td>包装件数</td><td>毛重</td><td>体积</td></tr>
<tr><td colspan="2">SAMC GYH2034927
RIO DE JANEIRO
C/NO.：1-138</td><td>HANDLE CABINET
FREEZER HANDLE</td><td>138 CTNS</td><td>2 581 KGS</td><td>22.08 M³</td></tr>
<tr><td>注意事项</td><td colspan="5">1. 请订中外运，船名为 CROWN QUEEN V. 88097H，航线号 FWP3045，2＊20'FCL CY/CY。
2. 提单上显示以下内容：
（1）L/C NO.：T-032947
（2）NAME OF ISSUING BANK：STANDARD CHARTERED BANK，RIO DE JANEIRO，BRAZIL
（3）DATE OF ISSUE：MAR. 28，2014</td></tr>
<tr><td colspan="3">受托人：
电话：　　　　　传真：
联系人：</td><td colspan="3">委托人：
SHANGHAI AMC MOULD CO.，LTD.
电话：　　　　　传真：
联系人：朱丽云</td></tr>
</table>

【步骤 2】订舱成功后，货物办妥报关手续，装船出运后，出具海运提单

制作好的提单见表 7－4。

表 7-4　　　　　　　　　　**提单**

<table>
<tr><td colspan="2">1. Shipper (Insert Name, Address and Phone)

SHANGHAI AMC MOULD CO., LTD.
NO. 37 ZHUJIANG ROAD, PUDONG DISTRICT, SHANGHAI, CHINA</td><td rowspan="5">B/L No.: GSOK320345
中远集装箱运输有限公司
COSCO CONTAINER LINES
TLX: 33057 COSCO CN
FAX: +86 (021) 6545 8984
BILL OF LADING (ORIGINAL)
RECEIVED in external apparent good order and condition except as otherwise noted. The total number of packages or unites stuffed in the container. The description of the goods and the weights shown in this Bill of Lading are furnished by the Merchants, and which the carrier has no reasonable means of checking and is not a part of this Bill of Lading contract. The carrier has issued the number of Bills of Lading stated below, all of this tenor and date. One of the original Bills of Lading must be surrendered and endorsed or signed against the delivery of the shipment and whereupon any other original Bill of Lading shall be void. The merchants agree to be borne by the terms and conditions of this Bill of Lading as if each had personally signed this Bill of Lading.</td></tr>
<tr><td colspan="2">2. Consignee (Insert Name, Address and Phone)
TO ORDER</td></tr>
<tr><td colspan="2">3. Notify Party (Insert Name, Address and Phone)
SANTONS TRADE COMPANY LIMITED
NO. 35 SAN JOSE BOULEVARD,
RIO DE JANEIRO, BRAZIL</td></tr>
<tr><td>4. Pre-carriage by</td><td>5. Place of Receipt</td></tr>
<tr><td>6. Ocean Vessel/Voy. No.
CROWN QUEEN V. 88097H
FWP3045</td><td>7. Port of Loading
SHANGHAI</td></tr>
<tr><td>8. Port of Discharge
RIO DE JANEIRO</td><td>9. Place of Delivery</td><td>10. Final Destination (of the goods-not the ship)</td></tr>
</table>

<table>
<tr><td>11. Marks & Nos. Container/ Seal No.</td><td>12. No. of containers or Package</td><td>13. Description of Goods</td><td>14. Gross Weight</td><td>15. Measurement</td></tr>
<tr><td>SAMC GYH2034927
RIO DE JANEIRO
C/NO.: 1-138</td><td>2 * 20'FCL CY/CY
TRIU1305394
SEAL06934,
KHLU530496
SEAL06935</td><td>HANDLE CABINET
FREEZER HANDLE
L/C NO.: T-032947
NAME OF ISSUING BANK: STANDARD CHARTERED BANK, RIO DE JANEIRO, BRAZIL
DATE OF ISSUE: MAR. 28, 2014</td><td>2 581 KGS</td><td>22.08 M^3</td></tr>
<tr><td colspan="5">16. Description of Contents for Shipper's Use Only (CARRIER NOT RESPONSIBLE)</td></tr>
<tr><td colspan="5">17. Total number of container: TWO CONTAINERS ONLY</td></tr>
</table>

<table>
<tr><td>18. Freight & Charge</td><td>19. Revenue Tons</td><td>20. Rate</td><td>21. Per</td><td>22. Prepaid</td><td>23. Collect</td></tr>
<tr><td rowspan="2">24. Ex. rate</td><td>25. Prepaid at
SHANGHAI</td><td colspan="2">26. Payable at</td><td colspan="2">27. Place and date of issue
APR. 20, 2014, SHANGHAI</td></tr>
<tr><td>Total Prepaid</td><td colspan="2">No. of Original B (s) /L
THREE (3)</td><td colspan="2">Signed for the Carrier
COSCO CONTAINER LINES</td></tr>
</table>

工作任务 3　制作和申领原产地证书

2014 年 4 月 15 日，业务员填写原产地证书各栏目内容，向上海出入境检验检疫局申领原产地证书。

1. 出口商名称、地址

本栏目填写出口商的名称、地址以及国家或地区。本业务应填写：

SHANGHAI AMC MOULD CO.，LTD.

NO. 37 ZHUJIANG ROAD，PUDONG DISTRICT，SHANGHAI，CHINA

2. 收货人名称、地址

本栏目填写最终收货人的名称、地址及国家或地区。本业务应填写：

SANTONS TRADE COMPANY LIMITED

NO. 35 SAN JOSE BOULEVARD，RIO DE JANEIRO，BRAZIL

3. 运输方式和路线

本栏目一般填写装货地点（启运港）和到货地点（目的港）以及运输方式（如海运、空运、陆运）。本业务应填写：FROM SHANGHAI TO RIO DE JANEIRO BY SEA。

4. 供官方使用

本栏目由签证当局填写，申请签证的单位应该将此栏留空。签证当局在审核时正常情况下一般是留空，在特殊情况下，签证当局在此栏加注如下字句，如：

（1）货物已出口，签证日期迟于出货日期，签发“后发”证书时，此栏盖上“ISSUED RETROSPECTIVELY”红色印章。

（2）证书遗失、被盗或损毁，签发“复本”证书时盖上“DUPLICATE”红色印章，并在此栏注明原证书的编号和签证日期，并声明原发证书作废，其文字是：THIS CERTIFICATE IS IN REPLACEMENT OF CERTIFICATE OF ORIGIN NO. … DATED… WHICH IS CANCELLED.

5. 商品顺序号

本栏目中按照不同品种、发票号来进行编号“1”“2”“3”……以此类推。如果只有一项商品，本栏目填写“1”。本业务应填写“1”。

6. 唛头及包装号

唛头应与货物外包装上的唛头以及发票上的唛头一致，唛头不得出现中国以外的地区或国家制造的字样，如 MADE IN U. K. 等。如果货物没有唛头，则填写“N/M”或“NO MARK”。若唛头过多，此栏不够填写，可填在第 7、8、9、10 栏截止线以下的空白处。若还不够，此栏打上“SEE THE ATTACHMENT”，用附页打上所有唛头，在右上角打上证书号，并由申请单位和签证当局授权签字人分别在附页末页的右下角和左下角手签、盖印。附页手签的笔迹、地点、日期均与第 11、12 栏相一致。本业务应填写：

SAMC GYH2034927

RIO DE JANEIRO

C/NO.：1-138

7. 商品名称、包装数量及种类

包装数量必须用英文和阿拉伯数字同时表示；商品名称必须具体明确，商品的商标、品牌名（Brand）及货号（Article Number）一般可以不填。商品名称、包装数量及种类填完后，应在下一行加上“******”表示结束的符号，以防止加填伪造内容。国外信用证有时要求填写合同、信用证号码等，可以加填在此栏空白处。

本业务应填写：

ONE HUNDRED AND THIRTY-EIGHT CARTONS OF HANDLE CABINET AND-FREEZER HANDLE **

L/C NO.：T-032947

NAME OF ISSUING BANK：STANDARD CHARTERED BANK，RIO DE JANEIRO，BRAZIL

DATE OF ISSUE：MAR. 28，2014

8. 原产地标准

本栏目虽然用字最少，但是是国外海关审核的核心项目。对含有进口成分的商品，因情况复杂，国外要求严格，极易弄错造成退证查询，因此应该认真审核和填写。本栏目根据原产地标准符号的规定进行填写，原产地规定说明如下：

（1）完全原产品，不含任何进口成分，出口到所有给惠国，填“P”。

（2）含有进口成分的产品，出口到欧盟、挪威、瑞士和日本，填“W”，其后加上出口产品的HS税目号。条件：①产品列入上述给惠国的“加工清单”符合其加工条件；②产品未列入“加工清单”，但产品生产过程中使用的进口原材料和零部件要经过充分的加工，产品的HS税目号不同于所有的原材料或零部件的HS税目号。

（3）含有进口成分的产品，出口到加拿大，填“F”。条件：进口成分的价值未超过产品出厂价的40%。

（4）含有进口成分的产品，出口到波兰，填“W”，其后加上出口产品的HS税目号，如“W34.02”。条件：进口成分的价值未超过产品离岸价的50%。

（5）含有进口成分的产品，出口到俄罗斯、乌克兰、白俄罗斯、哈萨克斯坦、捷克、斯洛伐克六国，填“Y”，其后加上进口成分价值占该产品离岸价格的百分比，如“Y36%”。条件：进口成分的价值未超过产品离岸价的50%。

（6）输往澳大利亚、新西兰的商品，此栏目可以留空。

本业务中此栏目应填写“P”。

9. 毛重或其他数量

本栏目应按照商品的正常计量单位填，如“件”“双”“打”“只”“套”等。以重量计算的则填毛重，只有净重的，填净重亦可，但要标上“N. W.”（NEW WEIGHT）。

本业务应填写“2 581 KGS”。

10. 发票号码及日期

本栏目根据发票填写，本业务应填写“2014NH3985，Apr. 12，2014”。

11. 签证当局的证明

本栏目填写检验检疫局的签证地点、日期。检验检疫局签证人经审核后在此栏（正本）签名并加盖签证印章。此栏日期不得早于发票日期（第10栏）和申报日期（第12栏），但是应早于货物的出运日期。

12. 出口商的申明

在生产国横线上填英文“CHINA”（中国）。进口国横线上填最终进口国，进口国必须与第3栏目的港国别一致。凡货物运往欧盟范围内、进口国不明确时，进口国可填“EU”。本业务应填写“BRAZIL”。

另外，申请单位加盖单位印章及授权人手签，标上申报地点、日期。本业务应填写：SHANGHAI AMC MOULD CO.，LTD.，朱丽云，SHANGHAI，APR. 15，2014。

制作好的原产地证书见表7－5。

表 7－5　　原产地证书

1. Goods consigned from (Exporter's business name, address, country) SHANGHAI AMC MOULD CO., LTD. NO. 37 ZHUJIANG ROAD, PUDONG DISTRICT, SHANGHAI, P. R. CHINA	Reference No. **GENERALIZED SYSTEM OF PREFERENCES CERTIFICATE OF ORIGIN** (Continued declaration and certificate) **FORM A** Issued in **THE PEOPLE'S REPUBLIC OF CHINA** (country)
2. Goods consigned to (Consignee's name, address, country) SANTONS TRADE COMPANY LIMITED NO. 35 SAN JOSE BOULEVARD, RIO DE JANEIRO, BRAZIL	
3. Means of transport and route (as far as known) FROM SHANGHAI TO RIO DE JANEIRO BY SEA	4. For official use

5. Item number	6. Marks and number of package	7. Number and kind of packages; description of goods	8. Origin criterion (see Notes overleaf)	9. Gross weight or other quantity	10. Number and date of invoices
1	SAMC GYH2034927 RIO DE JANEIRO C/NO.: 1-138	ONE HUNDRED AND THIRTY-EIGHT CARTONS OF HANDLE CABINET AND FREEZER HANDLE*********** L/C NO.: T-032947 NAME OF ISSUING BANK: STANDARD CHARTERED BANK, RIO DE JANEIRO, BRAZIL DATE OF ISSUE: MAR. 28, 2014	P	2 581 KGS	2014NH3985, Apr. 12, 2014

11. Declaration by the exporter It is hereby certified, on the basis of control carried out, that the declared by the exporter is carried. Place and date, signature and stamp of authorized signatory	12. Certification The undersigned hereby declares that the above details, and statements are correct, that all the goods were Produced in CHINA (country) and that they comply with the origin requirements specified for those goods in the Generalized System of Preferences for goods exported to BRAZIL (importing country) SHANGHAI AMC MOULD CO., LTD., 朱丽云, SHANGHAI, APR. 15, 2014 Place and date, signature and stamp of authorized signatory

工作任务 4　制作投保单，办理投保和保险单

【步骤 1】2014 年 4 月 18 日，朱丽云根据信用证、商业发票、装箱单等信息制作投保单

1. 被保险人（Insured）

被保险人填在保险单上的“at the request of”后面，有以下几种填法：

（1）信用证无特殊要求或要求“Endorsed in blank”，一般应填写信用证受益人名称，可以不填写详细地址，且出口公司应该在保险单背面背书。

（2）若来证指定以***公司为被保险人，则应在此栏填写“*** CO.”。出口公司不要背书。

（3）若来证规定以某银行为抬头，如“to the order of *** bank”，则在此栏先填上受益人名称，再填上“held to the order of *** bank”。

本业务应填写“SHANGHAI AMC MOULD CO.，LTD.”。

2. 发票号、合同号和信用证号（Invoice No.，Contract No. and L/C No.）

本栏目要根据商业发票以及合同、信用证信息进行填写。

本业务应填写“合同号：GYH2034927；发票号：2014NH3985；信用证号：T-032947”。

3. 商业发票金额和投保加成

本栏目根据商业发票和信用证的要求填写。如果信用证中没有规定投保加成率，则根据 UCP600 的规定，应在 CIF 或 CIP 的基础上加成 10%进行投保。

本业务应填写发票金额（USD 23 864.00）加一成（10%），即 USD 26 250.40。

4. 标记（Marks & No.）

保险单上的唛头应该与发票和提单上完全一致。如果来证没有特殊规定，一般可简单填写成“as per Invoice No. *****”。本业务应填写“AS PER INVOICE NO. 2014NH3985”。

5. 包装及数量（Quantity）

有包装的填写最大包装件数；裸装货物要注明本身件数；煤炭、石油等散装货物的注明净重；有包装但以重量计价的，应把包装重量和计价重量都注上。

本业务应填写“138 CTNS”。

6. 保险货物项目（Description of Goods）

本栏目可以使用统称，但是不同类别的多种货物应注明不同类别的各自总称。本业务应填写“HANDLE CABINET AND FREEZER HANDLE”。

7. 保险金额（Amount Insured）

填写保险金额的时候应注意以下几点：（1）保险货币应与信用证一致，大小写也应该一致；（2）保险金额的加成百分比应严格按照信用证和合同规定掌握，如未规定，应按照 CIF 或 CIP 发票价格的 110%投保；（3）保险金额不要小数，出现小数时无论多少一律向上进位。本业务应填写“USD 26 251”，大写为“U. S. DOLLARS TWENTY-SIX THOUSAND TWO HUNDRED AND FIFTY-ONE ONLY”。

8. 装载运输工具（Per Conveyance S. S）

海运方式下填写船名和航次，若整个运输分两次完成，应分别填写第一程船名和第二

程船名，中间用“/”隔开。此处根据提单显示的内容填写。铁路运输加填运输方式“By railway”，最好再加车号，航空运输为“By air”，邮包运输为“By parcel post”。

本业务应填写“CROWN QUEEN V. 88097H，VOY. NO. FWP3045”。

9. 开航日期（Slg on or abt.）

本栏目按照提单的签发日期填写，还可以简单写成“AS PER B/L”。本业务应填写“APR. 20，2014”。

10. 装运港和目的港（From… to…）

本栏目按照信用证和提单内容填写。本业务应填写“From SHANGHAI to RIO DE JANEIRO”。

11. 承保险别（Conditions）

出口公司在制单时，先在投保单上填写这一栏的内容，当保险单全部内容填好交给保险公司审核确认时，才由保险公司把承保险别的详细内容加注在正本保险单上。

注意：(1) 应严格按照信用证的险别投保。(2) 若信用证中没有具体规定险别，或只规定“Marine Risk，Usual Risk or Transport Risk”等，则可投保最低险别平安险“FPA”，或投保一切险“All Risks”、水渍险“WPA”或平安险“FPA”中的任何一种，另外还可以加保一种或几种附加险。(3) 若来证要求的险别超出合同规定，或成交价格为 FOB 或 CFR，但来证却由卖方办理保险，遇到这种情况，如果买方同意支付额外保险费，可以按信用证办理。(4) 投保的险别除注明险别名称外，还应注明险别适用的文本和日期。填写时，一般只需填写险别的英文缩写，同时注明险别来源，即颁布这些险别的保险公司，如“PICC”指中国人民保险公司，“CIC”指中国保险条款，并指明险别生效的时间。

本业务应填写“COVERING ALL RISKS OF PICC DATED 1981/1/1 INCL. WAREHOUSE TO WAREHOUSE AND I. O. P. ”。

12. 赔款偿付地点（Claim Payable at）

本栏目严格按照信用证规定填写，如果来证未规定此项内容，应填写目的港。如果信用证规定不止一个目的港或赔付地点，则应该全部照打。本业务应填写“RIO DE JANEIRO”。

13. 投保日期（Date）

保险手续要求货物离开出口仓库前办理。投保日期应至少填写早于提单签发日、发运日或接受监管日。本业务应填写“Apr. 18，2014”。

14. 其他

根据信用证中关于保险单的特殊要求条款，投保时应在投保单上注明。如“所有单据注明信用证号码、开证日期和开证行名称”“保险单上显示保险公司在目的地的保险代理名称、地址和联系方式”等。

15. 签字（Signature）

投保人签名盖章栏目。

制作好的投保单见表 7－6。

表 7-6 投保单

货物运输投保单

APPLICATION FORM FOR CARGO TRANSPORTATION INSURANCE

投保单号：SEG30592

被保险人：

INSURED：SHANGHAI AMC MOULD CO.，LTD.

发票号（INVOICE NO.）：2014NH3985

合同号（CONTRACT NO.）：GYH2034927

信用证号（L/C NO.）：T-032947

发票金额（INVOICE AMOUNT）：USD 23 864.00 投保加成（PLUS）10%

兹有下列物品向中国人民保险公司投保（INSURANCE IS REQUIRED ON THE FOLLOWING COMMODITIES）：

标记 MARKS & NOS.	包装及数量 QUANTITY	保险货物项目 DESCRIPTION OF GOODS	保险金额 AMOUNT INSURED
AS PER INVOICE NO. 2014 NH3985	138 CTNS	HANDLE CABINET AND FREEZER HANDLE	USD 26 251

启运日期　　装载运输工具

DATE OF COMMENCEMENT APR. 20，2014 PER CONVEYANCE：CRWON QUEEN V. 88097H

自　　经　　至

FORM SHANGHAI　VIA ______　TO RIO DE JANEIRO

提单号　　赔款偿付地点

B/L NO. AS PER B/L　　CLAIM PAYABLE TO RIO DE JANEIRO

投保险别：（PLEASE INDICATE THE CONDITIONS &/OR SPECIAL COVERAGES）

COVERING ALL RISKS OF PICC DATED 1981/1/1 INCL. WAREHOUSE TO WAREHOUSE AND I. O. P.

请如实告知下列情况：如“是”在（ ）打“×”IF ANY，PLEASE MARK“×”

1. 货物种类　袋装（×）　散装（ ）　冷藏（ ）　液体（ ）　活动物（ ）　机器/汽车（ ）
GOOD　BAG JUMBO　BULK　REEFER　LIQUID　LIVE ANIMAL　MACHINE/AUTO
危险品等级（ ）
DANGEROUS CLASS

2. 集装箱种类　普通（×）　开顶（ ）　框架（ ）　平板（ ）　冷藏（ ）
CONTAINER　NORMAL　OPEN　FRAME　FLAT　REFRIGERATOR

3. 装运工具　海轮（×）　飞机（ ）　驳船（ ）　火车（ ）　汽车（ ）
BY TRANSIT　SHIP　PLANE　BARGE　TRAIN　TRUCK

4. 船舶资料　　船籍（ ）　　船龄（ ）
PARTICULAR OF SHIP　REGISTRY　AGE

备注：被保险人确认本保险合同条款和内容已经完全了解

THE ASSURED CONFIRMS HEREWITH THE TERMS AND CONDITIONS OF THESE INSURANCE APPLICANT

投保日期（DATE）APR. 18，2014 电话（TEL）　　投保人（签名盖章）

地址（ADD）　　SIGNATURE SHANGHAI AMC MOULD CO.，LTD.

费率保费备注：

RATE AS ARRANGED　PREMIUM　AS ARRANGED

经办人 BY　　核保人　　负责人

【步骤 2】业务员朱丽云填写好投保单后，向中国人民保险公司提出投保申请，2014 年 4 月 19 日，保险公司接受投保，出具保险单（见表 7-7）

表 7-7 保险单

中国人民保险公司

The People's Insurance Company of China

货物运输保险单

CARGO TRANSPORTATION INSURANCE POLICY

发票号（INVOICE NO.）2014NH3985 保单号次（POLICY NO.）

合同号（CONTRACT NO.）GYH2034927

信用证号（L/C NO.）T-032947

被保险人（INSURED）：SHANGHAI AMC MOULD CO.，LTD.

中国人民保险公司（以下简称本公司）根据被保险人的要求，由被保险人向本公司缴付约定的保险费，按照本保险单承保险别和背面所载条款与下列特款承保下述货物运输保险，特立本保险单。

THIS POLICY OF INSURANCE WITNESSES THAT THE PEOPLE'S INSURANCE COMPANY OF CHINA (HEREINAFTER CALLED "THE COMPANY") AT THE REQUEST OF THE INSURED AND IN CONSIDERATION OF THE AGREED PREMIUM PAID TO THE COMPANY BY THE INSURED, UNDERTAKES TO INSURE THE UNDERMENTIONED GOODS IN TRANSPORTATION SUBJECT TO THE CONDITIONS OF THIS POLICY AS PER THE CLAUSES PRINTED OVERLEAF AND OTHER SPECIAL CLAUSES ATTACHED HEREON.

标记 MARKS & NOS.	包装及数量 QUANTITY	保险货物项目 DESCRIPTION OF GOODS	保险金额 AMOUNT INSURED
AS PER INVOICE NO. 2014NH3985	138 CTNS	HANDLE CABINET AND FREEZER HANDLE	USD 26 251

总保险金额

TOTAL AMOUNT INSURED：U. S. DOLLARS TWENTY-SIX THOUSAND TWO HUNDRED AND FIFTY ONE ONLY

保费 启运日期

PREMIUM：AS ARRANGED DATE OF COMMENCEMENT：APR. 20，2014

装载运输工具

PER CONVEYANCE：CRWON QUEEN V. 88097H

自 经 至

FROM SHANGHAI VIA ______ TO RIO DE JANEIRO

承保险别

CONDITIONS：

COVERING ALL RISKS OF PICC DATED 1981/1/1 INCL. WAREHOUSE TO WAREHOUS AND I. O. P.

所保货物，如发生保险单项下可能引起索赔的损失或损坏，应立即通知本公司下述代理人查勘。如有索赔，应向本公司提交保单正本（本保险单共有 2 份正本）及有关文件。如一份正本已用于索赔，其余正本自动失效。

IN THIS EVENT OF LOSS OR DAMAGE, WHICH MAY RESULT IN A CLAIM UNDER THIS POLICY, IMMEDIATED NOTICE MUST BE GIVEN TO THE COMPANY'S AGENT AS MENTIONED HEREUNDER. CLAIMS, IF ANY, ONE OF THE ORIGINAL POLICY WHICH HAS BEEN ISSUED IN TWO ORIGINAL (S) TOGETHER WITH THE RELEVANT DOCUMENTS SHALL BE SURRENDERED TO THE COMPANY. IF ONE OF THE ORIGINAL POLICY HAS BEEN ACCOMPLISHED, THE OTHERS TO BE VOID.

中国人民保险公司

The People's Insurance Company of China

赔款偿付地点

CLAIM PAYABLE AT RIO DE JANEIRO

出单日期

ISSUING DATE APR. 19，2014

知识链接

一、单据制作的要求

单据是国际结算的基本工具。在国际结算中，单据是基础和依据。单据代表物权，单据的转移就代表物权的转移。此外，单据是履行合同的证明。卖方用单据来证明他是否履行了合约的义务，单据就是他提供的履行证明。

单据制作的要求包括以下几点：

（1）准确。这是单据的第一要求。单据应与合同规定完全相符。若以信用证方式结算，要求做到："单证一致"，即所有的单据都与信用证一致；"单单一致"，即单据与单据之间的相同内容都要一致。

（2）完整。包括内容完整、份数完整、种类完整。

（3）及时。在信用证项下交单必须掌握装运期、交单期和信用证有效期。

（4）简明。单据文字内容力求简单明了。

（5）整洁。单据的缮制必须力求表面整洁。个别错误可以更正，但必须在更正处签字或加盖更正章，不能遗漏。

二、商业发票

（一）商业发票的含义

商业发票（Commercial Invoice），简称发票（Invoice），是出口商开立并描述转运货物的详细情况，作为向买方索取所提供的货物或服务的价款的依据。

商业发票是全套单据的中心，是记账单据，其他单据如运输单据、保险单据、包装单等都是为支持商业发票所载明的货物而开立的。

商业发票的作用主要有以下几个：

（1）商业发票是出口商装运货物并标明是否履约的总说明；

（2）商业发票是进口商核对已发货物是否符合合同条款规定的依据；

（3）商业发票可以作为出口商和进口商记账的依据；

（4）商业发票是报关缴税的计算依据；

（5）商业发票可以替代汇票作为付款的依据。

（二）商业发票的内容

1. 首文

商业发票的首文（Heading）部分包含的内容有：发票名称，发票开立人的名称和地址，发票抬头人的名称和地址，发票号码、开立的地点和日期，合同号码，信用证号码，装运货物的船名，装运港，卸货港等。

（1）发票名称。通常应该在发票上注明“发票”字样，英文以“Invoice”代替“Commercial Invoice”。

（2）发票开立人的名称和地址。在国际贸易实务中，发票的开立人一般是出口商。在信用证方式下，一般是信用证的受益人。有时候在发票的顶端注明出口商名称、详细地址、电传、传真和电话号码。

（3）发票抬头人的名称和地址。发票抬头人一般是国际贸易中的收货人，也就是合同的买方。在信用证方式下，除非另有规定，发票抬头人也是信用证的申请人。在发票中这一栏一般标注“To”“To Messrs”“For Account and Risk Messrs”等字样，在其后面注明抬头人的全称和地址即可。

（4）发票号码、开立的地点和日期。发票一般是由开立人进行编号的。发票开立的地点就是开立人所在地。发票的开立日期是买卖合同签订后即开出的，因此发票日期一般要在信用证有效期内。

（5）合同号码和信用证号码。合同号码就是订单号码，该号码的买方将以发票来核对装运货物是否符合合同的规定。在信用证交易方式下，一般发票上还应注明信用证号码。

（6）装运货物的船名、装运港、卸货港等。这些内容虽然不是发票所必需的，但是出口商会用一整套单据作为履约证明，因此也会被记载在发票之上。

2. 本文

商业发票的本文（Body）是说明履约情况的部分，主要包括货物的名称、数量、规格、包装、单价、总金额、毛重与净重以及价格条件等。

（1）唛头，即运输标志（Shipping Mark）。这是承运人和托运人用来识别货物的标志。唛头包括的信息有收货人代号、目的港、货物件数等。发票上的唛头应该与信用证和提单上完全一致。

（2）货物描述，即货名与规格（Description）。这一项主要反映货物名称和具体规格。如果采用信用证交易，商业发票的货物描述必须与信用证的描述完全一致。

（3）货物数量（Quantity）。货物数量的计量方法可以分为两大类：一类是度量衡计量，如千克、吨等；另一类是以个数计量，如箱、件、套等。如果采用信用证交易，商业发票中的数量要与信用证中有关货物数量的条款完全一致。

（4）包装与重量（Packing and Weight）。这一项是有关货物的描述。商业发票中会注明包装方式如箱、包、袋的件数，货物的毛重、净重，这些内容要与其他单据上的相应内容做到完全一致。

（5）单价和总金额（Unit Price and Total Amount）。单价必须包含四个部分，依次为计价货币、单价、计量单位、贸易术语，例如：USD 5.00 Per Set CIF NewYork。总金额由单价乘以数量计算所得，总金额要与汇票相符，不能超过信用证的总金额。如果信用证中有关于佣金（commission）或折扣（discount）的规定，也要在发票栏注明详细的计算方式，并要和其他单据保持一致。

3. 结文

商业发票的结文（Complementary Clause）部分是开立人的签名和盖章。在信用证交易方式下，这部分内容要与信用证的内容完全一致，发票的开立人应该是信用证的受益人。如果该信用证是可转让的信用证，开立人一般无须签字。

发票的份数一般应符合信用证的规定，如果是正本，应该注明“Original”字样并签字，副本发票不需要签字。

（三）商业发票的种类

1. 商业发票

商业发票（Commercial Invoice）是指出口商开立并描述装运货物的详细情况，并能作为国际结算货款的发票，它是所有单据的中心。在没有汇票的情况下，商业发票代替汇票作为付款依据。在信用证业务方式下，商业发票的内容必须与信用证条款相符，并且要与其他单据的内容完全一致。

2. 形式发票

形式发票（Proforma Invoice）是指贸易双方在交易未达成前，卖方应买方要求，按照拟报价出售的货物的名称、规格、价格条款、单价等开立的一种非正式的发票。形式发票可以供买方向其本国进出口管理机构或外汇管理局申请进口许可证或批汇之用。形式发票不能作为结算的单据。形式发票上的价格是由卖方根据当时情况估计的价格，对买卖双方都无约束力。在正式交易达成后，卖方仍然需要另外开立正式的商业发票。

3. 领事发票

领事发票（Consular Invoice）是指出口商根据进口商驻出口国的领事馆制定的固定格式填写，并经领事签章的发票。领事发票是作为课税及审核商品有无倾销的依据。

4. 海关发票

海关发票（Custom Invoice）是指出口商根据进口商的要求填写的、进口商提供的表明商品产地和价值内容的发票。海关发票的作用是供进口国海关统计和进口货物定税。

5. 制造商发票

制造商发票（Manufacture's Invoice）是指生产出口商品的厂商，开给出口商的并以出口商作为发票抬头，以当地货物表示，详细描述出口商品具体情况的售货发票。制造商发票主要是便于进口国掌握所进口的商品在出口地的销售价格情况。

三、包装单据

（一）装箱单

装箱单（Packing List），又称为包装单、尺码单，是说明货物详细包装情况的单据，是货物单据中的一项重要单据，也是商业发票的附属单据。在国际贸易中，除散装货物外，一般都要求提供装箱单。装箱单的作用在于：补充商业发票内容的不足，明确货物的包装情况，便于买方了解进口商品和掌握包装及数量情况，也便于进口地海关检查和核对货物。

装箱单一般用于花色品种较多的商品，其内容因货物不同而各异，但一般包括合同号码、发票号码、装箱单号码及出单日期、唛头、商品名称、商品及包装规格、每件包装的毛重或净重及商品数量、总计包装件数及重量或数量、进口商或收货人名称及地址、载货船名、目的地等。包装单有时还被称为"规格明细单"（Specification List）或"详细包装单"（Detailed Packing List）等，其内容除了说明每件大包装的内容外，还得说明其中每件小包装内的商品详情。

装箱单在缮制中应注意：装箱单的内容和格式都与发票基本一致，但内容比发票更全面、更详细，只是没有金额一栏，也无须签字。

（二）重量单/体积单

重量单/体积单（Weight List/Measurement List）是出口商签发的用以标明货物重量/体积的单据，也是商业发票的附属单据。以重量或体积为计价单位的商品在转运前由商检机构、公证行、重量/体积鉴定人进行计量后，出具证明书，作为船公司计算运费、安排舱位及出口商履行合同义务和办理议付的依据。其作用与装箱单基本相同。在实际业务中，一般根据进口方来证的要求及商品的性质提供。

重量单/体积单在缮制中应注意：重量单/体积单的内容应与货物的实际重量及体积等内容相符，并与其他单据内容一致。

四、运输单据

（一）海运提单

1. 海运提单的含义及作用

海运提单（Bill of Lading）是证明海上运输合同的货物由承运人接管或装船以及承运人保证凭以交货的单据。

海运提单的作用有 3 个：

（1）货物收据（Receipt for the Goods）。作为货物收据，提单上描述的货物就是承运人收到的货物。承运人收到托运货物后，应当根据托运人的要求发给提单。提单的签发意味着承运人已经按提单上所列内容收到了货物。这种收据的法律效力具有绝对证据性质，即使提单上有错误记载，承运人也要对此负责，不能据以对抗托运人以外的第三者。

（2）运输合同证明（Evidence of the Contract of Carriage）。承运人为托运人运送货物是因为他们之间有运输合同，提单上记载了他们约定的内容与责任条款，但是作为一个完整的合同则还应该包括托运人订约时以托运单等其他方式与承运人约定的内容。根据美国和英国的法律，在约定与提单记载不一致时，以约定为准，因此，提单也称为“运输合同证明”。

（3）物权凭证（Document of Title）。提单代表货物，谁持有提单，谁就有权向承运人主张物权。转移提单就意味着转移了货物，掌握了提单就掌握了货物。提单可以转让、抵押、据以索赔。

2. 海运提单的内容

（1）提单正面。提单正面的主要内容包括：1）托运人名称；2）收货人名称，可以作成指示、记名和不记名3种抬头；3）通知人名称；4）装货港或承运人接收货物的地点和收货日期，地点要写明港口名称或具体收货地点；5）目的港和交货地点，必要时在港口名称后加上国别；6）船名及航次；7）唛头，应与货物的实际情况、信用证和其他单据规定的相符，如果是散装货要写明“In Bulk”，如果无唛头应注明“N/M”字样；8）货物名称及件数；9）重量和体积；10）运费支付地；11）正本提单份数；12）承运人签章；13）提单签发地点及日期。

（2）提单背面。提单背面的主要内容包括：1）首要条款。这是由船方指定的，为了保护船方的利益而制定的条款。2）承运人责任条款。承运人责任指的是承运人从收到托运人托付的货物开始到把货物交付收货人为止，全部运输过程应负的责任。承运人的主要责任是确保船只适航或适货。如承运人可以提出有力证据，证明在货物发生损害时已经尽责，承运人可以免责。3）免责事项。承运人免责的行为包括：①货物的本身特点或潜在问题；②装货人过失导致的损害；③人力不可抗拒原因造成的海上风险；④在驾驶或管理船舶中，船长、水手或其他船方雇佣人员的失职；⑤军事行动、政府禁令、罢工行为等社会因素。4）承运人权利。承运人有收取运费的权利、根据航行情况转船绕航的权利和对货物的置留权。5）损害赔偿。收货人在收货时如果发现货物有明显损坏，应立即向承运人提出书面的货损通知；未及时发现损坏的，应在提货后3天内确认。关于货物灭失或损失赔偿的要求，应在交货日或交货日起一年内提出，否则承运人责任解除。

3. 海运提单的当事人

（1）托运人（Shipper/Consignor）。托运人就是货主，是与船公司或其代理签订运输合同的人。一般是出口商，在信用证业务下是信用证的受益人，除非信用证另有规定，托运人一栏应注明托运人的详细名称和地址，并且必须与信用证的规定完全一致。

（2）承运人（Carrier）。承运人是指在国际贸易中承担海上运输行为的船舶经营人。承运人要根据运输合同，将指定的货物运送到目的地交予收货人。自接收托运货物时起到将货物交付给收货人为止，承运人必须对所运送的货物负责。

（3）收货人（Consignee）。收货人是指当货物到达目的地时，有权领取货物的当事人，通常是买卖合同的买方或买方指定的代理人。

（4）通知人（Notify Party）。通知人是指承运人将货物送达目的港时，接到货通知的人，有时是进口商，有时是进口商指定的代理人。

4. 海运提单的种类

（1）根据货物是否已装船，可分为已装船提单和备运提单。

1）已装船提单（Shipped on Board B/L）是指船公司在把整批货物装上指定的运输船舶后签发的提单，其标志是提单上有“已装船”（Shipped on Board）字样，并载有装船日期，由船长或其代理人签字确认。

2）备运提单（Received for Shipment B/L）是指承运人在收到托运货物后在等待装船期间，应托运人的要求开立的提单。这种提单只能作为承运人开给托运人的收货收据，不能作为结算单据。在实际业务中，承运人在接到货物时向卖方开出备运提单，在货物实际装船时，在备运提单上加注已装船字样、船名、实际装船日和船长签字，使之变为已装船提单。

（2）根据提单上是否有不良批注，可分为清洁提单和不清洁提单。

1）清洁提单（Clean B/L）是指提单上没有关于货损货差或包装破损的附加条文和批注。其作用就是表明当承运人接收货物并装上船时，货物表面情况良好。

2）不清洁提单（Unclean B/L）是指承运人在提单上加注了有关货物有缺陷或者包装不良的状况，如“两件货物损坏”（two package in damaged condition）、“被雨淋湿”（rain wet）、“货物渗漏”（content leaking）等。不清洁提单项下的货物如在运输途中遭损失，承运人免责。另外，除非信用证载明可以接受不良批注，否则银行在结算时拒绝不清洁提单。

（3）根据提单的收货人抬头，可分为记名提单、不记名提单和指示提单。

1）记名提单（Straight B/L）是指在提单收货人一栏填写了具体的收货人名称和地址，如“To ABC Co.”。这种提单不能转让，只能由收货人提货，不能由其他人提货。

2）不记名提单（Blank B/L）是指在提单收货人一栏没有填写明确的收货人，如“To bearer”或者留空。这类提单可以转让且无须背书，任何人都可以凭单提货，因此在国际贸易中风险较大，很少采用。

3）指示提单（Order B/L）是指在提单收货人一栏填写“凭指定”（To Order）或者“凭某人指定”（To the Order of）字样。这种提单经背书可以转让，在国际贸易中运用得最为广泛。

（4）根据承运方式，可分为直达提单、转船提单和联运提单。

1）直达提单（Direct B/L）是指货物装船后直接送达目的地、中途不转换船舶的提单。如果合同或信用证规定“不允许转船”，则必须使用直达提单。

2）转船提单（Transshipment B/L）是指在货物运输过程中，需要在中途转换船舶的方式所使用的提单。这类提单要注明“转船”字样或在“Port of Transshipment”一栏中填写中转港的名称。

3）联运提单（Through B/L）是指货物需要经过海运和其他运输方式联合运输，托运人在办理托运手续并缴纳所有运费后，由第一程承运人签发的包括运输全程并能凭以在目的港提货的提单。

（二）航空运单

航空运单（Air Waybill）是货物通过飞机运输时，由承运人签发的收妥货物凭证和运输合同的证明。航空运单可以作为承运人收取费用的依据和海关查验放行的依据。但是航空运单与海运提单不同，航空运单并不能代表货物所有权凭证，也不能背书转让。

航空运单正本一式三份，按规定分发给托运人、航空公司和收货人。副本可按信用证要求添加，然后由航空公司分发。航空运单的签发日期就是装运日期。

在信用证业务中，除非信用证规定航空运单的收货人为开证行，在其他情况下，开证行并不掌握货物，所有议付行和付款行亦都不能将货物质押。所以，凡以航空运单对象的资金融通，实际上都带有信用放款性质。

（三）铁路、公路和内陆水运单据

铁路、公路和内陆水运单据（Rail，Road and Inland Waterway Transport Documents）是托运人把货物托运给国外的铁路部门、公路承运人、内陆水运承运人时，签署的运输契约。

内容包括托运人名称、货物名称、件数、包装、重量、体积、启运地、目的地和收货人信息等。该单据由承运人签章确认，可作为货款结算及索赔的依据。

（四）邮包收据

邮包收据（Parcel Post Receipt）是邮包运输的主要单据，它是邮局接收信件、邮包所签发的凭证，上面盖有邮戳和寄发日期。邮局并不凭邮包收据交货，而是将邮包直接送交收货人或另发领取邮寄通知由收货人去邮局领取。邮包收据不是物权凭证。

（五）多式联运单据

多式联运单据（Multimodal Transport Documents，MTD）是指使用两种或两种以上不同的运输方式将货物从发货地运往目的地，由多式联运经营人签发的，包括整个运输过程的运输单据。

多式联运单据主要有两种功能：第一，是货物运输合同的证明；第二，是货物收据。多式联运单据不同于提单：多式联运单据是货物收妥备运的证明，而提单是货物已装船的证明；多式联运单据的经营人不一定自己拥有运输工具，他负责自货物收到至交货地的运输，而提单的承运人是运输工具的所有人或租赁人，他负责自货物装船至货物卸船为止的运输；多式联运的经营人不仅对其代理人或雇佣人的过失和疏忽负责，而且对向其提供服务的人的过失负责，而提单的承运人对船长、水手和其他船方雇佣人在驾驶或管理船舶中的过失概不负责。

五、保险单

（一）保险单的含义及作用

海上运输保险单据，简称保险单（Insurance Policy），是投保人和保险人之间订立的、载明保险信息和保险责任的书面证明。

保险单的作用包括以下两点。一是保险合同的证明。它具体规定了保险人和被保险人的权利和义务。二是赔偿证明。被保险人支付保险费后，保险人即对货物在遭受合同责任范围内的损失负赔偿责任，被保险人即可凭保险单向保险人索赔，因此保险单也是赔偿权的证明文件。作为一种权利凭证，货物运输保险单像提单一样可背书转让，但赔偿不是必然发生，而只是偶然发生的，因此保险单只是潜在的利益凭证。

（二）保险单的内容

保险单的正面主要用来说明保险单与被保险人之间的保险契约，并规定保险人的责任范围、保险责任的起讫及除外责任等。主要内容包括：投保人资料、保险标的的描述、保险金额、保险险别、投保费率和总费用、船名、装运港、目的港、预计装运日期、唛头、件数、出运日期、理赔地点、保险人签章、投保日期。

保险单据背面印有货物运输条款，是对承保险别的基本描述。

（三）保险单据的种类

1. 保险单

保险单（Insurance Policy）是保险人与被保险人订立的正规的保险合同，俗称“大保单”。它包括保险契约的全部内容，并对保险人和被保险人的权利与义务描述详尽。目前，我国的保险公司大都出具保险单作为出口货物的保险凭证。

2. 保险凭证

保险凭证（Insurance Certificate）是一种形式简化的保险单，俗称“小保单”。它记载了保险单正面的基本内容，但不附有保险条款的全文。在各国的信用证条款中，一般都接受保险凭证与保险单具有同等的法律效力，但是当信用证规定必须提交保险单时，议付行不接受保险凭证代替保险单议付。

3. 流动保单

流动保单（Floating Policy）是一种载明保险的总条件，而将船名和其他细节留待以后中报的保单。按照这种保单，保险人与被保险人双方事先约定保险货物的总价值、承保的风险及保险费率，通常还要规定一定的期间。每批货物出运后，被保险人应立即将船名及货物的价值向保险人申报，保险人即按流动保单中载明的总条件自动承保。每批货物的价值应从货物的总价值中减除，逐笔累计，直至总价值保尽为止，保单即告终止。

4. 暂保单

暂保单（Cover Note）又称临时保单、临时保险书，它是保险人或其代理人在正式保险单签发之前出具给被保险人的临时保险凭证。它表明保险人或其代理人已经接受了保险，等待出立正式保险单后，暂保单就自动失效。暂保单的内容十分简单，一般只载明被保险人的姓名、承保风险的种类、保险标的等重要事项。一般出口商不接受此类保单。

六、原产地证书

（一）原产地证书的含义

原产地证书（Certificate of Origin）是出口商应进口商的要求而提供的由公证机构、政府或出口商出具的证明货物原产地或制造地的一种证明文件。

原产地证书不仅是贸易双方交接货物、结算货款、索赔理赔、进口国通关验收、征收关税的有效凭证，还是出口国享受配额待遇、进口国对不同出口国实行不同贸易政策的凭证。

（二）原产地证书的内容

（1）出口方详细名称及地址（Name and Address of Exporter）。此栏不能留空，如果需要转运，要在出口商后面添加“VIA 转口商名称、地址和国家”。

（2）收货方名称及地址（Name and Address of Consignee）。通常是合同中的买方或信用证规定的提单通知人，没有具体收货人时不留空，写“TO ORDER”。

（3）装运港（Port of Loading）、目的港（Port of Destination）、运输方式和路线（Means of Transport and Route）。如需转运，要注明转运地。

（4）签证机构专用栏（For Certifying Authority Use Only）。供签证机构添加加注声明。

（5）唛头和件数（Marks and Numbers）。应与发票和提单上所载的唛头和件数保持一致。

（6）商品名称、规格和包装（Description of Goods and Package）。

（7）商品海关编码（H. S. Code）。应与报关单内容一致。

（8）数量（Quantity）。

（9）发票号码和签发日期（Number and Date of Invoice）。此栏不得留空，应写正式商业发票的号码和日期。

（10）出口方声明（Declaration by the Exporter）。填写出口方的名称、申报地点、日期，并加盖申请单位中英文印章，日期不得早于发票日期。

（11）发证机构证明（Certification）。应由发证机构发证人审核后签章并署上日期。

（三）原产地证书的种类

在实际业务中，原产地证书可以分为一般原产地证书和普惠制产地证书。

一般原产地证书（Certificate of Origin）是指出口国进出口商品检验检疫部门、贸易促进委员会或进出口商会签发的证明货物原产地的一般性书面证明。

普惠制产地证书（Certificate of Origin Form A）是指发达国家给予发展中国家或地区在经济、贸易方面的一种非互利的特别优惠待遇。即发展中国家向发达国家出口制成品或半制成品时，发达国家对发展中国家予以免征或减征关税。

七、其他单据

(一) 检验检疫证书

检验检疫证书(Inspection Certificate)是为了保证出口商品符合合同所规定的等级、品质、卫生、面积等标准和商品的数量、重量规定,把商品送往商检机构进行检验或鉴定后,由该检验机构出具的书面证明。

检验检疫证书的作用如下:

(1) 检验检疫证书是出口方所交付货物的品质、数量、重量、包装和卫生条件是否符合合同规定的依据。

(2) 检验检疫证书是进口方对货物的品质、数量、重量、包装等提出异议、拒收、要求赔偿的凭证。

(3) 检验检疫证书是国际结算的重要单据之一。

(4) 检验检疫证书是进出口海关清关放行的有效证件。

(5) 检验检疫证书是证明货物在装卸和运输中的实际状况、明确责任归属的依据。

检验检疫证书的种类有:

(1) 品质检验证书(Inspection Certificate of Quality),是证明商品品质和规格的证书,是出口商品交货结汇和进口商品结算索赔的有效凭证。

(2) 数量检验证书(Inspection Certificate of Quantity),是证明商品包装的数量或件数等情况的证书。

(3) 重量检验证书(Inspection Certificate of Weight),是证明商品重量及包装情况的证书。

(4) 卫生检验证书(Sanitary Inspection Certificate)和健康检验证书(Inspection Certificate of Health),是证明商品在加工中的卫生状况或可供人类食用的出口动物产品、食品等经过卫生检验检疫合格的证书,适用于蛋品、罐头、冻鱼、乳制品、蜂蜜等。

(5) 兽医检验证书(Veterinary Inspection Certificate),是证明出口活动物或动物产品经兽医检验,符合检疫卫生要求的证书。

(6) 消毒检验证书(Disinfection Inspection Certificate)和熏蒸检验证书(Inspection Certificate of Fumigation),是证明出口动物产品经过消毒处理,保证安全卫生的证书,适用于猪鬃、马尾、羽毛、人发等商品。

(7) 植物检验证书(Plant Quarantine Inspection Certificate),是对植物(包括植株和果实等)的检验检疫结果证明。

(8) 温度检验证书(Inspection Certificate of Temperature),是证明用以储存冷藏商品的仓库及船舱是否符合温度标准的证书。

(9) 分析检验证书(Inspection Certificate of Analysis),是分析产品主要成分的检验

报告。

（二）装船通知

装船通知（Shipping Advice）是信用证受益人根据信用证要求在货物装船后规定的时间内以电报或电传的形式通知收货人的电文。其主要作用是及时告知收货人装船情况。装船通知或其副本是受益人向银行议付的单据之一。

装船通知见表 7－8。

表 7－8　　装船通知

SHIPPING ADVICE

Messrs.　　　　Invoice No.

Date:

Particulars

1. L/C NO.
2. Purchase Order No.
3. Vessel
4. Port of Loading
5. Port of Discharge
6. On Board Date
7. Estimated Time of Arrival
8. Container
9. Freight
10. Description of Goods
11. Quantity
12. Invoice Total Amount

Documents enclosed

（三）受益人证明

受益人证明（Beneficiary's Certificate）是根据信用证条款，由出口商签发的用来证实有关内容的书面证明。证明的内容包括：寄出有关的副本单据、船样、样卡、包装标签、已装船通知等。如来证要求"Beneficiary's certificate certifying that non-negotiable documents have been sent to applicant by DHL"，就必须提交受益人证明。

能力实训

一、选择题

1. 除非 L/C 特别规定，一般来说，"清洁已装船"运输单据即指（　　）。

A. 有"on board"批注和承运人签章，但没有对货物及/或包装缺陷情况的描述和批注

B. 既没有“on board”批注和签章，也没有对货物及/或包装缺陷情况的描述和批注

C. 注明“on deck”字样，并由承运人签章

D. 表明货物已收妥备运且外表无破损

2. 信用证项下商业发票的抬头人一般是（　　）。

A. 出口商　　B. 开证申请人

C. 开证行　　D. 议付行

3. 根据国际商会《跟单信用证统一惯例》的规定，国际货物运输的最低投保金额应是 CIF 或 CIP 的（　　）。

A. 50%　　B. 80%

C. 110%　　D. 150%

4. 商品检验证书有多种作用，但商品检验证书不能作为（　　）。

A. 银行议付货款的单据之一

B. 仲裁机构受理案件的单据之一

C. 海关通关验放的单据之一

D. 出口商交付货物的品质、数量、包装或卫生状况的证明文件

5. L/C 规定的最迟装运期为 3 月 25 日，货物出运后的 15 天内交单，L/C 有效期至 4 月 5 日。受益人取得的提单上“on board”日期为 3 月 24 日，则受益人最迟应于（　　）交单。

A. 4 月 9 日　　B. 3 月 25 日

C. 4 月 20 日　　D. 4 月 5 日

二、判断题

1. 凡运输单据，均为承运人的货物收据、承运人与托运人之间运输契约的证明及所运输货物的物权凭证。（　　）

2. 一项合同项下的货物，凡同一船只、同一航次装运，即使是先后在不同港口装船也不能认定为分批装运。（　　）

3. FORM A 是指联合国贸易与发展会议为发展中国家享受普遍优惠制待遇而设计的一种原产地证书。（　　）

4. 水渍险，顾名思义就是保险公司对于各种因水浸湿、淋湿或沾湿而造成的货物损坏或损失负赔偿责任的保险。（　　）

5. 信用证项下的汇票，既要符合信用证的规定，又要符合票据法的规定。（　　）

三、能力拓展

[工作任务] 2015 年 3 月 18 日，江西进出口有限公司业务员王明收到日本 NICHIMEN CORPORATION 开来的编号为 DCMTN55123 的信用证。他需要根据信用证的内容填制商业发票、装箱单、订舱委托书、普惠制产地证书、投保单、汇票和装船通知。

MT700　　　　ISSUE OF A DOCUMENTARY CREDIT

SENDER：THE NORINCHUK BANK TOKYO
RECEIVER：BANK OF CHINA，SHANGHAI BRANCH
27：SEQUENCE OF TOTAL：1/1
40A：FORM OF DOCUMENTARY CREDIT：IRREVOCABLE
20：DOCUMENTARY CREDIT NUMBER：DCMTN55123
31C：DATE OF ISSUE：150212
40E：APPLICABLE RULES：UCP LATEST VERSION
31D：DATE AND PLACE OF EXPIRY：150409 CHINA
50：APPLICANT：NICHIMEN CORPORATION
2-2 NAKANOSHIMA 3-CHOME，KITA-KU，NAGOYA，632-8620，JAPAN
59：BENEFICIARY：JIANGXI INTERNATIONAL IMP. & EXP. CORP.
8TH FLOOR FOREIGN TRADE BUILDING
NO. 200 ZHANQIAN ROAD，NANCHANG，CHINA
32B：CURRENCY CODE，AMOUNT
USD 64000,00（SAY U. S. DOLLARS SIXTY-FOUR THOUSAND ONLY）
41A：AVAILABLE WITH … BY…：ANY BANK IN CHINA BY NEGOTIATION
42C：DRAFTS AT…：AT SIGHT FOR 100 PCT OF INVOICE VALUE
42A：DRAWEE：ISSUING BANK
43P：PARTIAL SHIPMENTS：ALLOWED
43T：TRANSSHIPMENT：ALLOWED
44E：PORT OF LOADING/AIRPORT OF DEPARTURE：SHANGHAI，CHINA
44F：PORT OF DISCHARGE/AIRPORT OF DESTINATION：NAGOYA，JAPAN
44C：LATEST DATE OF SHIPMENT：150320
45A：DESCRIPTION OF GOODS &/OR SERVICES
100 PCT COTTON GREIGE PRINT CLOTH
ART. NO. 3042 FIRST QUALITY
SIZE：30 * 30 68 * 68 50″ EXPORT PACKING IN SEAWORTHY BALES
TOTAL QUANTITY：ABOUT 200 000 YDS
PRICE/YD USD 0,32 CIF NAGOYA
AS PER CONTRACT NO. J515
46A：DOCUMENTS REQUIRED
+SIGNED COMMERCIAL INVOICE IN 5 COPIES.
+PACKING LIST IN 2 ORIGINAL AND 1 COPY.
+FULL SET OF CLEAN ON BOARD OCEAN BILLS OF LADING MADE OUT TO ORDER AND BLANK ENDORSED AND MARKED "FREIGHT PREPAID" AND NOTIFY APPLICANT. BILL OF LADING MUST SHOW THAT EXACT OCEAN FREIGHT AMOUNT PAID BY BENEFICIARY TO THE STEAMSHIP CO.
+SIGNED CERTIFICATE OF ORIGIN G. S. P FORM A IN 2 COPIES.
+MARINE INSURANCE POLICY/CERTIFICATE IN DUPLICATE MADE OUT TO ORDER AND ENDORSED IN BLANK FOR 110% INVOICE VALUE，COVERING ALL RISKS OF PICC DATED 1981/1/1，MARKED PREMIUM PAID CLAIMS ARE TO BE PAYABLE IN JAPAN IN THE CURRENCY OF THE DRAFTS.
+BENEFICIARY'S CERTIFICATE STATING THAT ONE COMPLETE SET OF NON-NEGOTIABLE SHIPPING DOCUMENTS HAVE BEEN AIRMAILED TO THE APPLICANT IMMEDIATELY AFTER SHIPMENT.

+SHIPPING ADVICE FROM BENEFICIARY SHOWING THAT CONTRACT NO., B/L NO./DATE, VESSEL NAME, DESTINATION, NET WEIGHT, MEASUREMENT AND QUANTITY WITH BALE NUMBERS HAVE BEEN BY CABLE TO THE APPLICANT WITHIN 2 DAYS AFTER SHIPMENT.

47A：ADDITIONAL CONDITION

+ALL DOCUMENTS MUST BEAR THE L/C NO.

71B：CHARGES

ALL BANKING CHARGES OUTSIDE ISSUING BANK INCLUDING ADVISING COMMISSION ARE FOR ACCOUNT OF BENEFICIARY AND MUST BE CLAIMED AT THE TIME OF ADVISING.

48：PERIOD FOR PRESENTATION

DOCUMENTS MUST BE PRESENTED WITHIN 15 DAYS AFTER SHIPMENT DATE, BUT WITHIN THE VALIDITY OF THIS CREDIT.

49：CONFIRMATION INSTRUCTION：WITHOUT

78：INSTRUCTION TO PAYING/ACCEPTING/ NEGOTIATION BANK

WE WILL HONOUR UPON RECEIPT OF THE STIPULATED DOCUMENTS WHICH CONSTITUTE A COMPLYING PRESENTATION.

THIS CREDIT IS SUBJECT TO UCPDC（2007 REVISION）ICC PUBLICATION NO. 600.

有关补充资料：

（1）发票号：05AO-P001　日期：2015 年 3 月 10 日　合同日期：2015 年 1 月 30 日

（2）包装明细：布包（IN BALE）

件号	货号	包装率	每包毛重	每包净重	每包尺码
1-166	3042	1 200 YDS/BALE	141 KGS	139 KGS	95＊68＊50

（3）出运数量：199 200 YDS

（4）H. S. CODE：96528745

（5）船名：MSC SARAH V. 6A　装运日期：2015 年 3 月 20 日

B/L NO. DMDF2390　　CERTIFICATE NO. 1305832349

运费：USD 1 024

承运人代理：CHINA NATIONAL FOREIGN TRADE TRANSPORT CORPORATION

承运人：COSCO CONTAINER LINES

（6）SHIPPING MARK：J-515/NAGOYA/ PKG. NO. 1-166

集装箱：1 个 20 英尺柜，集装箱号码为 CN：COSU30923855，封号为 SN：39238752

（7）该货物监管证件代码为 39208375，不含进口成分

（8）保险单号：SH058812

查勘代理：THE PEOPLE'S INSURANCE COMPANY OF CHINA,OSAKA BRANCH

NO. 98 LSKL MACH，NAGOYA，JAPAN

TEL：028-543657

（9）汇票日期：自定

议付行：中国银行南昌分行

学习情境八

审核结算单据

学习目标

能力目标：

能根据信用证的内容，审核信用证项下的单据并对不符点进行处理

知识目标：

1. 掌握审单的原则、时间和要点

2. 熟悉 UCP600 条款和不符点单据的处理办法

工作项目

2015 年 5 月 26 日，中信银行苏州分行国际业务部的工作人员王岚收到苏州友达进出口有限公司提交的编号为 LC201505261008 的信用证及其项下的全套结汇单据和交单联系单，信用证内容如下：

MT700　　ISSUE OF A DOCUMENTARY CREDIT

27：SEQUENCE OF TOTAL：1/1

40A：FORM OF DOCUMENTARY CREDIT：IRREVOCABLE

20：DOCUMENTARY CREDIT NUMBER：LC201505261008

31C：DATE OF ISSUE：150522

40E：APPLICABLE RULES：UCP LATEST VERSION

31D：DATE AND PLACE OF EXPIRY：150730 IN THE COUNTRY OF BENEFICIARY

50：APPLICANT：LUCKY VICTORY INTERNATIONAL STUTTGART STIR. 5，
D-84618，SCHORNDORF，GERMANY

59：BENEFICIARY：SUZHOU YOUDA IMP. AND EXP. CORP.
NO. 154 XINGHU ROAD，SUZHOU，JIANGSU，CHINA

32B：CURRENCY CODE，AMOUNT
USD 32950,00（SAY U. S. DOLLARS THIRTY-TWO THOUSAND NINE HUNDRED AND FIFTY ONLY）

41A：AVAILABLE WITH … BY…：ANY BANK IN CHINA BY NEGOTIATION

42C：DRAFTS AT…：AT 30 DAYS AFTER SIGHT FOR FULL INVOICE VALUE

42A：DRAWEE：VOLKSBANK SCHORNDORF，HAMBURG，GERMANY

43P：PARTIAL SHIPMENTS：ALLOWED

43T：TRANSSHIPMENT：ALLOWED

44E：PORT OF LOADING/AIRPORT OF DEPARTURE：SHANGHAI

44F：PORT OF DISCHARGE/AIRPORT OF DESTINATION：HAMBURG

44C：LATEST DATE OF SHIPMENT：150705

45A：DESCRIPTION OF GOODS &/OR SERVICES
100% COTTON SOCK
N-201C 10000 PAIRS @ USD 0,32/PAIR
N-201D 8000 PAIRS @ USD 0,48/PAIR
N-209B 12000 PAIRS @ USD 0,41/PAIR
CIF HAMBURG，ALL OTHER DETAILS AS PER CONTRACT NO. LKN2105239A

46A：DOCUMENTS REQUIRED
+SIGNED COMMERCIAL INVOICE IN 3 COPIES
+PACKING LISTIN 3 COPIES
+FULL SET OF CLEAN ON BOARD OCEAN BILLS OF LADING MADE OUT TO ORDER OF SHIPPER AND BLANK ENDORSED，MARKED "FREIGHT PREPAID" AND NOTIFY APPLICANT.
+INSURANCE POLICY IN 3 COPIES FOR 110% OF THE INVOICE VALUE SHOWING CLAIMS PAYABLE IN HAMBURG IN CURRENCY OF THE DRAFT，BLANK ENDORSED，COVERING ALL RISKS.
+BENEFICIARY'S CERTIFIED COPY OF FAX SEND TO THE APPLICANT WITHIN TWO WORKING DAYS AFTER SHIPMENT ADVISING L/C NO.，NAME OF VESSEL，DATE OF SHIPMENT，NAME，QUANTITY，WEIGHT AND VALUE OF GOODS.

47A：ADDITIONAL CONDITION
+ALL DOCUMENTS MUST BE SIGNED.
+ALL DOCUMENTS CALLED FOR UNDER THIS CREDIT ARE ORIGINAL AND MUST BE CLEARLY MARKED ON THEIR FACE AS "ORIGINAL"，EXCEPT THOSE WHICH THE CREDIT SPECIFICALLY STATES CAN BE COPY（IES）.
+ISSUING BANK CHARGES EXCEPT OPENING COMMISSION ARE FOR THE ACCOUNT OF BENEFICIARY.

71B：CHARGES
ALL BANKING CHARGES OUTSIDE THE ISSUING BANK ARE FOR ACCOUNT OF BENEFICIARY.

48：PERIOD FOR PRESENTATION
DOCUMENTS MUST BE PRESENTED WITHIN 15 DAYS AFTER SHIPMENT DATE，BUT WITHIN THE VALIDITY OF THIS CREDIT.

49：CONFIRMATION INSTRUCTION：WITHOUT

78：INSTRUCTION TO PAYING/ACCEPTING/ NEGOTIATION BANK
WE WILL HONOUR UPON RECEIPT OF THE STIPULATED DOCUMENTS WHICH CONSTITUTE A COMPLYING PRESENTATION.
THIS CREDIT IS SUBJECT TO UCPDC（2007 REVISION）ICC PUBLICATION NO. 600.

信用证项下的单据见表 8-1～表 8-7。

表 8-1 商业发票

COMMERCIAL INVOICE

TO:
LUCKY VICTORY INTERNATIONAL STUTTGART STIR. 5,
D-84618, SCHORNDORF, GERMANY

Invoice No.: SM20394
Invoice Date: JUN. 5, 2015
S/C No.: LKM2105239A
S/C Date: MAY 15, 2015

From: SHANGHAI To: HAMBURG
Letter of Credit No.: LC201505261008 Date: 150522
Issued By: VOLKSBANK SCHORNDORF, HAMBURG, GERMANY

Marks and Numbers	Number and kind of package; Description of goods	Quantity	Unit Price	Amount
LVIS	100% COTTON SOCK			
LKN2105239A	N-201C	10 000 PAIRS	0.32 USD/PAIR	USD 3 200.00
HAMBURG	N-201D	8 000 PAIRS	0.48 USD/PAIR	USD 3 840.00
C/NO. 1-150	N-209B	12 000 PAIRS	0.41 USD/PAIR	USD 4 920.00
TOTAL:		30 000 PAIRS		USD 11 960.00

SAY TOTAL: U.S DOLLARS ELEVEN THOUSAND NINE HUNDRED AND SIXTY ONLY

SUZHOU YOUDA IMP. AND EXP. CORP.

(Authorized Signature)

表 8-2 装箱单

PACKING LIST

TO:
LUCKY VICTORY INTERNATIONAL STUTTGART STIR. 5,
D-84618, SCHORNDORF, GERMANY

Invoice No.: SM20394
Invoice Date: JUN. 5, 2015
S/C No.: LKN2105239A
S/C Date: MAY 15, 2015

From: SHANGHAI To: HAMBURG
Letter of Credit No.: LC201505261008 Date: 150522
Issued By: VOLKSBANK SCHORNDORF, HAMBURG, GERMANY

Marks and Numbers	Number and kind of package; Description of goods	Quantity	Package	G. W	N. W	Meas.
LVIS	100% COTTON SOCK					
LKN2105239A	N-201C	10 000 PAIRS	50 CTNS	450 KGS	325 KGS	3.01 M^3
HAMBURG	N-201D	8 000 PAIRS	40 CTNS	360 KGS	260 KGS	2.408 M^3
C/NO. 1-150	N-209B	12 000 PAIRS	60 CTNS	540 KGS	390 KGS	3.612 M^3
TOTAL:		30 000 PAIRS	150 CTNS	1 350 KGS	975 KGS	9.03 M^3

SAY TOTAL: ONE HUNDRED AND FIFTY CARTONS ONLY

(Authorized Signature)

表 8-3 汇票

BILL OF EXCHANGE
No. SM20394 Exchange for USD 11 960 SUZHOU，JUN. 27，2015 At *********** sight of this first of exchange（second of exchange being unpaid）pay to the order of BANK OF CHINA，SUZHOU BRANCH the sum of U. S. DOLLARS ELEVEN THOUSAND NINE HUNDRED ONLY Drawn under VOLKSBANK SCHORNDORF，HAMBURG，GERMANY L/C No. LC201505261008 Dated 150522 To：VOLKSBANK SCHORNDORF，HAMBURG，GERMANY For SUZHOU YOUDA IMP. AND EXP. CORP.

表 8-4 海运提单

<table>
<tr><td colspan="2">1. Shipper（Insert Name，Address and Phone）
SUZHOU YOUDA IMP. AND EXP. CORP.
NO. 154 XINGHU ROAD，SUZHOU，
JIANGSU，CHINA</td><td rowspan="5">B/L No.：GSOK320345
中远集装箱运输有限公司
COSCO CONTAINER LINES
TLX：33057 COSCO CN
FAX：+86（021）6545 8984
BILL OF LADING（ORIGINAL）
RECEIVED in external apparent good order and condition except as otherwise noted. The carrier has issued the number of Bills of Lading stated below，all of this tenor and date. One of the original Bills of Lading must be surrendered and endorsed or signed against the delivery of the shipment and whereupon any other original Bill of Lading shall be void. The merchants agree to be borne by the terms and conditions of this Bill of Lading as if each had personally signed this Bill of Lading.</td></tr>
<tr><td colspan="2">2. Consignee（Insert Name，Address and Phone）
TO ORDER OF SHIPPER</td></tr>
<tr><td colspan="2">3. Notify Party（Insert Name，Address and Phone）
LUCKY VICTORY INTERNATIONAL STUTTGART STIR. 5，D-84618，SCHORNDORF，GERMANY</td></tr>
<tr><td>4. Pre-carriage by</td><td>5. Place of Receipt</td></tr>
<tr><td>6. Ocean Vessel Voy. No.
HONNIS V. 007E</td><td>7. Port of Loading
SHANGHAI</td></tr>
<tr><td>8. Port of Discharge
GERMANY</td><td>9. Place of Delivery</td><td>10. Final Destination（of the goods-not the ship）</td></tr>
</table>

<table>
<tr><td>11. Marks & Nos.
Container/Seal No.
LVIS LKN2105239A
HAMBURG
C/NO. 1-150</td><td>12. No. of Containers or Package
150 CTNS CFS/CFS LCL
FREIGHT PREPAID</td><td>13. Description of Goods

100% COTTON SOCK</td><td>14. Gross Weight
975 KGS</td><td>15. Measurement

9. 03M³</td></tr>
<tr><td colspan="5">16. Description of Contents for Shipper's Use Only（CARRIER NOT RESPONSIBLE）</td></tr>
<tr><td colspan="5">17. Total number of container：ONE HUNDRED AND FIFTY CARTONS ONLY</td></tr>
</table>

<table>
<tr><td>18. Freight & Charge</td><td>19. Revenue Tons</td><td>20. Rate</td><td>21. Per</td><td>22. Prepaid</td><td>23. Collect</td></tr>
<tr><td rowspan="2">24. Ex. rate</td><td>25. Prepaid at
SHANGHAI</td><td colspan="2">26. Payable at</td><td colspan="2">27. Place and Date of Issue
JUN. 20，2015，SHANGHAI</td></tr>
<tr><td>Total Prepaid</td><td colspan="2">No. of Original B（s）/L
THREE（3）</td><td colspan="2">Signed for the Carrier
COSCO CONTAINER LINES</td></tr>
</table>

注：背面空白

表 8-5　保险单

中国人民保险公司
The People's Insurance Company of China
货物运输保险单
CARGO TRANSPORTATION INSURANCE POLICY

发票号（INVOICE NO.）LKN2105239A　保单号次（POLICY NO.）30298395
合同号（CONTRACT NO.）SM20394
信用证号（L/C NO.）GSOK320345
被保险人（INSURED）：SUZHOU YOUDA IMP. AND EXP. CORP.

中国人民保险公司（以下简称本公司）根据被保险人的要求，由被保险人向本公司缴付约定的保险费，按照本保险单承保险别和背面所载条款与下列特款承保下述货物运输保险，特立本保险单。

THIS POLICY OF INSURANCE WITNESSES THAT THE PEOPLE'S INSURANCE COMPANY OF CHINA (HEREINAFTER CALLED "THE COMPANY") AT THE REQUEST OF THE INSURED AND IN CONSIDERATION OF THE AGREED PREMIUM PAID TO THE COMPANY BY THE INSURED, UNDERTAKES TO INSURE THE UNDERMENTIONED GOODS IN TRANSPORTATION SUBJECT TO THE CONDITIONS OF THIS POLICY AS PER THE CLAUSES PRINTED OVERLEAF AND OTHER SPECIAL CLAUSES ATTACHED HEREON.

标记 MARKS & NOS.	包装及数量 QUANTITY	保险货物项目 DESCRIPTION OF GOODS	保险金额 AMOUNT INSURED
LVIS LKN2105239A HAMBURG C/NO. 1-150	150 CTNS	100% COTTON SOCK	USD 13 100

总保险金额
TOTAL AMOUNT INSURED：U. S. DOLLARS THIRTEEN THOUSAND ONE HUNDRED ONLY

保费
PREMIUM：AS ARRANGED

启运日期
DATE OF COMMENCEMENT：JUN. 20，2015

装载运输工具
PER CONVEYANCE：HONNIS V. 007E

自
FROM SHANGHAI　经
VIA ________　至
TO HAMBURG

承保险别
CONDITIONS：
COVERING ALL RISKS OF PICC DATED 1981/1/1

所保货物，如发生保险单项下可能引起索赔的损失或损坏，应立即通知本公司下述代理人查勘。如有索赔，应向本公司提交保单正本（本保险单共有 2 份正本）及有关文件。如一份正本已用于索赔，其余正本自动失效。

IN THIS EVENT OF LOSS OR DAMAGE, WHICH MAY RESULT IN A CLAIM UNDER THIS POLICY, IMMEDIATE NOTICE MUST BE GIVEN TO THE COMPANY'S AGENT AS MENTIONED HEREUNDER. CLAIMS, IF ANY, ONE OF THE ORIGINAL POLICY WHICH HAS BEEN ISSUED IN TWO ORIGINAL (S) TOGETHER WITH THE RELEVANT DOCUMENTS SHALL BE SURRENDERED TO THE COMPANY. IF ONE OF THE ORIGINAL POLICY HAS BEEN ACCOMPLISHED, THE OTHERS TO BE VOID.

中国人民保险公司
The People's Insurance Company of China

赔款偿付地点
CLAIM PAYABLE AT HAMBURG
出单日期
ISSUING DATE JUN. 19，2015

注：背面空白

表 8-6　　　　受益人证明

BENEFICIARY'S CERTIFICATE

DATE：JUN. 25，2015

TO：WHOM IT MAY CONCERN

RE：INVOICE NO. SM20394

WE HEREBY CERTIFY THAT ONE NON-NEGOTIABLE SHIPPING DOCUMENTS AND 1/3 ORIGINAL B/L HAVE BEEN SENT TO ______________________.

表 8-7　　　　中国银行苏州分行

客户交单联系单

致：中国银行苏州分行

兹随附下列信用证项下出口单据一套，请按国际商会第 600 号出版物《跟单信用证统一惯例》办理寄单索汇。		
开证行：VOLKSBANK SCHORNDORF，HAMBURG,GERMANY		信用证号：LC201505261008
通知行：BANK OF CHINA，SUZHOU BRANCH		通知行编号：
最迟装运期：150705	有效期：150730	交单期限：15 天
汇票付款期限：AT 30 DAYS AFTER SIGHT	汇票金额：USD 11 960. 00	
发票编号：SM20394	发票金额：USD 11 960. 00	

单据	名称	汇票	发票	海关发票	海运提单正本	海运提单副本	航空运单	货物收据	保险单	装箱/重量单	数量/质量/重量证	产地证	GSP FORM A	检验/分析证	受益人证明	船公司证明	电抄	装运通知
	份数	2	3		3				3/3	3					1			

委办事项：打"×"者

☒附信用证及修改书共 4 页

☐单据中有下列不符点

☐请向开证行寄单，我公司承担一切责任

☐请电提不符点，待开证行同意后再寄单

☐寄单方式：☒特快专递　☐航空挂号

☐索汇方式：☐电索 ☐信索（☐特快专递 ☐航空挂号）

核销单编号：309285936

公司联系人：马铭明　联系电话：0512-50692421　公司签章：苏州友达进出口有限公司

银行审单记录：	银行接单日期：		寄单日期：
	汇票/发票金额：		BP NO.：
	银行费用	通知/保兑：	银行经办：
		议/承/付：	
		修改费：	
		邮费：	银行复核：
		电传：	
		小计：	
退单记录：	费用由　　　　承担		

工作任务 1：审核信用证和全套结汇单据，找出不符点

工作任务 2：针对审出的不符点做出妥善处理

操作示范

工作任务 1　审核信用证和全套结汇单据，找出不符点

【步骤 1】根据交单联系单审查所有提交单据的种类和份数是否一致

通过审查，所有提交单据的种类和份数一致。

【步骤 2】审核信用证的有效期、交单期和装运期

通过审核，发现未超过有效期。

【步骤 3】纵向审核单据，核对单据的内容是否与信用证一致，找出不符点

1. 商业发票

通过审核，发现商业发票存在以下不符点：

（1）正本上缺“ORIGINAL”字样；

（2）合同号码错误，正确的应该是“LKN2105239A”。

2. 装箱单

通过审核，发现装箱单存在以下不符点：

（1）正本上缺“ORIGINAL”字样；

（2）缺少每箱的毛重、净重和体积；

（3）缺少受益人的签名、盖章。

3. 汇票

通过审核，发现汇票存在以下不符点：

（1）票期写错，正确的应该是“AT 30 DAYS AFTER SIGHT”；

（2）金额大写错误，正确的应该是“U. S. DOLLARS ELEVEN THOUSAND NINE HUNDRED AND SIXTY ONLY”。

4. 海运提单

通过审核，发现海运提单存在以下不符点：

（1）目的港错误，正确的应该是“HAMBURG”；

（2）缺已装船批注；

（3）受益人忘记在提单背面进行空白背书。

5. 保险单

通过审核，发现保险单存在以下不符点：

（1）投保金额不足发票金额的110%；

（2）没有标明索赔的币种；

（3）受益人忘记在保险单背面进行空白背书。

6. 受益人证明

通过审核，未发现受益人证明存在不符点。

【步骤4】横向审核单据，找出单据与单据之间的不符点

根据商业发票和装箱单审核其他单据，发现单据与单据之间存在以下不符点：

（1）海运提单的毛重误写成净重；

（2）保险单的合同号码和信用证号码填写错误。

【步骤5】写出审单结果

不符点如下：

1. 商业发票存在以下不符点：（1）正本上缺“ORIGINAL”字样；（2）合同号码错误，正确的应该是“LKN2105239A”。

2. 装箱单存在以下不符点：（1）正本上缺“ORIGINAL”字样；（2）缺少每箱的毛重、净重和体积；（3）缺少受益人的签名、盖章。

3. 汇票存在以下不符点：（1）票期写错，正确的应该是“AT 30 DAYS AFTER SIGHT”；（2）金额大写错误，正确的应该是“U. S. DOLLARS ELEVEN THOUSAND NINE HUNDRED AND SIXTY ONLY”。

4. 海运提单存在以下不符点：（1）目的港错误，正确的应该是“HAMBURG”；（2）缺已装船批注；（3）受益人忘记在提单背面进行空白背书；（4）海运提单的毛重误写成净重。

5. 保险单存在以下不符点：（1）投保金额不足发票金额的110%；（2）没有标明索赔的币种；（3）受益人忘记在保险单背面进行空白背书；（4）保险单的合同号码和信用证号码填写错误。

工作任务2　针对审出的不符点做出妥善处理

中国银行苏州分行国际业务部职员王凯对审核出的不符点做出如下处理方案：

（1）该信用证规定的交单期为装运后15天内交单且在信用证的有效期内，装运日期为2015年6月20日，装运日期后的第15天是7月5日，这一天是星期日。根据UCP600第29条的规定，如果信用证的截止日或最迟交单日适逢接受交单的银行非因第36条所述原因而歇业，则截止日或最迟交单日将顺延至其重新开业的第一个银行工作日。因此，受益人可以最迟在7月6日（星期一）补交相符单据。

（2）建议受益人根据审单结果，重新制作符合信用证要求的汇票、商业发票和装箱单。

（3）建议受益人联系海运提单、保险单的出单人，修改不符点并盖校正章。

(4) 建议受益人分别在海运提单和保险单背面进行空白背书。

王凯在信用证的交单期内收到受益人的相符单据后，制作索汇面函随同信用证项下的全套结汇单据寄交开证行。

知识链接

一、单据审核的原则

单据审核是银行对受益人提交的凭以议付、付款的单据的审查，在国际贸易实务中称为审单（Documents Examination）。审核单据是因为单据的质量关系到能否安全、及时收汇。

根据国际商会第600号出版物《跟单信用证统一惯例》（UCP600）的条款以及世界各国的习惯做法和惯例，审单工作必须做到“单证一致，单单一致”。单证一致，是指单据在表面上应和信用证规定相符。即信用证所规定的，都应在有关单据上得到反映，单据上说明的情况和事实不能和信用证规定相抵触。单单一致，是指各单据的相关内容或相同内容的描述应保持一致。各种单据只能互相补充、相辅相成，不能彼此矛盾。

单据审核可以分为纵向审核和横向审核。纵向审核，是指信用证是各项单据的中心，信用证内容必须逐字逐句地阅读，不能遗漏，做到“单证一致”；横向审核，是指发票是其他单据的中心，有关数字与描述必须一致，做到“单单一致”。

二、审单的合理时间

开证行、保兑行或其代理行都有各自的合理时间，即不得超过从其收到单据的次日起算7个银行工作日来审核单据，以决定接受或拒绝单据并相应地通知寄送单据的一方。

7个银行工作日是最多的时间限制，而不是每一笔审单必须耗费的全部时间。对于开证行或保兑行而言，7天内审单相符即应履行偿付责任。如果偿付是在多于7个工作日办理，指定银行将会认为延迟偿付，可能引起追索迟付利息问题。如果审单不符，包括联系申请人，请其接受不符点，若申请人不愿接受，开证行及保兑行必须在7个工作日内发出拒付电通知指定银行，如果超过7天，开证行及保兑行就无权拒付了。

三、单据审核要点

（一）汇票审核要点

1. 汇票金额

包括：（1）汇票金额不能超过信用证限额。（2）汇票上的货币币别与金额，须与发票上的一致。(3) 汇票大小写金额一致。

2. 汇票日期

包括：(1) 出票日期。(2) 提示日期。一般是信用证规定单据提示日。若信用证对单据提示日未作规定，则应理解为运输单据出立后的21天内提示，但两者都必须在信用证有效期内。(3) 到期日。如果是即期汇票，则当日汇票提示时，必须马上付款。如果是远期汇票，在出票后若干天付款的情况下，汇票的到期日应从票据出立之日计算；在见票后若干天付款的情况下，汇票的到期日应从票据承兑之日起计算；在规定某一远期的情况下，汇票的到期日就是未来的固定日。

3. 汇票当事人

包括：(1) 收款人。若信用证有规定，则收款人按规定办理；若信用证未作规定，则一般收款人为议付行或其指示人。(2) 付款人。付款人一般为开证行、代付行。若信用证有规定，则按规定办理；若信用证未规定付款人，则以开证行作为付款人。(3) 出票人一般为出口商。

4. 信用证规定的条款

包括：出票条款、利息条款、汇率条款、起息日。

（二）发票审核要点

(1) 发票须由信用证的受益人开出。

(2) 受票人一栏。如果信用证有规定发票受票人，则按规定办理；若无规定，则发票上的受票人应与进口商名字相同。

(3) 发票上对货物的描述要和信用证的规定一致，包括数量、重量、价格等。

(4) 发票金额不超过信用证金额。

(5) 提交的发票份数应正确。

(6) 发票已被签字，签字合法化。

（三）提单审核要点

(1) 必须是经签署的清洁的已装船提单。

(2) 提单抬头和被通知人须符合信用证的规定，背书要正确。

(3) 装运港、装运期、卸货港与目的港必须按照信用证规定办理。

(4) 按照信用证规定的价格条件，注明“运费已付”“运费已预付”“运费托收”。若价格条件为CIF、CFR，多数情况下提单上应注明“运费已付”或“运费已预付”；若价格条件为FOB，一般情况下提单上应注明“运费托收”或“运费待付”。

(5) 装运货物与发票规定一致。

(6) 唛头、包装数量与其他单据一致。

（7）提示的提单，必须是全套正本及相应副本。

（四）保险单据审核要点

（1）保险金额首先必须服从信用证的规定，在信用证对保险金额未做规定的情况下，一般投保的最低金额应为货物的CIF金额加10%；若单据表面上无法确定该金额，可接受信用证要求付款、承兑或议付的金额，以及商业发票金额中两者较高的金额作为最低金额。

（2）保险币别与信用证币别相同。

（3）投保险别如规定所示。对信用证规定投保的险别不能漏保；若信用证对投保险别未作规定，则可接受载明任何险别的保险单据。

（4）必须全程保险。一般基本保险的范围都是“仓至仓”。特殊附加保险的范围，是从货物装上海轮或驳船开始，至货物目的港卸离海轮或驳船为止，因此，通常在投保特殊保险的时候，要加列一条款“包括仓至仓”。

（5）保险日期，必须与提单日期相同或超前。

（6）船名、装运港、目的港与提单上的描述一致。

（7）货物名称、件数、唛头与其他单据一致。

（8）保险单须经签署。

（五）其他单据审核要点

信用证项目的单据种类繁多，在审核重量证书、装箱单、商检证书、船公司证明、海关发票、产地证、电抄、受益人证明等时，应掌握如下原则：首先，各种单据须严格按信用证规定的要求办理，各项单据须由合格方签署；其次，单据的细节内容，须与其他单据一致。

四、单据的主要不符点

（一）单据的共同不符点

（1）过效期（L/C Expired）。单据提交时已超过信用证规定的有效期。

（2）过装期（Late Shipment）。运输单据的装运日期超过信用证规定的最迟装船期。

（3）过交单期（Late Presentation）。单据提交的日期超过信用证规定的货物装船后向指定银行提示单据的期限。如果信用证要求汇票，则汇票出具日应是单据提示日；如果信用证未要求汇票且无特殊说明，则寄单行的索汇面函日期将被认为是交单日期。

（二）汇票的主要不符点

（1）非由受益人出具，或未经受益人签署。

（2）未经背书或背书不正确。

（3）未按信用证规定显示“drawn under”条款。

（4）金额与发票或信用证不符，或者金额的大小写不一致。

（5）期限显示不正确。

（三）商业发票的主要不符点

（1）非由受益人出具，或者信用证规定要签署却未经签署。

（2）抬头不符，未出给信用证的申请人（信用证规定做成其他人抬头除外）。

（3）货物描述、唛头、单价等与信用证不一致。

（4）发票金额与合同金额不符，如超过金额或短装。

（5）未按信用证要求显示特殊内容，如需经过使馆认证而未认证，信用证要求显示扣减或增加附属费用而发票未显示..

（6）其他，如开证行名、装运港、目的港与信用证规定或其他单据不一致。

（四）海运提单的主要不符点

（1）正本提单份数不符。

（2）抬头和通知人名称不符。

（3）货物描述与信用证规定或发票等其他单据不符。

（4）未显示“on board”，或者加注了有关货损货差的不良批注，即提交了不清洁提单。

（5）重量、体积与装箱单等其他单据不一致。

（6）未经背书或背书不正确。

（7）签发人不符，未显示承运人或签发人身份不明。

（五）保险单据的主要不符点

（1）未提交全套正本保险单据/证明。

（2）被保险人不符。

（3）保险标的币种和金额的大小写不符。

（4）保险标的与发票等其他单据不符。

（5）保险险别不符。

（6）出单日迟于运输单据日期。

（7）偿付地、币种不符。

（8）未经背书或背书不正确。

五、不符单据的处理

（一）出口项下不符单据的处理

对于经审核有不符点的出口单据，一般有以下几种处理方式：

1. 退还受益人更改

如果信用证有效期与交单期未到，议付行可将货运单据退还受益人，要求其修改至与信用证条款相符合。

2. 表提不符点出单

如果信用证有效期与交单期已过，并且单据又出现较严重的不符点，议付行可与受益人协商，由议付行将不符点开列在寄单函上，同时向开证行寄单并征求开证行意见，由开证行联系开证申请人是否同意付款。如果开证申请人不接受不符点，则开证行会将单据退还议付行，议付行再照样退单给受益人；如果开证申请人接受不符点，则议付行在接到肯定答复后议付。

3. 电提不附点出单

如果单据出现不符点而且金额较大，议付行可以与受益人协商暂不向开证行寄单，而是用电传或传真通知开证行单据不符点。如果开证行同意付款，议付行履行议付并寄单；如果开证行不同意付款，受益人可以及早收回单据便于修改单证。但议付行采用此方法时应谨慎审单后再电提，以防止后期引起与受益人的纠纷。

4. 受益人担保出单

如果单据中不符点过多，受益人暂时无法全部修改或不愿意更改，则要求受益人出具保证书，承认单据存在瑕疵并做出声明。若开证行拒付，则由受益人偿还议付行所垫付款项和费用，同时联系开证申请人授权开证行付款。

5. 有证托收

单据有严重不符处，或信用证已超过有效期，议付行接受受益人委托在向开证行寄单函中注明"信用证项下单据作托收处理"，称为"有证托收"，而一般的托收，则称为"无证托收"。采用有证托收方式则完全适用《托收统一规则》(URC522)，开证行不再起第一付款人的责任，银行信用变成商业信用，付不付款以开证申请人是否接受单据为前提。国际商会建议，在任何情况下其实都不宜将信用证项下的单据改为托收处理或者加注"ON COLLECTION BASIS"字样，可写"ON APPROVAL BASIS"。

（二）进口项下不符单据的处理

对于经审核有不符点的进口单据，一般有以下几种处理方式：

1. 拒付

开证行/保兑行拒付单据必须做到：1）拒付时必须以单据作为依据，说明全部不符点；2）必须在5个工作日内以电讯方式通知寄单行拒付；3）说明单据听候处理或退回。若开证行/保兑行未能按上述规定办理，则无权宣称单据不符合信用证条款。

对不符点单据，UCP600规定开证行可以完全根据自己的决定与申请人联系是否放弃不符点，通常若申请人不接受不符点，则开证行按上述规定拒付。发出拒付可以以电讯或其他快捷方式，最常见的是SWIFT MT734格式。

拒付后如经进出口双方协商，申请人同意接受单据，开证行应及时通知寄单行请其授权放单，并办理对外付款/承兑手续；如果申请人坚持不接受不符点，开证行应及时将全套单据退还寄单行，由进出口双方自行解决。

2. 放弃不符点，申请人付款赎单

若申请人愿意接受不符点，则由其出具书面指示，办理付款或承兑赎单手续，然后开证行向寄单行付款或承兑。

六、审单与部分 UCP600 条款

（一）UCP600 第 14 条：审核单据的标准

a 款规定，按照指定行事的被指定银行、保兑行（如有）以及开证行必须对提示的单据进行审核，并仅以单据为基础，以决定单据在表面上看来是否构成相符提示。

b 款规定，按照指定行事的被指定银行、保兑行（如有）以及开证行，自其收到提示单据的翌日起算，应各自拥有最多不超过 5 个银行工作日的时间以决定提示是否相符。该期限不因单据提示日适逢信用证有效期或最迟提示期或在其之后而被缩减或受到其他影响。

c 款规定，提示若包含一份或多份按照本惯例第 19 条、20 条、21 条、22 条、23 条、24 条或 25 条出具的正本运输单据，则必须由受益人或其代表按照相关条款在不迟于装运日后的 21 个公历日内提交，但无论如何不得迟于信用证的到期日。

d 款规定，单据中内容的描述不必与信用证、信用证对该项单据的描述以及国际标准银行实务完全一致，但不得与该项单据中的内容、其他规定的单据或信用证相冲突。

e 款规定，除商业发票外，其他单据中的货物、服务或行为描述若须规定，可使用统称，但不得与信用证规定的描述相矛盾。

f 款规定，如果信用证要求提示运输单据、保险单据和商业发票以外的单据，但未规定该单据由何人出具或单据的内容，则只要所提交单据的内容看来满足其功能需要且其他方面与第 14 条 d 款相符，银行将对提示的单据予以接受。

g 款规定，提示信用证中未要求提交的单据，银行将不予置理。如果收到此类单据，可以退还提示人。

h 款规定，如果信用证中包含某项条件而未规定需提交与之相符的单据，银行将认为未列明此条件，并对此不予置理。

i 款规定，单据的出单日期可以早于信用证开立日期，但不得迟于信用证规定的提示日期。

j 款规定，当受益人和申请人的地址显示在任何规定的单据上时，不必与信用证或其他规定单据中显示的地址相同，但必须与信用证中述及的各自地址处于同一国家内。用于

联系的资料（如电传、电话、电子邮箱及类似方式）作为受益人和申请人地址的组成部分将被不予置理。然而，当申请人的地址及联系信息作为按照第 19 条、20 条、21 条、22 条、23 条、24 条或 25 条出具的运输单据中收货人或通知方详址的组成部分时，则必须按照信用证规定予以显示。

k 款规定，显示在任何单据中的货物的托运人或发货人不必是信用证的受益人。

l 款规定，假如运输单据能够满足本惯例第 19 条、20 条、21 条、22 条、23 条或 24 条的要求，则运输单据可以由承运人、船东、船长或租船人以外的任何一方出具。

（二）UCP600 第 15 条：相符交单

当开证行确定交单相符时，就必须予以兑付；当保兑行确定交单相符时，就必须予以兑付或议付并将单据寄往开证行；当被指定银行确定交单相符并予以兑付或议付时，必须将单据寄往保兑行或开证行。

（三）UCP600 第 16 条：不符单据及不符点的放弃与通知

a 款规定，当按照指定行事的被指定银行、保兑行（如有）或开证行确定提示不符时，可以拒绝兑付或议付。

b 款规定，当开证行确定提示不符时，可以依据其独立的判断联系申请人放弃有关不符点。然而，这并不因此延长第 14 条 b 款中述及的期限。

c 款规定，当按照指定行事的被指定银行、保兑行（如有）或开证行决定拒绝兑付或议付时，必须一次性通知提示人。

通知必须声明：

（1）银行拒绝兑付或议付；及

（2）银行凭以拒绝兑付或议付的各个不符点；及

（3）①银行持有单据等候提示人进一步指示；或

②开证行持有单据直至收到申请人通知弃权并同意接受该弃权，或在同意接受弃权前从提示人处收到进一步指示；或

③银行退回单据；或

④银行按照先前从提示人处收到的指示行事。

d 款规定，第 16 条 c 款中要求的通知必须以电讯方式发出，如果不能以电讯方式通知，则以其他快捷方式通知，但不得迟于提示单据日期翌日起第 5 个银行工作日终了。

e 款规定，按照指定行事的被指定银行、保兑行（如有）或开证行可以在提供第 16 条 c 款ⅲ项、a 款或 b 款要求提供的通知后，于任何时间将单据退还提示人。

f 款规定，如果开证行或保兑行未能按照本条款的规定行事，将无权宣称单据未能构成相符提示。

g 款规定，当开证行拒绝兑付或保兑行拒绝兑付或议付，并已经按照本条款发出通知时，该银行将有权就已经履行的偿付索取退款及其利息。

能力实训

一、判断题

1. 下列单据中，只有（　　）可用来结汇。

A. 铁路运单副本　　B. 铁路运单正本

C. 大副收据　　D. 公路运单副本

2. 保单显示“投保一切险”，表示其中不包括（　　）承保的范围。

A. 平安险　　B. 水渍险

C. 一般附加险　　D. 特殊附加险

3. L/C 规定的最迟装运期为 3 月 25 日，货物出运后的 15 天内交单，L/C 有效期至 4 月 5 日。受益人取得的提单上“on board”日期为 3 月 24 日，则受益人最迟应于（　　）交单。

A. 4 月 9 日　　B. 3 月 25 日

C. 4 月 20 日　　D. 4 月 5 日

4. 按照国际保险市场的惯例，国际货物贸易运输保险的保险金额是以商业发票的（　　）价格为基数，再加上适当的保险加成计算得出。

A. FOB　　B. CFR

C. CIF　　D. FAS

5. 信用证方式下，通常以（　　）为汇票的受票人。

A. 限制性记名　　B. 指示性记名

C. 来人　　D. 持票人

二、选择题

1. 国际货物运输中，投保人只有投保了基本险之后，才能加保一般附加险。（　　）

2. 通常为了保证单单一致，如果汇票是开给付款行或开证行的话，则发票的抬头必须相应地做成付款行或开证行。（　　）

3. 保险凭证在法律上与保险单不具备同等法律效力。（　　）

4. 被船公司加注而成为“不清洁提单”者，无法转化为清洁提单。同样，船公司出具的收妥备运提单，也无法转化为已装船提单。（　　）

5. 清洁提单即要求提单本身纸张完好整洁，所填写的内容无任何涂改或不洁之处。（　　）

三、能力拓展

[工作任务] 2016 年 3 月 15 日，招商银行上海分行国际业务部职员余勇收到上海朗威文化用品有限公司提交的 DC NHP302395 及其项下的全套结汇单据和交单联系单，余勇要根据信用证、UCP600 和 ISBP 的规定，审核上海朗威文化用品有限公司的全套结汇单

据，列出不符点，并对审核出的单据不符点做出妥善处理。

1. 信用证如下：

MT700　　ISSUE OF A DOCUMENTARY CREDIT

SENDER　HONGKONG AND SHANGHAI BANKING CORPORATION LIMITED, HONGKONG
RECEIVER　CHINA MERCHANTS BANK, SHANGHAI BRANCH
27：SEQUENCE OF TOTAL：1/1
40A：FORM OF DOCUMENTARY CREDIT：IRREVOCABLE
20：DOCUMENTARY CREDIT NUMBER：DC NHP302395
31C：DATE OF ISSUE：160122
40E：APPLICABLE RULES：UCP LATEST VERSION
31D：DATE AND PLACE OF EXPIRY：160320 CHINA
50：APPLICANT：KADIN COMPANY LTD.
　2451 DOMINION CENTRE, 43-58 QUEEN'S ROAD EAST, WANCHAI, HONGKONG
59：BENEFICIARY：SHANGHAI LANGWEI STATIONERY CO., LTD.
　NO. 579 ZHONGSHAN NORTH ROAD, SHANGHAI, CHINA
32B：CURRENCY CODE, AMOUNT
　USD 11696,40 (SAY U.S. DOLLARS ELEVEN THOUSAND SIX HUNDRED AND NINETY-SIX POINT FORTY ONLY)
41A：AVAILABLE WITH … BY…：ANY BANK IN CHINA BY NEGOTIATION
42C：DRAFTS AT…：AT SIGHT FOR FULL INVOICE VALUE
42A：DRAWEE：ISSUING BANK
43P：PARTIAL SHIPMENTS：NOT ALLOWED
43T：TRANSSHIPMENT：NOT ALLOWED
44E：PORT OF LOADING/AIRPORT OF DEPARTURE：MAIN PORT OF CHINA
44F：PORT OF DISCHARGE/AIRPORT OF DESTINATION：HONGKONG
44C：LATEST DATE OF SHIPMENT：160305
45A：DESCRIPTION OF GOODS &/OR SERVICES：CIF HONGKONG
　35424 PCS OF ART. NO. K-909 GLUE STICK 22G AT USD 0,20/PC
　47520 PCS OF ART. NO. K-908 GLUE STICK 8G AT USD 0,11/PC
　ALL OTHER DETAILS AS PER CONTRACT NO. KC20160007A
46A：DOCUMENTS REQUIRED
　+SIGNED COMMERCIAL INVOICE IN TRIPLICATE SHOWING DEDUCT 5 PCT DISCOUNT.
　+PACKING LIST IN TRIPLICATE SHOWING MEASUREMENT, GROSS WEIGHT AND NET WEIGHT OF EACH CARTON.
　+FULL SET OF CLEAN ON BOARD OCEAN BILLS OF LADING MADE OUT TO ORDER, BLANK ENDORSED, MARKED "FREIGHT PREPAID" AND NOTIFY APPLICANT WITH FULL ADDRESS (TEL：23920138).
　+INSURANCE POLICY IN NEGOTIABLE FORM AND BLANK ENDORSED FOR FULL CIF VALUE PLUS 10 PERCENT, COVERING ALL RISK INCLUDING WAREHOUSE TO WAREHOUSE CLAUSE AND WAR RISKS OF THE PICC AND STATING CLAIMS PAYABLE IN HONGKONG IN CURRENCY OF THE DRAFT.

+BENEFICIARY'S CERTIFIED COPY OF FAX SEND TO THE APPLICANT WITHIN TWO WORKING DAYS AFTER SHIPMENT ADVISING FULL SHIPMENT DETAILS INCLUDING NAME OF VESSEL, DATE OF SHIPMENT AND NO. OF CARTON.

+CERTIFICATE OF ORIGIN OF PEOPLE'S REPUBLIC OF CHINA SHOWING CONSIGNEE AS "TO ORDER".

47A: ADDTIONAL CONDITION

+ALL DOCUMENTS MUST BE SIGNED.

+ALL DOCUMENTS CALLED FOR UNDER THIS CREDIT ARE ORIGINAL AND MUST BE CLEARLY MARKED ON THEIR FACE AS "ORIGINAL", EXCEPT THOSE WHICH THE CREDIT SPECIFICALLY STATES CAN BE COPY (IES).

+ISSUING BANK CHARGES EXCEPT OPENING COMMISSION ARE FOR THE ACCOUNT OF BENEFICIARY.

+A HKD 400,00 OR EQUIVALENT CHARGE PLUS ALL RELATIVE CABLE CHARGE WILL BE DEDUCTED FROM THE REIMBURSEMENT CLAIM FOR EACH PRESENTATION OF DISCREPANT DOCUMENTS UNDER THIS DOCUMENTARY CREDIT. NOTWITHSTANDING ANY INSTRUCTIONS TO THE CONTRARY, THESE CHARGES SHALL BE FOR THE ACCOUNT OF BENEFICIARY.

+NOTWITHSTANDING THE PROVISIONS OF UCP600, IF WE GIVE NOTICE OF REFUSAL OF DOCUMENTS PRESENTED UNDER THIS CREDIT WE SHALL HOWEVER RETAIN THE RIGHT TO ACCEPT A WAIVER WITHOUT REFERENCE TO THE PRESENTER PROVIDED THAT NO WRITTEN INSTRUCTIONS TO THE CONTRARY HAVE BEEN RECEIVED BY US FROM THE PRESENTER BEFORE THE RELEASE OF THE DOCUMENTS. ANY SUCH RELEASE PRIOR TO RECEIPT OF CONTRARY INSTRUCTIONS SHALL NOT CONSTITUTE A FAILURE ON OUR PART TO HOLD THE DOCUMENTS AT THE PRESENTER'S RISK AND DISPOSAL, AND WE WILL HAVE NO LIABILITY TO THE PRESENTER IN RESPECT OF ANY SUCH RELEASE.

+INFORMATION TO PRESENTING/NEGOTIATING BANK: CONDITIONS FROM APPLICANT TO BENEFICIARY-FOR EACH PRESENTATION: IN CASE OF LATE SHIPMENT, THE ISSUING BANK WILL DEDUCT 7 PCT OF TOTAL INVOICE VALUE FROM PROCEEDS UPON DISCREPANCY (IES) ACCEPTED BY APPLICANT.

71B: CHARGES

ALL BANKING CHARGES OUTSIDE THE ISSUING BANK ARE FOR ACCOUNT OF BENEFICIARY

48: PERIOD FOR PRESENTATION

DOCUMENTS MUST BE PRESENTED WITHIN 15 DAYS AFTER SHIPMENT DATE, BUT WITHIN THE VALIDITY OF THIS CREDIT.

49: CONFIRMATION INSTRUCTION: WITHOUT

78: INSTRUCTION TO PAYING/ACCEPTING/ NEGOTIATION BANK

ON RECEIPT OF DOCUMENTS CONFORMING TO THE TERMS OF THIS CREDIT AT OUR COUNTER, WE UNDERTAKE TO REIMBURSE YOU IN THE CURRENCY OF THIS CREDIT IN ACCORDANCE WITH YOUR PAYMENT INSTRUCTION AFTER DEDUCTING ALL RELATIVE REIMBURSING CHARGES INCURRED. NEGOTIATING BANK'S DISCOUNT AND/OR INTEREST, IF ANY, PRIOR TO REIMBURSEMENT BY US ARE FOR ACCOUNT OF BENEFICIARY. DOCUMENTS MUST BE DISPATCHED BY COURIER UNDER ONE COVER TO HSBC ESD DIV. L5 HSBC BLDG MONG KOK 673 NATHAN ROAD, MONKOK, KLN, HONGKONG

WE WILL HONOUR UPON RECEIPT OF THE STIPULATED DOCUMENTS WHICH CONSTITUTE A COMPLYING PRESENTATION.

THIS CREDIT IS SUBJECT TO UCPDC (2007 REVISION) ICC PUBLICATION NO. 600.

72: SENDER TO RECEIVER INFORMATION

PLEASE MENTION YOUR BANKER'S ABA NO. AND CHIPS NO. ON YOUR PAYMENT INSTRUCTIONS. THE AMOUNT OF EACH DRAWING MUST BE ENDORSED ON THE REVERSE OF THIS CREDIT BY THE NEGOTIATING BANK.

2. 信用证项下的单据见表 8-8～表 8-16。

表 8-8 商业发票

SHANGHAI LANGWEI STATIONERY CO., LTD.
NO. 579 ZHONGSHAN NORTH ROAD, SHANGHAI, CHINA

COMMERCIAL INVOICE

TO: KAIDIN COMPANY LTD
2451 DOMINION CENTRE, 43-58 QUEEN'S ROAD EAST,
WANCHAI, HONGKONG

Invoice No.: L10W009
Invoice Date: FEB. 25, 2016
S/C No.: KC2016007A
S/C Date: JAN. 15, 2016

From: SHANGHAI
To: HONGKONG

Letter of Credit No.: DC NHP302395
Date: 160122

Issued By: HONGKONG AND SHANGHAI BANKING CORPORATION LIMITED, HONGKONG

Marks and Numbers	Number and kind of package; Description of goods	Quantity	Unit Price	Amount
N/M	1) ART. NO. K-909 GLUE STICK 22G 2) ART. NO. K-908 GLUE STICK 8G ALL OTHER DETAILS AS PER CONTRACT NO. KC20160007A PACKED IN 192 CARTONS	35 424 PCS 47 520 PCS	USD 0.20/PC USD 0.11/PC −5% DISCOUNT	USD 7 084.80 USD 5 227.20 −USD 615.60
TOTAL:		82 944 PCS		USD 11 696.40

SAY TOTAL: U.S. DOLLARS ELEVEN THOUSAND SIX HUNDRED NINETY SIX AND CENTS FORTY ONLY

SHANGHAI LANGWEI STATIONERY CO., LTD.
李雯雯

表 8-9　　装箱单

SHANGHAI LANGWEI STATIONERY CO., LTD.

NO. 579 ZHONGSHAN NORTH ROAD, SHANGHAI, CHINA

PACKING LIST

TO: KAIDIN COMPANY LTD.
2451 DOMINION CENTRE, 43-58 QUEEN'S ROAD EAST,
WANCHAI, HONGKONG

Invoice No.: L10W009
Invoice Date: FEB. 25, 2016
S/C No.: KC2016007A
S/C Date: JAN. 15, 2016

From: SHANGHAI　　To: HONGKONG

Letter of Credit No.: DC NHP302395　　Date: 160122

Issued By: HONGKONG AND SHANGHAI BANKING CORPORATION LIMITED, HONGKONG

Marks and Numbers	Number and kind of package Description of goods	Quantity	Package	G. W (KGS)	N. W (KGS)	Meas. (M^3)
N/M	1) ART. NO. K-909 GLUE STICK 22G 2) ART. NO. K-908 GLUE STICK 8G	35 424 PCS 47 520 PCS	82 CTNS 110 CTNS	1 435 1 045	1 271 825	6. 988 5. 542
TOTAL:		82 944 PCS	192 CTNS	2 480	2 096	12. 53

SAY TOTAL: ONE HUNDRED AND NINETY TWO CARTONS ONLY

(Authorized Signature)

表 8-10　　汇票

BILL OF EXCHANGE

No. L10W009

Exchange for USD 11 696. 40 SHANGHAI, MAR. 15, 2016

At 30 DAYS AFTER sight of this first of exchange (second of exchange being unpaid) pay to the order of BANK OF CHINA, SUZHOU BRANCH

the sum of U. S. DOLLARS ELEVEN THOUSAND SIX HUNDRED NINETY SIX ONLY

Drawn under HONGKONG AND SHANGHAI BANKING CORPORATION LIMITED, HONGKONG

L/C No. DC NHP302395

Dated 160122

To: HONGKONG AND SHANGHAI BANKING CORPORATION LIMITED, HONGKONG

For SHANGHAI LANGWEI STATIONERY CO., LTD.

李雯雯

表 8 - 11

海运提单

<table>
<tr><td colspan="2">1. Shipper (Insert Name, Address and Phone)
SHANGHAI LANGWEI STATIONERY CO., LTD.
NO. 579 ZHONGSHAN NORTH ROAD, SHANGHAI, CHINA</td><td rowspan="5">B/L No.: SKUE938230
中远集装箱运输有限公司
COSCO CONTAINER LINES
TLX: 33057 COSCO CN
FAX: +86 (021) 6545 8984
BILL OF LADING (ORIGINAL)
RECEIVED in external apparent good order and condition except as otherwise noted. The carrier has issued the number of Bills of Lading stated below, all of this tenor and date. One of the original Bills of Lading must be surrendered and endorsed or signed against the delivery of the shipment and whereupon any other original Bill of Lading shall be void. The merchants agree to be borne by the terms and conditions of this Bill of Lading as if each had personally signed this Bill of Lading.</td></tr>
<tr><td colspan="2">2. Consignee (Insert Name, Address and Phone)
TO ORDER</td></tr>
<tr><td colspan="2">3. Notify Party (Insert Name, Address and Phone)
KADIN COMPANY LTD.
2451 DOMINION CENTRE, 43-58 QUEEN'S ROAD EAST, WANCHAI, HONGKONG</td></tr>
<tr><td>4. Pre-carriage by</td><td>5. Place of Receipt</td></tr>
<tr><td>6. Ocean Vessel Voy. No.
XIANGZHONG, V. 090T</td><td>7. Port of Loading
SHANGHAI</td></tr>
<tr><td>8. Port of Discharge
HONGKONG</td><td>9. Place of Delivery</td><td>10. Final Destination (of the goods-not the ship)</td></tr>
</table>

11. Marks & Nos. Container/Seal No.	12. No. of Containers or Package	13. Description of Goods	14. Gross Weight Kgs	15. Measurement
N/M	192 CTNS CFS/CFS LCL FREIGHT PREPAID	1) ART. NO. K-909 GLUE STICK 22G 2) ART. NO. K-908 GLUE STICK 8G	2 096 KGS	12. 53M³

<table>
<tr><td colspan="6">16. Description of Contents for Shipper's Use Only (CARRIER NOT RESPONSIBLE)</td></tr>
<tr><td colspan="6">17. Total number of container: ONE HUNDRED AND NINETY-TWO CARTONS ONLY</td></tr>
<tr><td>18. Freight & Charge</td><td>19. Revenue Tons</td><td>20. Rate</td><td>21. Per</td><td>22. Prepaid</td><td>23. Collect</td></tr>
<tr><td rowspan="2">24. Ex. rate</td><td>25. Prepaid at
SHANGHAI</td><td colspan="2">26. Payable at</td><td colspan="2">27. Place and Date of Issue
MAR. 5, 2016, SHANGHAI</td></tr>
<tr><td>Total Prepaid</td><td colspan="2">No. of Original B (s) /L
THREE (3)</td><td colspan="2">Signed for the Carrier,
CHINA SAILING INTERNATIONAL SHIPPING AGENCY LTD.
王万辉</td></tr>
</table>

注：背面空白

表 8－12　　保险单

中国人民保险公司
The People's Insurance Company of China

货物运输保险单
CARGO TRANSPORTATION INSURANCE POLICY

发票号（INVOICE NO.）L10W009　　保单号次（POLICY NO.）PYCA948305
合同号（CONTRACT NO.）KC2016007A
信用证号（L/C NO.）DC NHP302395
被保险人（INSURED）：SHANGHAI LANGWEI STATIONERY CO.，LTD.
中国人民保险公司（以下简称本公司）根据被保险人的要求，由被保险人向本公司缴付约定的保险费，按照本保险单承保险别和背面所载条款与下列条款承保下述货物运输保险，特立本保险单。
THIS POLICY OF INSURANCE WITNESSES THAT THE PEOPLE'S INSURANCE COMPANY OF CHINA (HEREINAFTER CALLED "THE COMPANY") AT THE REQUEST OF THE INSURED AND IN CONSIDERATION OF THE AGREED PREMIUM PAID TO THE COMPANY BY THE INSURED, UNDERTAKES TO INSURE THE UNDERMENTIONED GOODS IN TRANSPORTATION SUBJECT TO THE CONDITIONS OF THIS POLICY AS PER THE CLAUSES PRINTED OVERLEAF AND OTHER SPECIAL CLAUSES ATTACHED HEREON.

标记 MARKS & NOS.	包装及数量 QUANTITY	保险货物项目 DESCRIPTION OF GOODS	保险金额 AMOUNT INSURED
AS PER INVOICE NO. L10W009	35 424 PCS 47 520 PCS 192 CTNS	ART. NO. K-909 GLUE STICK 22G ART. NO. K-908 GLUE STICK 8G	USD 12 866.00

总保险金额
TOTAL AMOUNT INSURED：U. S. DOLLARS TWELVE THOUSAND EIGHT HUNDRED SIXTY-SIX ONLY

保费
PREMIUM：AS ARRANGED

启运日期
DATE OF COMMENCEMENT：MAR. 5，2016

装载运输工具
PER CONVEYANCE：XIANGZHONG，V. 090T

自
FROM SHANGHAI　　经
VIA ______　　至
TO HONGKONG

承保险别
CONDITIONS：
COVERING ALL RISKS AND WAR RISK INCL. W/W AS PER OMCC. & OMCWRC DATED 1981/1/1 OF THE PICC (CIC)

所保货物，如发生保险单项下可能引起索赔的损失或损坏，应立即通知本公司下述代理人查勘。如有索赔，应向本公司提交保单正本（本保险单共有 2 份正本）及有关文件。如一份正本已用于索赔，其余正本自动失效。
IN THIS EVENT OF LOSS OR DAMAGE，WHICH MAY RESULT IN A CLAIM UNDER THIS POLICY，IMMEDIATE NOTICE MUST BE GIVEN TO THE COMPANY'S AGENT AS MENTIONED HEREUNDER. CLAIMS，IF ANY，ONE OF THE ORIGINAL POLICY WHICH HAS BEEN ISSUED IN TWO ORIGINAL (S) TOGETHER WITH THE RELEVANT DOCUMENTS SHALL BE SURRENDERED TO THE COMPANY. IF ONE OF THE ORIGINAL POLICY HAS BEEN ACCOMPLISHED，THE OTHERS TO BE VOID.

中国人民保险公司
The People's Insurance Company of China

赔款偿付地点
CLAIM PAYABLE AT HONGKONG
出单日期
ISSUING DATE MAR. 3，2015

注：背面空白

表 8-13　　一般原产地证书

<table>
<tr><td colspan="2">1. Exporter
SHANGHAI LANGWEI STATIONERY CO., LTD.
NO. 579 ZHONGSHAN NORTH ROAD,
SHANGHAI, CHINA</td><td colspan="3" rowspan="2">Reference No: CCPIT051921964
CERTIFICATE OF ORIGIN
OF
THE PEOPLE'S REPUBLIC OF CHINA</td></tr>
<tr><td colspan="2">2. Consignee
KADIN COMPANY LTD.
2451 DOMINION CENTRE, 43-58 QUEEN'S ROAD EAST, WANCHAI, HONGKONG</td></tr>
<tr><td colspan="2">3. Means of transport and route
FROM SHANGHAI TO HONGKONG BY SEA</td><td colspan="3" rowspan="2">5. For certifying authority use only</td></tr>
<tr><td colspan="2">4. Country/region of destination
HONGKONG</td></tr>
<tr><td>6. Marks and numbers
N/M</td><td>7. Number and kind of package; Description of goods
EIGHTY TWO (82) CTNS OF ART. NO. K-909 GLUE STICK 22G
ONE HUNDRED AND TEN (110) CTNS OF ART NO. K-908 GLUE STICK 8G</td><td>8. H. S. Code
3506.99
3506.99</td><td>9. Quantity
1 435 KGS
1 045 KGS</td><td>10. Number and date of invoice
L10W009
FEB. 25, 2016</td></tr>
<tr><td colspan="2">11. Declaration by the exporter the undersigned hereby declares that the above details and statements are correct, that all the goods were produced in China and that they comply with the Rules of Origin of the People's Republic of China.

SHANGHAI LANGWEI STATIONERY CO., LTD.
李雯雯
SHANGHAI, CHINA, MAR. 3, 2016
Place and date, signature and stamp of authorized signatory</td><td colspan="3">12. Certification it is hereby certified that the declaration by the exporter is correct.
中国国际贸易促进委员会
单据证明专用章
(京)
CHINA COCNWCIL FOR THE PROHOTION
OF INTERNATIONAL TRADE
(BEI JING)
SHANGHAI, CHINA, MAR. 3, 2016
Place and date, signature and stamp of certifying authority</td></tr>
</table>

表 8－14 检验证书

KADIN COMPANY LTD.

2451 DOMINION CENTRE，43-58 QUEEN'S ROAD EAST，WANCHAI，HONGKONG

INSPECTION CERTIFICATE

DATE：MAR. 3，2016

TO：SHANGHAI LANGWEI STATIONERY CO.，LTD.

NO. 579 ZHONGSHAN NORTH ROAD，SHANGHAI，CHINA

RE：L/C NO. DC NHP302395 CONTRACT NO. KC20160007A

COMMODITY：

1）35 424 PCS OF ART. NO. K-909 GLUE STICK 22G

2）47 520 PCS OF ART. NO. K-908 GLUE STICK 8G

THIS IS TO CERTIFY THAT THE ABOVE MENTIONED GOODS HAVE BEEN INSPECTED.

Signed by：L. HIKE

KADIN COMPANY LTD.

表 8－15 装运通知

SHIPPING ADVICE

Messrs. Invoice No. L10W009

KADIN COMPANY LTD. Date：

2451 DOMINION CENTRE，43-58 QUEEN'S ROAD EAST，WANCHAI，HONGKONG

Particulars

1. L/C NO. DC NHP302395
2. Purchase Order No. KC20160007A
3. Bill of Lading No. SKUE938230
4. Vessel：XIANGZHONG，V. 090T
5. Port of Loading：SHANGHAI
6. Port of Discharge：HONGKONG
7. On Board Date：MAR. 5，2016
8. Description of Goods

1）35 424 PCS OF ART. NO. K-909 GLUE STICK 22G

2）47 520 PCS OF ART. NO. K-908 GLUE STICK 8G

9. Number of Package：192 CTNS
10. Marks and Number on B/L：N/M

SHANGHAI LANGWEI STATIONERY CO.，LTD.

表 8-16

招商银行上海分行

客户交单联系单

致：招商银行上海分行

兹随附下列信用证项下出口单据一套，请按国际商会第 600 号出版物《跟单信用证统一惯例》办理寄单索汇。	
开证行：HONGKONG AND SHANGHAI BANKING CORPORATION LIMITED，HONGKONG	信用证号：DC NHP302395
通知行：CHINA MERCHANTS BANK，SHANGHAI BRANCH	通知行编号：

最迟装运期：160305	有效期：160320	交单期限：15 天

汇票付款期限：AT SIGHT	汇票金额：USD 11 696.40
发票编号：L10W009	发票金额：USD 11 696.40

单据	名称	汇票	发票	海关发票	海运提单正本	海运提单副本	航空运单	货物收据	保险单	装箱/重量单	数量/质量/重量证	产地证	GSP FORM A	检验/分析证	受益人证明	船公司证明	电抄	装运通知
	份数	2	3		3/3	1			2/3	3		1		1				1

委办事项：打“×”者

☒附信用证及修改书共 2 页

☐单据中有下列不符点

☐请向开证行寄单，我公司承担一切责任

☐请电提不符点，待开证行同意后再寄单

☐寄单方式：☒特快专递 ☐航空挂号

☐索汇方式：☐电索☐信索（☐特快专递 ☐航空挂号）

核销单编号：30239832

公司联系人：　　　　联系电话：　　　　公司签章：

银行审单记录：	银行接单日期：		寄单日期：
	汇票/发票金额：		BP NO.：
	银行费用	通知/保兑：	银行经办：
		议/承/付：	
		修改费：	
		邮费：	银行复核：
		电传：	
		小计：	
退单记录：	费用由　　　　承担		

学习情境九

银行保函业务

学习目标

能力目标：

1. 能以银行保函申请人的身份，根据对外合同填制银行保函申请书
2. 作为担保行，能根据开立银行保函申请书，制作银行保函，办理银行保函业务
3. 作为银行保函受益人，能读懂银行保函条款
4. 能进行银行保函相关业务操作

知识目标：

1. 了解银行保函的定义
2. 熟悉银行保函的基本当事人和相互关系
3. 掌握银行保函的基本流程
4. 熟悉 MT760 报文的内容

工作项目

2015 年 3 月 29 日，上海卓越贸易有限公司与加拿大 LK Chamit Inc. 签订了一份 GPS 跟踪器（GPS Tracker）的销售合同，具体内容见表 9－1。

2015 年 3 月 30 日，上海卓越贸易有限公司外贸单证员王芳根据合同和以下信息填制开立银行保函申请书，并准备相关申请材料到开户行中国银行上海分行申请开立银行保函。

（1）银行保函的开立方式为信开、直开。

（2）保函索偿条件：①受益人出具的申请人违约的书面索款书；②中国银行温哥华分行对受益人签字真实性的书面声明。

（3）保函的有效期：自申请人在担保行账户收到受益人 70 500 加元预付款之日起 3 个月内有效，在担保行向受益人兑付保函金额之日起失效。

（4）银行保函采用银行授信为反担保形式，申请的银行保函金额在授信额度内。

2015 年 3 月 31 日，中国银行上海分行通过审核，同意上海卓越贸易有限公司开立银行保函申请。该行职员苏青根据上海卓越贸易有限公司的开立银行保函申请书制作银行保函。

工作任务 1：申请人根据销售合同填制开立银行保函申请书

工作任务 2：担保行制作银行保函

表 9-1　　销售合同

SALES CONTRACT

The Seller: SHANGHAI ZHUOYUE TRADING CO., LTD.
NO. 5 LANXI ROAD, SHANGHAI, CHINA

No. RM150329
Date: Mar. 29, 2015
Signed in: Shanghai, China

The Buyer: LK Chamit Inc.
No. 876 Walk Road, Vancouver, Canada

This Contract is made by and between the Buyer and the Seller, whereby the Buyer agrees to buy and the Seller agrees to sell the under-mentioned commodity according to the terms and conditions stipulated below:

1. Commodity & Specification	2. Quantity	3. Unit Price	4. Amount
GPS Tracker		CFR Vancouver, Canada	
Art. No. 205/55R16	3 000 pcs	CAD 45.00/pc	CAD 135 000.00
Art. No. 205/60R15	2 000 pcs	CAD 50.00/pc	CAD 100 000.00
Total	5 000 pcs		CAD 235 000.00
Total Contract Value: CANADIAN DOLLARS TWO HUNDRED AND THIRTY-FIVE THOUSAND ONLY			

5. Packing: 8 pieces per wooden cases.

6. Time of Shipment: within 90 days after receiving the 30% of contract value by T/T in advance. Transshipment is allowed and partial shipment is allowed.

7. Port of Loading and Discharge: From Shanghai, China to Vancouver, Canada.

8. Insurance: Covered by the Buyer.

9. Terms of Payment: 30% of proceeds payable by T/T after the Buyer received the advance payment guarantee issued by the Seller's bank for 30% of proceed, 70% of proceeds payable by T/T against the fax copy of B/L.

Seller's Accounting Bank: Bank of China, Shanghai Branch
SWIFT CODE: BKCHCNBJ620　　A/C NO. 3802024968930035
Buyer's Accounting Bank: Bank of China (Canada), Vancouver Branch
SWIFT CODE: BKCHCATTVAN　　A/C NO. 3802024539285960

10. Other Terms: Omitted

This contract is made in two original copies and becomes valid after both parties' signature, one copy to be held by each party.

Signed by:

THE SELLER
SHANGHAI ZHUOYUE TRADING CO., LTD.
李红

THE BUYER
LK Chamit Inc.
JASON LEE

操作示范

工作任务 1　申请人根据销售合同填制开立银行保函申请书

【步骤 1】工作准备

1. 阅读合同中有关支付的条款

Terms of Payment: 30% of proceeds payable by T/T after the Buyer received the advance payment guarantee issued by the Seller's bank for 30% of proceed, 70% of proceeds payable by T/T against the fax copy of B/L.

当买方收到卖方银行开立的预付款保函后就用电汇方式支付30%的货款，剩下的70%货款在收到提单的副本后用电汇方式支付。

2. 梳理业务中的相关当事人

Applicant: SHANGHAI ZHUOYUE TRADING CO., LTD.

NO. 5 LANXI ROAD, SHANGHAI, CHINA

Beneficiary: LK Chamit Inc.

No. 876 Walk Road, Vancouver, Canada

Guarantor: Bank of China, Shanghai Branch

3. 梳理业务中的其他信息

保函金额：合同金额的30%，即CAD 70 500.00，CANADIAN DOLLARS SEVENTY THOUSAND AND FIVE HUNDRED ONLY.

保函种类：advance payment guarantee。

【步骤2】根据合同内容，填制开立银行保函申请书（见表9-2）

（1）申请人（英文名、地址）。该栏目填写银行保函申请人的公司名称和具体地址。本业务应填写“SHANGHAI ZHUOYUE TRADING CO., LTD., NO. 5 LANXI ROAD, SHANGHAI, CHINA”。

（2）受益人（英文名、地址）。该栏目填写银行保函申请人的公司名称和具体地址。本业务应填写“LK Chamit Inc., No. 876 Walk Road, Vancouver, Canada”。

（3）保函种类。该栏目填写银行保函的种类，本业务应填写“预付款保函”。

（4）担保币种及保函金额（大写）。该栏目填写申请银行保函的币种及大写金额。根据销售合同中有关支付条款的规定，保函金额为合同金额的30%，因此在本业务中这栏应填写“CANADIAN DOLLARS SEVENTY THOUSAND AND FIVE HUNDRED ONLY”。

（5）保函开立方式。该栏目填写保函的开立方式，包括电开和信开，以及直开和转开等方式。本业务中应选择填写信开和直开。

（6）保函传递方式。该栏目填写保函的传递方式，包括直交和转交，直交分为担保行直接邮寄给受益人和通过申请人送达受益人两种。本业务选择担保行直接邮寄给受益人。

（7）保函索偿条件。该栏目填写保函索偿的具体条件。本业务根据实际情况填写如下：1）受益人出具的申请人违约的书面索款书；2）中国银行温哥华分行对受益人签字真实性的书面声明。

（8）保函的有效期。该栏目填写保函的有效期，本业务填写“自申请人在担保行账户收到受益人70 500加元预付款之日起3个月内有效，或在担保行向受益人兑付保函金额之日起失效”。

（9）反担保措施。该栏目填写反担保措施，一般包括银行授信、保证金、抵押、质押和信用反担保五种形式。本业务应该填写银行授信项目，填写占用授信额度“CAD 70 500.00”。

表 9-2　　开立银行保函申请书

中国银行上海分行：

我公司于2015年3月30日在中国上海与LK Chamit Inc. 公司签订了GPS跟踪器的出口合同（编号：RM150329），数量为5 000 pcs，总金额为CAD 235 000.00。根据该合同第 9 条约定，我公司需向对方提供一份由银行出具的保函。为此，特请求贵行为我公司出具保函。保函的基本条款是：

（1）申请人（英文名称、地址）：SHANGHAI ZHUOYUE TRADING CO.，LTD.
NO. 5 LANXI ROAD，SHANGHAI，CHINA

（2）受益人（英文名称、地址）：LK Chamit Inc.
No. 876 Walk Road，Vancouver，Canada

（3）保函种类：预付款保函

（4）担保币种及保函金额（大写）：CANADIAN DOLLARS SEVENTY THOUSAND AND FIVE HUNDRED ONLY

（5）保函开立方式：□电开
☒信开
☒直开
□转开，转开行名称＿＿＿＿＿＿

（6）保函传递方式：☒直交 ☒由贵行邮寄给受益人
□由我公司送达受益人
□转交，转递行名称＿＿＿＿＿＿

（7）保函索偿条件：1）受益人出具的申请人违约的书面索款书；
2）中国银行温哥华分行对受益人签字真实性的书面声明。

（8）保函的有效期：自申请人在担保行账户收到受益人70 500加元预付款之日起3个月内有效，或在担保行向受益人兑付保函金额之日起失效。

（9）反担保措施：☒授信额度，本次占用额度 CAD 70 500.00 ；
□保证金，币种和金额＿＿＿＿＿＿；
□抵押，抵押物名称＿＿＿＿＿＿；
□质押，质押物名称＿＿＿＿＿＿；
□信用反担保，反担保人名称＿＿＿＿＿＿。

作为保函申请人，我公司愿承担贵行因出具上述保函所产生的一切责任，并承诺如下：

一、在保函有效期内，如受益人按保函约定要求贵行履行担保义务对外偿付时，贵行无须事先征得我公司的同意即可对受益人付款，同时借记我公司在贵行开立的账户，或通知我公司，我公司在接到贵行付款通知书后立即偿付贵行的垫款及相关费用。

二、如我公司因故未能及时偿付上述款项，贵行可对本担保项下反担保方或抵押的财产主张权利，用以对外偿付或清偿贵行的垫款及相关费用。

三、贵行只处理单据或证明，对其所涉及的基础合同纠纷不负任何责任。贵行在处理单据或证明时，对其真伪及邮寄过程之延误、遗失不负任何责任。

申请人（公章）上海卓越贸易有限公司
法定代表人：
或授权代理人：王芳
2015年3月30日

工作任务2　担保行制作银行保函

【步骤1】担保行受理开立银行保函的申请

担保行要从以下几方面审查保函申请：（1）申请人的资信情况，特别是财务状况；（2）申请书有关内容的填写是否正确；（3）申请书的责任划分是否合理；（4）申请人的偿付承诺是否肯定和清楚；（5）抵押物品及反担保措施；（6）担保项目的可行性；（7）合同商品的市场行情和价格走势；（8）所采取的结算工具和结算方式。

通过审核，担保行决定是否同意申请人的请求开立保函。

【步骤2】银行业务员根据开立银行保函申请书的内容，整理相关开立保函的资料如下，准备开立保函（见表9-3）

（1）银行保函开立的日期：Mar. 30，2015　号码：No. 20150083

（2）银行保函的受益人：LK Chamit Inc.

No. 876 Walk Road，Vancouver，Canada

（3）银行保函对应合同的基本信息：

Contract No. RM150329 dated Mar. 30，2015 with you，for the supply of GPS Tracker.

（4）银行保函的金额、担保行的承诺和索偿条件：

CAD 70 500.00（In word：CANADIAN DOLLARS SEVENTY THOUSAND AND FIVE HUNDRED ONLY）.

irrevocably undertake to pay

（5）银行保函的生效和有效期：

This guarantee is valid until the 3rd month after the effective date of this guarantee.

（6）银行保函适用的国际惯例：

Uniform Rules for Demand Guarantees，ICC Publication No. 758.

表9-3　　银行保函

LETTER OF GUARANTEE

To：LK Chamit Inc.
No. 876 Walk Road，Vancouver，Canada
Dear Sirs，

Re：Our Irrevocable Guarantee No. 20150083

We have been informed that Shanghai Zhuoyue Trading Co.，Ltd.（hereinafter called "the Principal"）has entered into the Contract No. RM150329 dated Mar. 30，2015 with you，for the supply of GPS Tracker.

Furthermore，we understand that，according to the conditions of the contract，you are required to make an advance payment to the Principal of amount CAD 70 500.00，being 30% of the total price against an advance payment guarantee.

This being stated, we, Bank of China, Shanghai Branch (address: No. 215 Beijing South Road, Shanghai, China), hereby irrevocably undertake to pay you, upon your first demand, any sum not exceeding CAD 70 500.00 (In word: CANADIAN DOLLARS SEVENTY THOUSAND AND FIVE HUNDRED ONLY), upon our receipt of your duly signed demand for payment in writing stating that the Principal is in breach of his obligation (s) under the contract.

For the purpose of identification, your written request for payment has to be presented through Bank of China (Canada), Vancouver Branch (SWIFT CODE: BKCHCATTVAN), confirming that the signatures thereon are legally binding upon you.

This Guarantee shall only become effective and operative once the above-mentioned advance payment is received by the Principal into their A/C No. 3802024968930035 held with us.

This guarantee is valid until the 3rd month after the effective date of this guarantee. The guarantee shall automatically become null and void if your written request for payment together with a bank confirmation of your signatures is not in our possession at our above address on or before that date.

This guarantee is subject to the Uniform Rules for Demand Guarantees, ICC Publication No. 758.

This guarantee shall be governed by the law of China and all parties are hereto subject to the jurisdiction of the courts of China.

For and on Behalf of

BANK OF CHINA, SHANGHAI BRANCH

Authorized Signature (s)

知识链接

一、银行保函的内涵

银行保函（Bank's Letter of Guarantee，L/G）又称银行保证书，是指银行根据申请人的请求向受益人开立的，担保在申请人未能按双方协议履行其责任或义务时，担保人代其履行一定金额、一定期限范围内的某种支付责任或经济赔偿责任。

银行保函作为经济交易的备用书面担保凭证，其主要作用是以银行信用为手段来保护受益人的经济利益，促进交易活动的顺利进行。在一般的国际经济交易合约中，虽然已经规定了合约当事人各方的权利和义务，并对双方具有一定的约束力，但这种约束力是以商业信用为基础的，即取决于交易双方的信誉，因此其保障作用有一定的局限性。在银行保函中，银行信用介入其中作为履约担保，容易取得对方的信用从而促成交易的实现。因此，银行保函使交易双方履约义务受到了双重的信用保障，其性质是一种备用的银行信用。

二、银行保函的当事人

（一）申请人

申请人（Applicant）即委托人，是向银行提出申请开立银行保函的一方。在国际经济业务中，申请人是与受益人订立货物买卖、劳务合作、资金借贷或其他国际经济交易合同的执行人。申请人的主要责任是：严格按照合同的规定履行自己的义务，避免保函项下发生索偿和赔偿；一旦发生索赔，在担保银行按照保函规定向受益人做出赔付后应立即偿还担保行所做的全部支付；承担保函项下的一切费用和利息；在担保行认为必要时，预支担保保证金，提供反担保。

（二）受益人

受益人（Beneficiary）是接受保函，并在申请人违反基础合约的前提下，有权按保函规定向开立保函的银行索偿的一方。受益人的主要责任和权利是：履行合同义务；在申请人未履行合同规定的义务时，有权向担保行提出索偿要求；索偿时应按保函规定提交符合要求的索偿证明或有关单据。

（三）担保行

担保行（Guarantor or Surety）即接受申请人的委托，向受益人开立保函并承担申请人违约时付款责任的银行或其他金融机构。担保行的主要责任就是在受益人提出合理索赔时按保函规定的条件赔付。在开立保函前，担保行有权对担保内容、申请人的资信、履约能力及经营作风等进行综合审查以决定是否出具保函，有权拒绝开立他认为不能或不愿承担义务的保函，有权根据保函条件要求申请人提供反担保，有权根据付款金额和风险责任大小向申请人收取手续费。在向受益人赔付后，担保行有权向申请人或反担保人索偿。如果申请人不能立即偿还担保行已支付的款项，担保行有权处置保证金或抵押品；如果处置后仍不足抵偿，担保行有权向申请人追索不足部分。

（四）通知行或转递行

通知行（Advising Bank）或转递行（Transmitting Bank）是指受担保行委托，将保函通知或转递给受益人的银行，通常为受益人所在地银行。通知行或转递行的责任是：负责保函表面真实性的审核，并将表面真实的保函及时通知或转递给受益人。通知或转递保函后，银行有权按规定向担保行、申请人或受益人收取费用。银行对保函内容正确与否不负责任，对保函在邮递过程中可能出现的延误和遗失等问题也不负责任。

（五）保兑行

保兑行（Confirming Bank）是指对保函加具保兑的银行。保兑行和担保行对受益人共同承担连带责任，从而使受益人得到双重担保。通常在担保行的信誉和资金实力较差或处于外汇紧缺、政治经济局势动荡的国家时，受益人可以做出以下选择来保障自己的利益：一是要求由国际性大银行或本国银行对原保函加具保兑，这种方式下接受担保行的要求对保函加具保兑的银行就是保兑行；二是要求本国银行另开保函，这种方式就形成了转开保函，出现反担保行和转开行这两个当事人。

（六）反担保行和转开行

处于申请人所在地并接受申请人要求而向受益人所在地银行发出开立保函委托指示的银行称为反担保行（Counter Guarantor）（也称为指示行）；而受托行是实际上的担保行，此时也称为转开行（Reissuing Bank）。

三、银行保函的种类

（一）出口类保函

1. 投标保函

在国际招投标业务中，投标人在提交标书时，应通过银行向招标人开具一份经济担保书，即投标保函（Tender Guarantee）。银行在保函中承诺：（1）投标人在投标截止日以前投递的标书，有效期内不得撤回；（2）投标人中标后，必须在收到中标通知后的规定时间内签订合同；（3）投标人在签约时，提供一份履约保函。

若投标人不能履行以上责任，则招标人有权没收投标保证金（一般为标价的3%～5%）作为损害赔偿。投标保函的有效期限一般是从投标截止日起到确定中标人为止。若保函到期评标时间还未到，招标人要通知投标人延长保函有效期。投标保函在决标结束之后应退还给承包商。

2. 履约保函

履约保函（Performance Guarantee）是银行或其他金融机构应商品买卖、劳务合作或其他经济合同当事人的申请，向合同的另一方当事人发出的保证书，保证若申请人未及时按合同条款履行其义务，则将对受益人支付一定金额限度以内的款项或根据保证书条款采取措施来履行合同义务。

在商品进出口交易中，履约保函既可由进口商通过银行向出口商开具，也可由出口商通过银行向进口商开具。进口商申请开立履约保函是为了保证自己会按合同条款按时付款；而出口商申请开立履约保函是为了保证自己会按合同条款按时、按质、按量交货。出口履约保函金额通常占合同总价的10%左右。

在国际工程承包业务中，履约保函是中标人通过银行向招标人开具的，保证在合同执行期间按合同规定履行其义务的经济担保书。这主要是为了担保中标后，投标人将按照合同规定在工程全过程按时按质按量履行其义务。保函金额一般为合同总额的5%～10%，履约保证金随工程进度按比例退还。履约保函的有效期限从提交履约保函起，到项目竣工并验收合格为止。

3. 预付款保函

预付款保函（Advance Payment Guarantee）又称还款保函（Repayment Guarantee），

在买卖合同下还可以称为定金保函（Down Payment Guarantee），是指卖方或承包方委托银行向买方或业主出具的，在不能履约时保证退还与预付款等额的款项，或相当于合约尚未履行部分相应比例的预付金款项的一种保函。

（二）进口类保函

1. 付款保函

付款保函（Payment Guarantee）是担保行对合同某一方在合同项下的付款责任所做出的担保。它是由买方或业主向担保行申请开立的，向卖方或承包方所出具的一种旨在保证货款支付或承包工程进度款支付的保证文件。付款保函的有效期为合同规定的付款期限，付款保函的金额应为基础合同金额，若申请人已经支付了一定比例的定金，则应为扣除定金后的未付金额。

2. 租赁保函

租赁保函（Leasing Guarantee）是指承租人根据租赁协议的规定，委托银行向出租人开立的用以担保承租人履行合同按时缴纳租金的付款保证承诺。当承租人未能按时支付租金时，出租人可以凭借租赁保函要求担保行代付拖欠的租金及产生的利息。租赁保函的最高金额应等于各期租金的总和，租赁保函的生效日一般为开立之日或租赁协议生效日，失效日一般为最后一笔租金的付清之日。

3. 提货保函

在国际贸易特别是近洋贸易中，有时会出现货物比单据先到达目的港的情况。进口商在尚未收到正本提单或提单在邮寄途中遗失的情况下，如果希望及时提取货物，以减少码头仓储费用和避免货物压舱变质，或是为了赶上最佳销售季节以尽早获得转售利润，可以向银行申请开立提货保函（Shipping Guarantee），以船公司为受益人，要求船公司允许进口商不凭正本提单提货。

四、银行保函业务流程

（一）申请人申请开立保函

保函申请人要求银行出具保函，一般应履行三个手续：第一，填写开立保函申请书或与担保行签订委托担保协议；第二，提交一定的保证金或其他形式的反担保；第三，提供有关的业务参考文件（如标书、合同、有关的契约、协议等）。

保函申请书的内容应包括：（1）保函申请人的名称及地址、电话、电传机、业务联系人等；（2）保函受益人的名称及地址；（3）有关合同号、标号或项目名称等；（4）保函金额、种类和有效期；（5）保函的开立方式；（6）保函签发手段；（7）申请人希望选用的转交、转开行或加保的国外银行名称及地址；（8）申请人对担保行所做出的承诺；（9）担保行和申请人各自的权利和义务，以及担保行可能的免责条款；（10）申请人希望采用的保函格式；（11）申请人的有效签章等。

（二）担保行审查

反担保或财产抵押是银行对外开立保函必不可少的前提条件，也是维护担保行利益不受损失的基本保证。反担保是一个具有经济偿还能力的第三方作为反担保人向担保行保证在他履行担保责任向受益人做出赔付后，若无法从申请人那里得到相应的补偿，则由反担保人向银行做出赔偿。出具反担保的可以是另一家银行，也可以是非银行金融机构或其他有经济偿还能力的经济实体。反担保必须是不可撤销的，其责任条款也应与银行对外出具的保函责任条款一致，其有效期应略长于保函的有效期。如果申请人以财产抵押，担保行应特别注意抵押财产是否合法、是否在保险公司投保等。

（三）担保行开立保函

1. 直接保函

直接保函（Direct Guarantee）是担保行受申请人的委托直接开立保函交给受益人，并凭此直接向该受益人承担担保责任的一种方式。就保函的传递方式来说，直接保函可以分为担保行开立保函后将其直接寄交或由申请人自行代交受益人（直交），或者转请受益人所在地另一家银行代为转交给受益人（转交）这两种方式。直接保函是最基本的一种开立保函的方式。

直交保函的开立流程如图 9－1 所示。

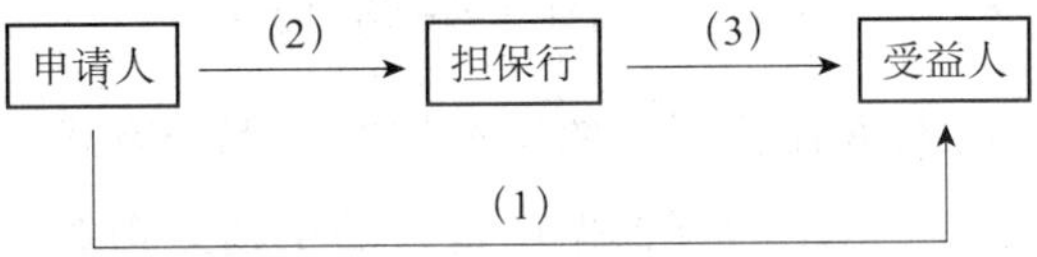

图 9－1　直交保函的开立流程

图中：(1) 申请人与受益人在合同中约定使用直接保函方式；(2) 申请人与担保行签订偿付保证合同，委托担保行向受益人出具保函；(3) 担保行对申请人的情况做出全面审查后，开立直接保函，并将其发给受益人。

转交保函的开立流程如图 9－2 所示。

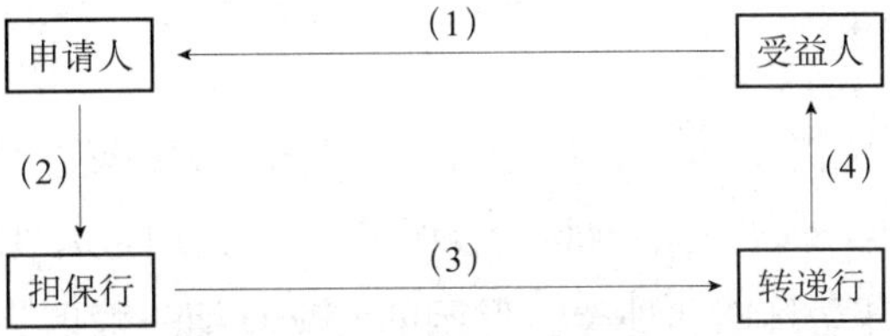

图 9　2　转交保函的开立流程

图中：(1) 申请人与受益人在合同中约定使用直接保函方式；(2) 申请人与担保行签订偿付保证合同，委托担保行向受益人出具保函；(3) 担保行对申请人的情况做出全面审查后，开立直接保函，并将其发给位于受益人所在地的转递行；(4) 转递行审核保函无误后将其交给受益人。

一旦申请人违约，受益人凭直接保函要求的索赔书和其他单据向担保行索赔，担保行向受益人支付赔款之后，凭受益人交来的索赔书和其他单据，转向申请人要求偿付。

2. 间接保函

当受益人要求保函由其本地银行出具，而申请人与受益人所在地银行并无经济往来时，申请人只能请自己所在地银行向一家受益人所在地银行开出一份反担保函，要求其向受益人出具保函，这种保函就是间接保函（Indirect Guarantee）。

在间接保函业务中，申请人所在地的银行被称为指示方，又称为反担保行；受益人所在地直接向受益人开立保函的银行称为担保行，也称为转开行。反担保函是指示方与担保行之间的约定，通常包括两方面的内容：一是指示方向担保行发出担保指示，要求其向指定受益人开立保函；二是指示方向担保行保证在收到与反担保函相符的付款要求和单据时即向其履行付款责任。而担保函则是担保行与受益人之间的约定。

间接保函的开立流程如图 9－3 所示。

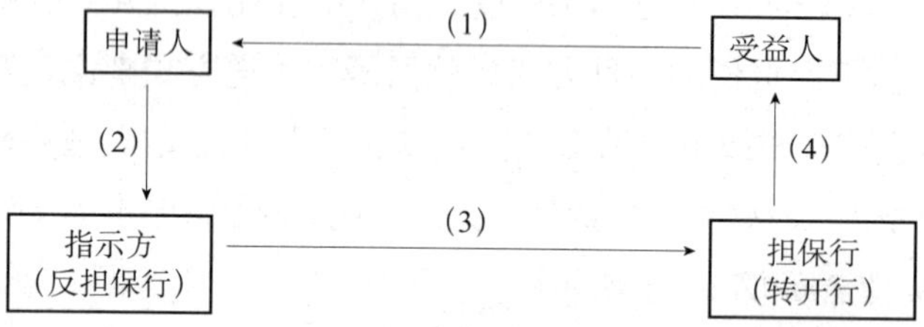

图 9－3　间接保函的开立流程

图中：(1) 申请人与受益人在合同中约定使用间接保函方式；(2) 申请人向指示方提交保函申请开立反担保函；(3) 指示方根据申请人的申请向担保行开立反担保函；(4) 担保行根据反担保函的指示向受益人开立保函。

担保行开出保函后，在有效期内，一旦申请人违约，受益人凭间接保函要求的索赔书和其他单据便可向担保行索赔。担保行向受益人支付赔款之后，根据指示方发出的反担保保函，向指示方提交受益人交来的索赔书和其他单据，向指示方要求偿付。指示方根据反担保函偿付担保行后，向申请人追偿款项。

五、银行保函的内容

(1) 保函当事人（包括申请人、担保行、受益人和通知行等）的完整名称和详细地址。

(2) 基础合同的内容，如合同的内容、合同编号、开立日期、签约双方和有无修改等。

(3) 保函的编号、开立日期和种类。保函的开立日期一般即为保函的生效日期，注明保函的开立日期有利于确定担保行的责任。

(4) 保函的金额和货币名称。保函金额大小根据保函种类不同而不同，大小写应该一致。

(5) 保函的担保期限。保函的担保期限即保函的有效期，即从保函的生效日期到失效日期。只有在保函的有效期内，担保行才承担保证责任。受益人必须在规定的期限内向担保行提出赔付要求，否则担保行可以不付款或不履行赔偿义务。同时，明确规定保函的期限也是担保行向申请人收取担保费用的依据之一。

（6）保函的担保责任。这是银行保函的主体内容和核心，重点应是担保行所承诺的担保责任，包括对履行条件和环境的种种变化的预测和方法等。

（7）保函的索偿条件和办法。索偿条件是说明受益人在什么条件下才能向担保人索偿，需要提交哪些必要的证明文件。索偿办法是指受益人向担保行提出索偿的方式（如信索或电索）和线路（是否通过通知行）等。

（8）保函的适用法规和仲裁条款。这里说明该保函适用《见索即付保函统一规则》还是适用《合约保函统一规则》，或者是适用担保行所在地相关法规，以及发生保函项下纠纷时处理纠纷的仲裁机构。

六、MT760 报文

当担保行要用电开方式开立银行保函时，需使用 MT760 报文。MT760 的报文名称是保函（Guarantee），包括的项目情况见表 9－4。

表 9－4　　MT760 报文内容

M/O	Tag（项目编号）	Field Name（项目名称）	说明
M	27	Sequence of Total	页序
M	20	Transaction Reference Number	发报行的编号。如果报文系开出保函，该项目则列明保函号码；如果报文系要求开立保函，该项目则列明该要求（即该反担保）的编号
M	23	Further Identification	报文性质。该项目内容为以下某一代码，表示报文性质：ISSUE 表示报文系开出保函；REQUEST 表示报文系要求开立保函
O	30	Date	日期。如果报文系开出保函，该项目则列明保函开立日期；如果报文系要求开立保函，该项目则列明该要求日期；如果报文未用此项目，那么开立保函的日期或要求开立保函的日期即为报文发送日期
M	77C	Details of Guarantee	保函详细内容
O	72	Sender to Receiver Information	附言。可能出现的代码：/TELEBEN/表示请用快捷的有效电讯方式通知收款行，/PHONBEN/表示请用电话通知收款行（后跟电话号码），/BENCON/表示要求收报行答复该保函条款是否被受益人接受

七、银行保函的修改

银行保函在其有效期内可以修改。导致修改保函的原因有很多，如交易货物或工程项目所需机器设备价格变动所引起的保函金额的增减、交易或工程项目的延期所引起的保函有效期的延长或缩短等。

保函的修改必须经有关当事人一致同意后才可进行，而且保函修改应由申请人与受益人对修改内容取得一致意见后，由申请人向担保行提出书面的修改申请。申请中应列明原保函的编号、开立日期、金额、有权签字人的签字和公章、要求修改的详细条款以及一切因修改而引起的责任条款，并附受益人要求或同意修改的意思表示供担保行参考。担保行根据申请人的修改要求、内容和风险程度，经审查认为修改申请可以接受后，方可向受益人发出修改函或修改电。由保函修改引起的相应费用由担保行按规定收取。

八、银行保函项下的索赔

如果申请人在履行合同义务时违约，受益人就可以凭借保函所规定的索赔单据或证明文件向担保行索赔。担保行应该以保函的索赔条款为依据对该项索赔是否成立进行严格审核，并在确认索赔单据及有关证明文件完全与保函索赔条款的规定相符合时，及时对外付款，履行其在该项保函中所承担的责任。

担保行对外付款后，可以立即向反担保人或申请人索赔，要求其偿还银行所支付的款项。在转开保函中，担保行在对受益人做出付款后，应将受益人提交的单据或文件，以及其出具的说明已收到合格索赔要求的书面申明毫不延迟地转交给反担保行。当反担保行审核担保行寄来的书面申请及受益人提供的索赔文件或单据发现不符点时，可以立即通知担保行拒付，并留存文件或单据等候处理；若审核无误，则反担保行应立即做出赔付，并从申请人处获得相应的金额。

九、银行保函的注销

保函到期后失效，担保行不再对任何可能发生的索赔负责，保函即可注销。在这种情况下的保函注销要符合两个条件：一是要求受益人在合同履行结束后立即将保函正本退回；二是由受益人签署文件，明确放弃保函项下的一切权利。此外，保函项下担保金额的全部支付也意味着保函的完结，担保行也可以据此办理注销手续。保函的注销意味着保函业务的运作程序结束。

能力实训

一、选择题

1. 开立保函申请书是（　　）代表一定的法律义务和责任划分的书面文件。

A. 申请人与担保行之间　　B. 申请人与通知行之间

C. 申请人与受益人之间　　D. 担保行与转递行之间

2. 卖方或承包方（申请人）委托银行向买方或业主（受益人）出具的，在不能履约时保证退还与预付款等额的款项，或相当于合约尚未履行部分相应比例的预付金款项的保函，称为（　　）。

A. 维修保函　　B. 履约保函

C. 保留金保函　　D. 预付款保函

3. 投标保函的申请人是（　　）。

A. 招标国政府　　B. 招标人

C. 投标人　　D. 中标人

4. 在（　　）中，担保人的偿付责任从属于或依附于申请人在交易合同项下的义务。申请人是否违约要根据基础合同的规定以及实际履行情况来做出判断，这往往使银行因卷入买卖双方的贸易纠纷而进退两难。

A. 从属性保函　　B. 独立性保函

C. 付款保函　　D. 透支保函

5. 不属于申请人的主要责任是（　　）。

A. 严格按照合同的规定履行自己义务，避免保函项下发生索偿和赔偿

B. 索偿时应按保函规定提交符合要求的索偿证明或有关单据

C. 承担保函项下的一切费用和利息

D. 在担保行认为必要时，预支担保保证金，提供反担保

二、判断题

1. 签发保函意味着担保行承担了一项确定的负债。因此，担保行出于自身利益的考虑，在签发保函之前往往要对申请人的资信情况及财务状况、担保品及反担保措施、项目可行性及效益、保函申请书或委托担保协议等内容进行详尽的审查。（　　）

2. 在向受益人赔付后，担保行有权向申请人或反担保人索偿。如果申请人不能立即偿还担保行已支付的款项，担保行有权处置保证金或抵押品；如果处置后仍不足抵偿，担保行自行承担该损失。（　　）

3. 见索即付保函的保证人承担第一性的、直接的付款责任，而有条件保函的保证人则只承担有条件的、第二性付款责任。（　　）

4. 银行保函的修改必须经有关当事人一致同意后，由受益人向担保行提出书面的修改申请。（　　）

5. 保函的担保期限即保函的有效期，只有在保函的有效期内，担保行才承担保证责任。所以，受益人必须在规定的期限内向担保行提出赔付要求，否则担保行可以不付款或不履行赔偿义务。（　　）

三、能力拓展

背景资料：2014 年 8 月 2 日，南京紫光电子科技有限公司与 Japan NTW Corporation 签订了数控冲床出口合同，内容见表 9－5。

表 9-5　　销售合同

SALES CONTRACT

No. MET193845　Date：Aug. 2，2014　Signed in：Nanjing，China

The Seller：NANJING ZIGUANG ELECTRONIC TECHNOLOGY CO.，LTD.
NO. 12 BEIJING SOUTH ROAD，NANJING，CHINA

The Buyer：JAPAN NTW CORPORATION
7-1，Marunouchi 2-Chome，Chiyoda-ku，Tokyo 100-3921，Japan

This Contract is made by and between the Buyer and the Seller，whereby the Buyer agrees to buy and the Seller agrees to sell the under-mentioned commodity according to the terms and conditions stipulated below：

1. Commodity & Specification	**2. Quantity**	**3. Unit Price**	**4. Amount**
		FOB Nanjing，China	
Mate-3（GX-80B）AAA's Precision High Speed Automatic Press Mate-3 with Gripper Feeder GX-80B and Standard ACC. & Optional ACC	1 SET	USD 300 000. 00/SET	USD 300 000. 00
Anex-30（GX-40B）AAA's Precision High Speed Automatic Press ANEX-3 with Gripper Feeder GX-40B and Standard ACC. & Optional ACC	1 SET	USD 350 000. 00/SET	USD 350 000. 00
Total	2 SETS		USD 650 000. 00
Total Contract Value：U. S. DOLLARS SIX HUNDRED AND FIFTY THOUSAND ONLY			

5. Country of Origin：China

6. Time of Shipment：Before Sept. 20，2014，transshipment is allowed and partial shipment is not allowed.

7. Port of Loading and Discharge：From Nanjing，China to Tokyo，Japan.

8. Insurance：Covered by the Buyer.

9. Packing：Export standard packing suitable for sea transportation and well protected against dampness，moisture，shock，rust and rough handling. The Seller shall be liable for any damage to the goods on account of improper packing and for any rust damage attributable to inadequate or improper protective measures taken by the Seller，and in such case or cases all expenses incurred in consequence thereof shall be borne by the Seller.

10. Terms of Payment：

1）The Buyer shall establish 100% irrevocable L/C at sight in favor of NANJING ZIGUANG ELECTRONIC TECHNOLOGY CO.，LTD.

2）The Seller shall submit Letter of Guarantee issued by authorized Chinese bank in favor of the Buyer at the time of shipment. Letter of Guarantee shall cover 10% of contract amount being USD 65 000. 00 and expired at 2 months after the time of shipment. Letter of Guarantee shall be returned to the Seller within one week after the completion of installation at buyer's factory.

Seller's Accounting Bank：Bank of China，Nanjing Branch
SWIFT CODE：BKCHCNNJ620
A/C NO. 38003951176
Buyer's Accounting Bank：Bank of Tokyo-Mitsubishi UFJ，Ltd.
SWIFT CODE：BKCHTKMUFJ
A/C NO. 59320238529

10. Other Terms：Omitted

This contract is made in two original copies and becomes valid after both parties' signature，one copy to be held by each party.

THE SELLER NANJING ZIGUANG ELECTRONIC TECHNOLOGY CO.，LTD. 李骏	THE BUYER JAPAN NTW CORPORATION **KaoRu Doka**

2014 年 8 月 10 日，南京紫光电子科技有限公司外贸单证员李骏根据合同和以下信息填制开立银行保函申请书，并准备相关申请材料到开户行中国银行南京分行申请开立银行保函。

（1）银行保函的开立方式为电开、直开。

（2）保函索偿条件：①受益人出具的申请人违约的书面索款书；②Bank of Tokyo-Mitsubishi UFJ，Ltd. 对受益人签字真实性的书面声明。

（3）银行保函采用保证金为反担保形式，保证金比例为银行保函金额的 80%。

2014 年 8 月 20 日，中国银行南京分行通过审核，同意为南京紫光电子科技有限公司开立银行保函，并制作编号为 LG201408193 的 MT760 报文，要求收报行答复该保函条款是否被受益人接受。

[工作任务 1] 申请人根据销售合同填制开立银行保函申请书。

[工作任务 2] 担保行受理银行保函申请，并根据开立银行保函申请书制作银行保函 MT760 报文。

学习情境十

跨境电商结算

学习目标

能力目标：

能及时进行付款和收款

知识目标：

1. 熟悉跨境电商收款途径（国际支付宝收款、PayPal 收款、手机支付收款）等
2. 熟悉速卖通平台收款规则
3. 了解其他跨境第三方电商平台收款方式

工作项目

上海蓝宇电子商务有限公司的跨境专员陈晓霞根据公司的安排，要先建立公司的国际支付宝账户，熟悉公司收付款账户基本管理。蓝宇公司在按时发货完毕后，陈晓霞根据经理要求，准备及时办理速卖通平台货款，处理好已发货物的催收款工作。在收完款项后，按照公司要求进行提现。

工作任务 1：建立公司的国际支付宝账户

工作任务 2：熟悉国际支付宝账户管理

工作任务 3：根据实际业务进行催款工作

工作任务 4：对国际支付宝账户进行提现

操作示范

工作任务 1　建立公司的国际支付宝账户

【步骤 1】访问 Alipay 系统，进行公司支付宝账户认证。

登录 www. alipay. com，通过“我的速卖通”→“交易”→“支付宝国际账户”，找到认证入口，如图 10－1 所示，点“申请认证”。

图 10－1　支付宝账户申请认证

【步骤 2】填写认证信息，如图 10－2 所示，点击继续。

图 10－2 支付宝实名认证信息

【步骤 3】确认后，进入填写信息页面，如图 10－3 所示，正确填入公司名称、营业执照注册号和校验码。

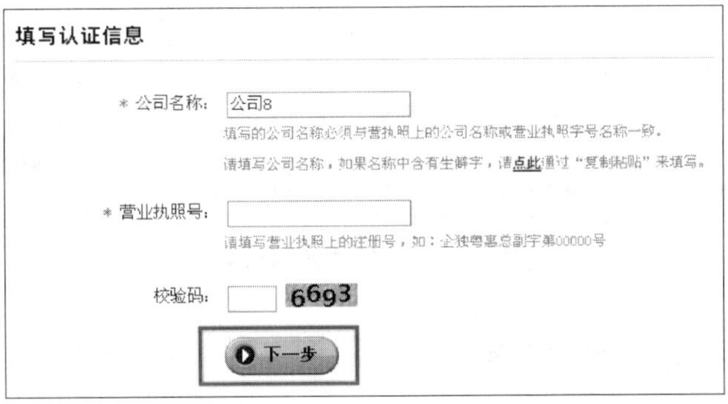

图 10－3 认证信息填写

【步骤 4】核对提交的信息是否正确，确认无误，点击“下一步”，进入审核页面，如图 10－4 所示；审核成功后，请等待客服工作人员对营业执照信息的审核，如图 10－5 所示。

图 10－4 信息审核状态

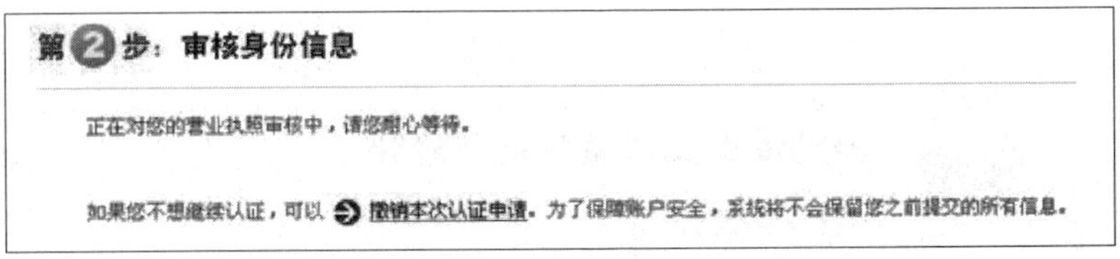

图 10－5 身份信息审核

【步骤 5】商家信息审核成功后，平台会提示将在 1～3 个工作日内给您的银行卡打款，如图 10－6 所示；进行确认后继续操作，平台会提示确认汇款金额完成，如图 10－7 所示；

点击“继续”进入金额款额，请您查询近期对公银行账户中支付宝打入的小于 1 元的金额，如图 10－8 所示。

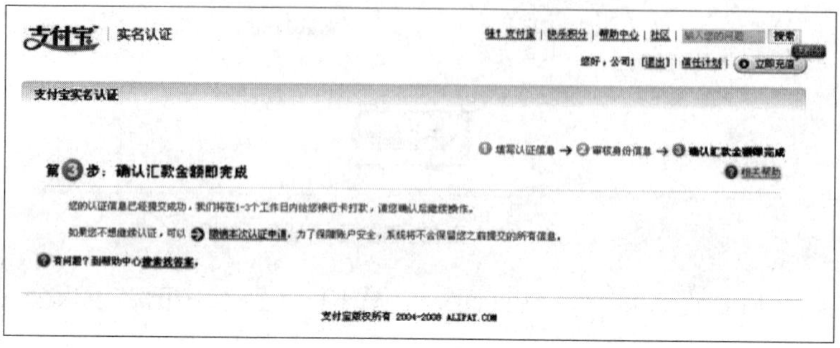

图 10－6　平台提示打款

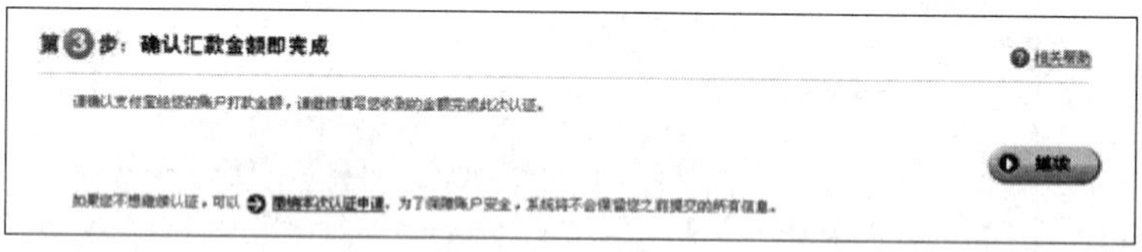

图 10－7　打款金额确认

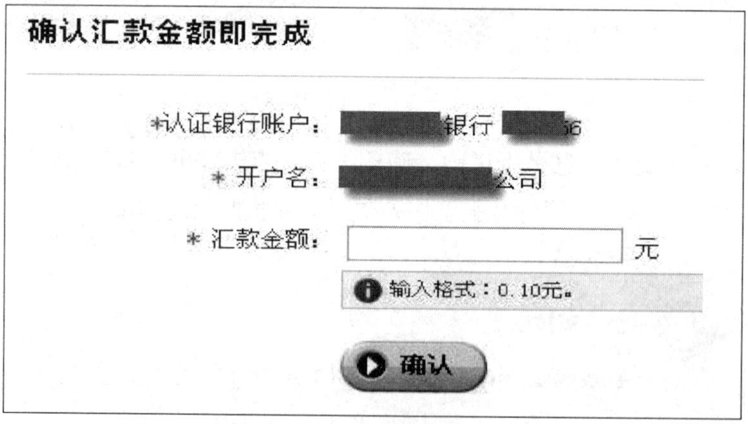

图 10－8　确认汇款金额

【步骤 6】确认金额成功后，即完成整个商家认证，如图 10－9 所示。

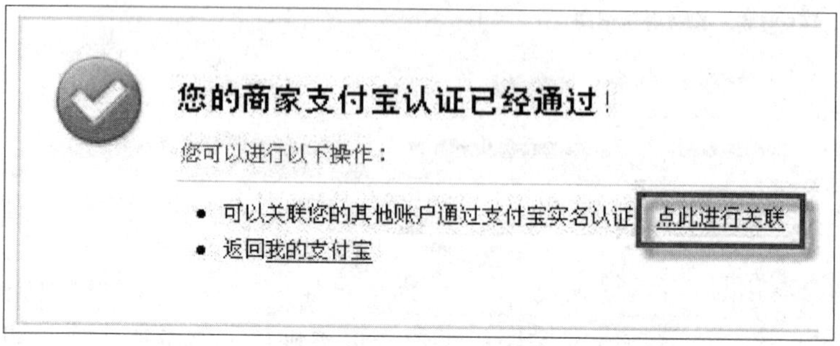

图 10－9　商家认证完成

工作任务2 熟悉国际支付宝账户管理

【步骤1】 登录Alipay系统，在首页点击“我的账户”即可查询账户信息，包括人民币账户、美元账户下的资金信息（可提现金额和冻结金额），提现银行账户信息，以及用户最近的活动记录，如图10－10所示。

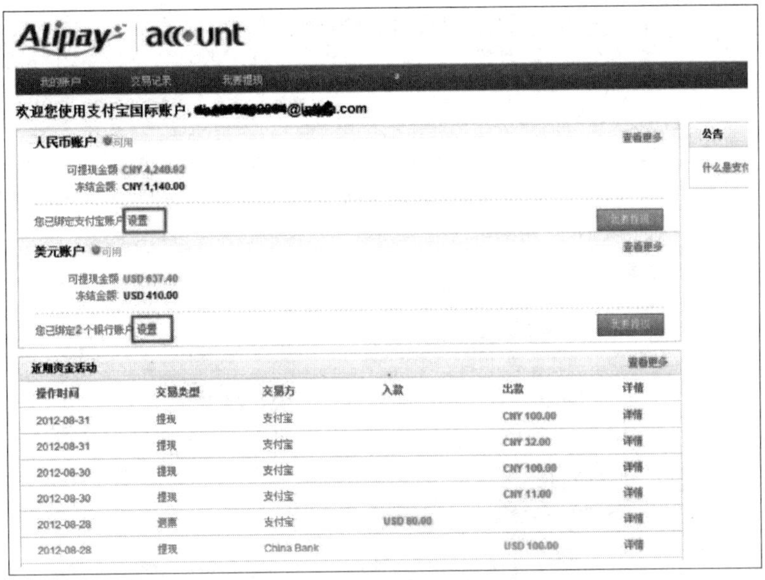

图10－10 国际支付宝账户

【步骤2】 设置国际支付宝银行账。点击“交易”→“银行账户管理”，进入“收款账户管理”界面，点击“创建美元收款账户”，如图10－11所示。

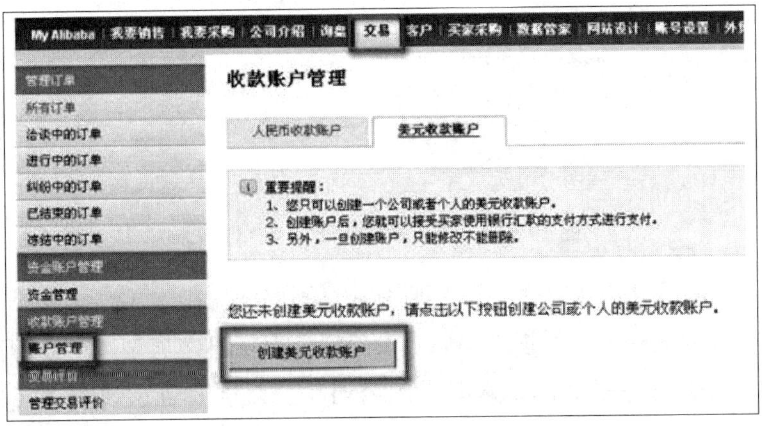

图10－11 创建美元收款账户

用户可以在此添加美元或人民币账户提现银行账号。美元账户提现银行账号需要区分是个人账户还是公司账户。用户可以支持一个人民币账户提现银行账号，人民币账户提现银行账号目前仅支持国内支付宝账号。支付宝账户必须通过实名认证。

【步骤 3】选择账户后，依次填写“开户名（中文或英文）”“开户行（中文或英文）”“Swift Code”“银行账号”等必填项，如图 10－12、图 10－13 所示。填写完毕后，点击“保存”按钮。

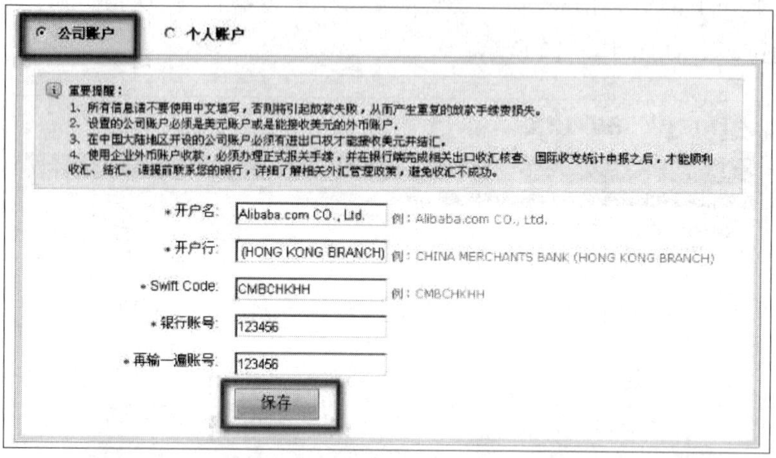

图 10－12　银行账户认证（公司账户）

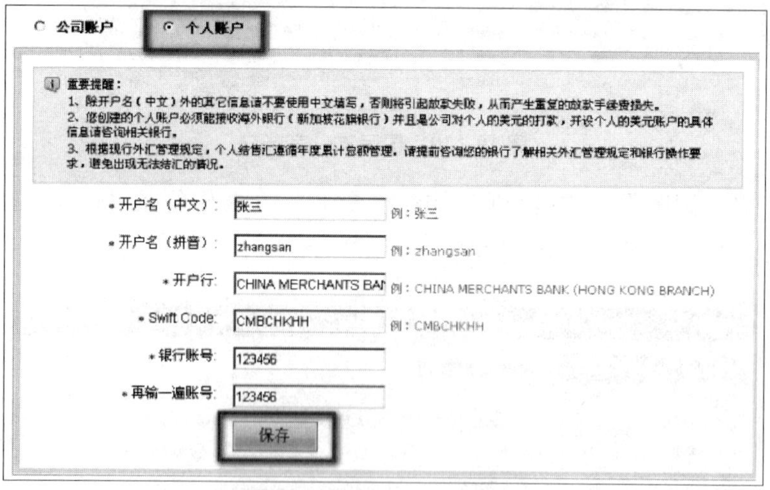

图 10－13　银行账户认证（个人账户）

设置公司账户要注意以下几点：(1) 所有信息不要使用中文填写，否则将引起放款失败，从而产生重复的放款手续费损失；(2) 设置的公司账户必须是美元账户或是能接收美元的外币账户；(3) 在中国大陆地区开设的公司账户必须有进出口权才能接收美元并结汇；(4) 使用公司账户收款的订单，必须办理正式报关手续，才能顺利结汇。

设置个人账户要注意以下几点：(1) 除开户名（中文）外的其他信息不要使用中文填写，否则将引起放款失败，从而产生重复的放款手续费损失；(2) 客户创建的个人账户必须能接收海外银行并且是公司对个人的美元的打款；(3) 收汇没有限制。个人账户年提款总额可以超过 5 万美元；（4）注意结汇必须符合外汇管制条例，即每人 5 万美元结汇限额。

工作任务 3　根据实际业务进行催款工作

客户下单后，可能会因种种原因未完成支付。这些原因归纳起来主要有：（1）客户犹豫到底要不要下单；（2）客户在选择货物时出现了一些问题；（3）客户觉得价格高。针对不同的情况，要和客户及时沟通，进行处理。

（1）若客户犹豫到底要不要下单，可以稍微催促客户，甚至用库存紧张或产品即将失效为由，给客户留言，如：

Dear friend,

Thank you for your order! We will send out the package as soon as possible after your payment.

Dear friend,

Do I need to leave one of the products for you, as this item will soon run out of stock?

（2）若客户在选择货物时出现了一些问题，卖家应该让客户感受到良好的服务，如：

Dear friend,

We have got your order. But it seems that the order is still unpaid. If there is anything I can help with the price, size, shipment etc., please feel free to contact me. After the payment is confirmed, I will process the order and ship it out as soon as possible. Thanks!

（3）若客户觉得价格高，卖家可以进行价格调整。卖家先找到相应的订单号，然后点开，出现如图 10－14 所示的订单详情信息，显示状态为“等待买家付款”。卖家在线与买家核对信息后，点击“调整价格”，出现如图 10－15 所示的调整价格对话框，在涨价或折扣栏中填入相应的折扣金额，如折扣 2 美元，写入“－US＄2”，并注明合适的调价原因，点击保存，完成卖家价格调整。

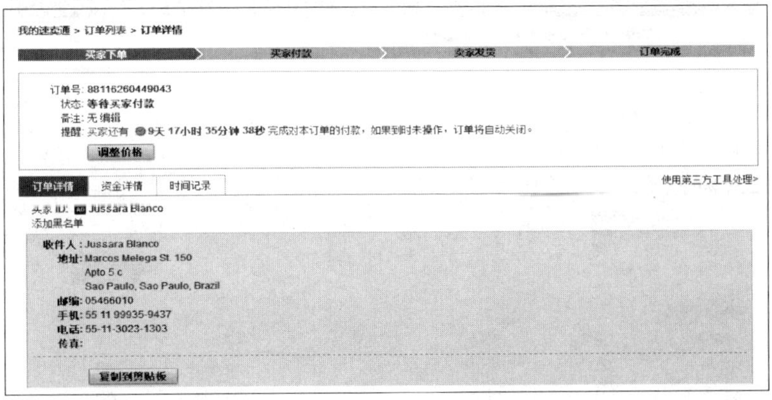

图 10－14　卖家可做调整的订单

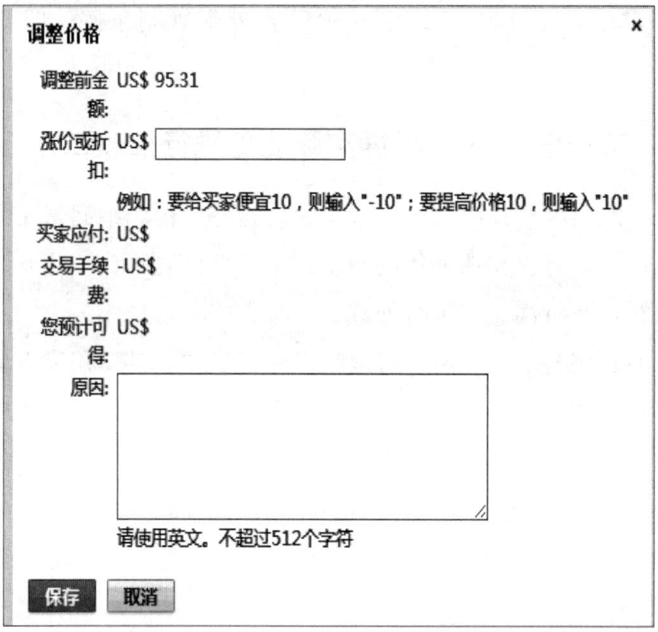

图 10－15　调整价格对话框

价格调整完后，再给客户留言，如：

Dear friend,

We have decrease the price by 2 U. S. dollars. Please take this advantage, as this price is only valid for three days.

工作任务 4　对国际支付宝账户进行提现

【步骤 1】 查看“我的账户”信息，可以查看到可提现的人民币金额和美元金额，以及冻结的人民币金额和美元金额。如图 10－16 所示，点击人民币或美元对应的“我要提现”按钮。

图 10－16　国际支付宝账户

【步骤 2】 输入您要提现的金额，如图 10－17 所示，点击“下一步”按钮，到达提现信息确认页面，如图 10－18 所示。注意：由于每一次美元账户提现都要扣除银行收取的 20 美元的手续费，以及花旗银行要求到账金额必须大于 1 美元，所以美元提现金额必须大于 21 美元。人民币账户提现不收取手续费。

图 10－17　美元账户提现

图 10－18　美元账户提现信息确认

【步骤 3】 确认提现信息后，输入支付密码，点击“确认”按钮。如果支付密码正确，系统会进行手机验证，发送验证码到用户绑定的手机，用户输入正确的验证码后确认提交，如图 10－19 所示，即可提现成功。

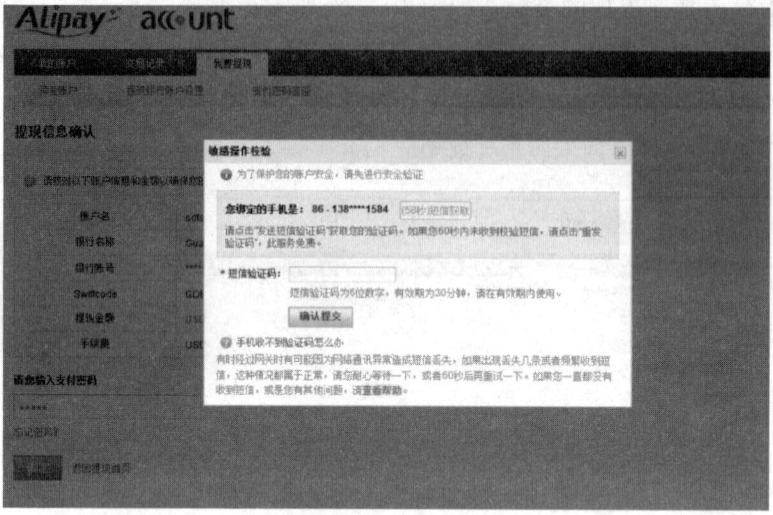

图 10-19　提现校验

知识链接

一、跨境电商支付的含义

跨境电商支付是指在跨境电商平台上完成销售后的资金收回的过程，是建立在整体电商运营框架基础上的一个重要环节。

二、跨境电商支付方式

（一）国际支付宝

1. 国际支付宝的含义

阿里巴巴国际支付宝由阿里巴巴与支付宝联合开发，是为了保护国际在线交易中买卖双方的交易安全所设的一种第三方支付服务。国际支付宝账户（Alipay Account）是支付宝为从事跨境交易的国内卖家建立的资金账户管理平台，包括对交易的收款、退款、提现等主要功能。国际支付宝账户是多币种账户，包含美元账户和人民币账户。目前只有AliExpress（速卖通）与阿里巴巴国际站会员才能使用。

Alipay系统上线后，提现功能较之前有了一些改变，用户提现不再限制在100笔交易金额之内，而是可根据自身需要对账户中“可提现金额”做全部或者部分提现，大大降低了用户的提现成本。

2. 国际支付宝的优势

(1) 支持多种支付方式。目前，国际支付宝支持信用卡、T/T银行汇款、PayPal等多种支付方式，后续将会有更多的支付方式接入进来。

（2）收款有安全保障。国际支付宝遵照的是一种第三方支付服务，而不是一种支付工具，它遵照“先收款，后发货”的原则，全面保障卖家的交易安全。由于国际支付宝具有独有的风控体系，因此可以保障卖家在交易中免受信用卡盗卡的欺骗，而且只有当且仅当国际支付宝收到了货款，才会通知卖家发货，这样可以避免卖方在交易中使用其他支付方式导致的交易欺诈。

（3）操作方便快捷。国际支付宝施行线上支付，直接到账。客户使用国际支付宝收款无须预存任何款项，速卖通会员只需绑定国内支付宝账号和美元银行账户就可以分别进行人民币和美元的收款。国际支付宝提现无须申请，国际支付宝会直接把钱汇到用户的国内支付宝账户或绑定的银行账户中。

（4）国际支付宝具有品牌优势，它拥有阿里巴巴和支付宝两大品牌，海外潜力巨大。

3. 国际支付宝支持的产品交易类型

目前，国际支付宝支持部分产品的小额批发、样品、小单、试单交易，产品可以通过EMS、DHL、UPS、FedEx、TNT、顺丰速运、邮政航空包裹七种运输方式进行发货；国际支付宝暂时不支持海运；每笔订单金额小于10 000美元（产品总价加上运费的总额）。

4. 国际支付宝在线出口报关和核销退税业务

如果交易的货物申报价值在600美元以下，快递公司会进行集中报关。如果货物申报价值超过600美元，卖家可提供全套的报关单据，委托快递公司代报关。

关于核销退税，买家使用Visa和MasterCard信用卡支付时，无法进行核销退税；买家使用T/T银行汇款支付时，卖家报关后可以进行核销退税。

5. 国际支付宝与国内支付宝的区别

首先，国际支付宝的第三方支付服务是由阿里巴巴国际站同国内支付宝联合支持提供的。全球速卖通平台只是在买家端将国内支付宝改名为国际支付宝。

其次，在使用上，只要客户有国内支付宝账号，无须另外申请国际支付宝账户。当客户登录到“My Alibaba”后台（中国供应商会员）或“我的速买通”后台（普通会员）时，就可以绑定其国内支付宝账号来收取货款了。

（二）PayPal

PayPal与支付宝类似，是在线支付解决方案的全球领导者，是很多国家客户常用的国际贸易支付工具，它允许在使用电子邮件来表示身份的用户之间转移资金，即时支付，即时到账。2002年，PayPal被全球第一的电子商务网站eBay收购，业务覆盖203个国家和地区，43%的收入来源于美国之外，在美国、欧洲位居第一大金融类网站，75%的跨境电商首选PayPal作为收付款方式。

2010年4月27日，阿里巴巴公司和海外最大的第三方支付平台PayPal联合宣布，双方达成战略合作伙伴关系。PayPal具有业务覆盖广、操作简便、资金回笼快、安全性好、保密性强的特点，尤其受美国用户信赖。但是PayPal用户消费者（买家）利益大于PayPal用户卖家（商户）的利益，交易费用主要由商户提供，对买家过度保护；电汇费用，每笔交易除手续费外还需要支付交易处理费；账户容易被冻结，商家利益受损失。PayPal的费率相对较低，仅占eBay平台的2.9%～3.9%和其他平台或传统外贸的3.4%～4.4%。用户开户无开户费及使用费；每笔收取0.3美元银行系统占用费，以美元形式提现至大陆银行每笔收取35美元，以人民币形式提现至大陆银行每笔收取1.2%的手续费。

1. PayPal账户注册

无论是以个体还是以企业的名义经营，都可以选择注册“商家账户”。注册步骤如下：第一，填写邮箱地址；第二，填写基本账户信息；第三，提供公司详细信息；第四，提供账户持有人的信息。完成注册后，需要验证邮箱地址，以便商户能收到款项。

2. PayPal账户认证

为保护用户的账户安全，PayPal会要求所有用户先认证银行账户或卡信息，才能从PayPal账户提现。用户可以选择以下两种方式之一进行认证：

（1）银联卡。目前使用银联卡认证支持的银行和卡类型包括银联借记卡或单币种信用卡，在添加银联卡后，会收到银联发送的短信验证码，用户可以根据页面提示输入验证码，完成即时认证。

（2）国际信用卡。目前，使用带有Visa、MasterCard或American Express标识的双币种信用卡都可以完成认证。用户添加国际信用卡后，平台会从卡上暂时扣除1.95美元，并在信用卡对账单上生成一个4位数代码。用户登录PayPal账户输入该代码，在2～3个工作日内即可完成认证。

3. PayPal收款

PayPal可以提供给不同商家不同的收款方案，一般收款类型主要有以下几种：

（1）B2B小批发。从事B2B小批发业务的商户，一般可以通过无网站收款和网站收款两种途径。无网站收款一般有两种方式。第一，电子邮件收款。使用该方式收款，只需要输入客户的邮箱地址及收款金额，便可发送简单的收款请求要求客户付款，即使客户没有PayPal账户也能收到付款请求。此外，商户也可以创建带有公司标识的账单更突出自己的专业形象，并将自己的邮箱地址提供给客户，让他们直接通过PayPal账户付款。第二，PayPal. Me链接收款。通过电子邮件、及时消息、社交媒体或其他方式与客户分享PayPal. Me链接，就可以完成向客户收款。例如，使用“PayPal. Me/公司名称/25”来请求收款25美元。网站收款主要是使用生成工具快速生成几行HTML代码，并复制和粘贴到自己的网站中，就能添加PayPal付款按钮，实现向客户收款，整个过程只需15分钟。

（2）B2C零售。从事B2C零售业务的商户，一般通过网站收款和电商平台收款两种途径。

（3）自由职业者。从事该业务的商户一般通过无网站收款和网站收款两种途径，方法类似于 B2B 小批发业务。

(4) 个人卖家。个人卖家主要通过电子邮件收款和电商平台收款两大途径实现收款。

4. PayPal 资金提现

当商家收到客户的 PayPal 付款后，款项将保留在商家的 PayPal 余额中。此时，商家可以通过 PayPal“提现”功能将款项转至自己的银行账户。目前，PayPal 支持五种提现方式，覆盖中国和美国的主流银行，见表 10-1。

表 10-1 PayPal 提现方式

提现方式	周期	手续费
全部线上操作，快捷人民币提现（人民币）	2～3 个工作日	提现金额的 1.2%
电汇至中国的银行账户（美元）	3～7 个工作日	每笔 35 美元
提现至香港的银行账户（港币）	3～6 个工作日	提现 1 000 元港币及以上，免费；提现 1 000 元港币以下，每笔 3.50 元港币
提现至美国的银行账户（美元）	3～4 个工作日	免费
通过支票提现（美元）	4～6 周	每笔 5 美元

5. PayPal 支付方式的优势

全球超过 2 亿人在使用 PayPal 支付方式，使用 PayPal 支付方式的优势如下：(1) 操作简单，用户只需输入邮箱和密码，即可完成轻松结账；(2) 应用广泛，在 200 多个国家和地区的超过 1 000 万家网点都能使用 PayPal 支付；(3) 账户安全，所有银行卡信息都将得到安全保护并且不会外泄，每周 7 天、每天 24 小时保障每笔结汇资金的安全；(4) 增值服务较多，如购物的同时用户可以获赠银行卡奖励积分，购物时除货币兑换费用外不必支付任何费用，退货运费赔付服务可以提供高达 20 美元的退货运费等。

(三) 手机付款

手机付款又称移动支付 (Mobile Payment)，是指允许移动用户使用其移动终端（通常是手机）对所消费的商品或服务进行账务支付的一种服务方式。对商户而言，手机付款有助于进一步构建多元化的营销模式，进一步提升整体营销效果；对服务提供商而言，手机付款可以带来巨大的经济效益；对于消费者而言，手机付款更为方便，消费过程更加简单。

(四) 其他付款方式

1. Payoneer

Payoneer 是一家总部位于纽约的在线支付公司，主要业务是帮助其合作伙伴将资金下发到全球，同时为全球客户提供美国银行/欧洲银行收款账户，用于接收欧美电商平台和企业的贸易款项。Payoneer 适用于单笔资金额度小但是客户群分布广的跨境电商网站或卖家。

使用 Payoneer 的优点在于：(1) 便捷。中国身份证即可完成 Payoneer 账户在线注册，并自动绑定美国银行账户和欧洲银行账户。(2) 合规。像欧美企业一样接收欧美公司的汇款，并通过 Payoneer 和中国支付公司的合作完成线上的外汇申报和结汇。(3) 便宜。电汇设置单笔封顶价，人民币结汇最多不超过 2%。

2. Moneybookers

Moneybookers 是一家极具有竞争力的网络电子银行，它诞生于 2002 年 4 月，是英国伦敦 Gatcombe Park 风险投资公司的子公司之一。Moneybookers 电子银行里的外汇是可以转到我们国内银行账户里的。

使用 Moneybookers 的优点包括：(1) 安全性。首先，由于以 E-mail 为支付标识，因此付款人将不再需要暴露信用卡等个人信息，只需要电子邮箱地址就可以转账。客户必须激活认证才可以进行交易，而且可以通过网络实时地进行收付费。其次，登录时以变形的数字作为登录手续，以防止自动化登录程序对账户的攻击；只支持 128 位加密的行业标准。(2) 费用相对低廉。一般免手续费，提现会收取少量费用。

缺点在于：(1) 不允许客户多账户，一个客户只能注册一个账户；(2) 目前不支持 18 岁以下未成年人注册。

三、跨境电商收款规则

(一) 速卖通平台放款规则

1. 放款时间

设有国际支付宝账户的卖家，速卖通平台会根据其综合经营情况（如好评率、拒付率、退款率等）进行统计，评估其是否符合不同的放款要求并对应不同的订单放款时间。

一般来说有以下几种情形：(1) 在发货后的一定期间内进行放款，最快放款时间为发货 3 天后；(2) 买家保护期结束后放款；(3) 账号关闭且不存在任何违规违约情形的，在发货后 180 天放款。具体规则见表 10-2。

表 10-2　速卖通平台放款规则

账号状态	放款规则		
	放款时间	放款比例	备注
账号正常	发货 3 个自然日后（一般是 3～5 天）	70%～97%	保证金释放时间见表 10-3
		100%	
	买家保护期结束后	100%	买家保护期结束：买家确认收货/买家确认收货超时后 15 天
账号关闭	发货后 180 天	100%	无

如果速卖通依据合理理由判断订单或卖家存在纠纷、拒付、欺诈等风险，其有权视具体情况延迟放款周期，并对订单款项进行处理。

2. 放款方式

对于提前放款订单，一般在发货后 3～5 天会进行放款，但是由于受银行清算影响，部分订单放款会超过 5 天，银行一般清算时间为 10 个自然日，多币种为 12 个自然日。

享受发货后就进行放款的卖家，并不意味着所有订单均可享受发货后放款。出现以下情形的，需在买家保护期完成后才会放款：第一，如果部分单笔订单有异常或疑似异常或存在任何安全隐患（或存在平台认为不适合予以放款情形的），平台有权拒绝安排在发货后就进行放款；第二，平台会根据综合经营指标进行评估，给予每个卖家一个放款额度，当放款额度达到上限之后，发货的订单也需要在买家保护期完成后放款。

3. 保证金规定

速卖通平台会冻结一定比例的保证金，用于放款订单后期可能产生的退款或赔偿其他可能对买家、速卖通或第三方产生的损失。目前，提前放款的保证金有两种形式，具体的释放时间见表 10－3。

表 10－3　　提前放款保证金释放时间表

<table>
<tr><th>类型</th><th colspan="2">条件</th><th>保证金释放时间</th></tr>
<tr><td rowspan="4">按照订单比例冻结的保证金</td><td>商业快递＋系统核实物流投妥</td><td>无</td><td>交易结束当天</td></tr>
<tr><td rowspan="3">1. 商业快递＋系统核实物流投妥
2. 非商业快递</td><td>交易完成时间－发货时间≤30 天</td><td>发货后第 30 天</td></tr>
<tr><td>30 天<交易完成时间－发货时间<60 天</td><td>交易结束当天</td></tr>
<tr><td>交易完成时间－发货时间≥60 天</td><td>发货后第 60 天</td></tr>
<tr><td rowspan="3">固定保证金</td><td>账号被关闭</td><td rowspan="3">无</td><td rowspan="3">提前放款的订单全部结束（交易完成＋15 天）后，全部释放</td></tr>
<tr><td>退出提前放款</td></tr>
<tr><td>提前放款不准入</td></tr>
</table>

4. 退款资金的处理

退款产生后，平台会先从卖家账户可提现余额扣款；若余额不足，会扣除冻结保证金中的资金；仍不足扣款，平台有权（但无义务）垫资退款给卖家。扣款的顺序为：资金账户可用余额→冻结金额→平台垫资。

（二）Wish 平台放款规则

1. 放款原则

接单后的 7 天内，满足以下条件的订单可以被正常放款：将货物发出（必须是有效订单）；在系统中将有效订单标记为已发出，也就是在系统里发货；提供对应订单的有效运单号。

如果在卖家完成以上三步之前订单被取消，则该订单将不会被放款；Wish 平台会在买家取消订单的同时立即向卖家发出通知，卖家必须保证自己所发出的订单是没有被取消的订单，否则将面临收不到款的风险。

2. 放款时间和方式

Wish平台每个自然月的第一天对前一个月的有效订单进行放款。放款方式主要通过：(1) Payoneer中国账户或国际账户；(2) 易联支付 (PayEco)，只需要一个中国的银行账号即可；(3) Bill. com，电汇或支票支付，其中，电汇支付仅针对美国的个人账户。Wish平台可供选择的放款方式见表10-4。

表10-4　Wish平台可供选择的放款方式

提供商	处理时间	收取的费用
Payoneer—中国账户	即时	1%
Payoneer—国际账户	即时	1%～2.75%
易联支付 (PayEco)	1～3个工作日	1.2%
Bill. com—ACH	3～5个工作日	$0.49
Bill. com—美国纸质支票	5～7个工作日	$1.49
Bill. com—国际纸质支票	14～21个工作日	$1.49

3. 确认订单可付款时间

订单只有在系统中被确认为"已发货"才会被认为符合付款条件。为加快这个过程，商家需要在发货后尽快将有效的运单号输入系统。如果系统无法确认有效的物流信息，Wish平台默认商家在系统中发货的30日后作为此订单符合付款的日期，并在该日期的下一个付款日付款。

能力实训

一、选择题

1. 目前，国际支付宝支持的支付方式有（　　）。

A. 信用卡　　B. T/T银行汇款

C. PayPal　　D. 以上三种都可以

2. 目前，国际支付宝不支持的产品运输方式为（　　）。

A. DHL　　B. FedEx

C. 邮政航空包裹　　D. 海运

3. 常规电商收款途径为（　　）。

A. 电汇　　B. PayPal

C. 国际支付宝　　D. 手机

4. 能完成PayPal认证的银行卡有（　　）。

A. 借记卡　　B. Visa卡

C. MasterCard 卡　　　　　　　　　D. 以上都可以

5. 下列不是 Wish 平台付款标准的是（　　）。

A. 接单后的 5 天内（系统有提示）

B. 将货物发出（必须是有效订单）

C. 在系统中将有效订单标记为已发出，也就是在系统里发货

D. 提供对应订单的有效运单号

二、判断题

1. 如果您已经拥有国内支付宝账户，只需绑定国内支付宝账户即可，无须申请国际支付宝账户。（　　）

2. 阿里巴巴国际支付宝由阿里巴巴与支付宝联合开发，是为了保护国际在线交易中买卖双方的交易安全所设的一种第三方支付担保服务，全称为 Escrow Service。（　　）

3. Wish 平台会在每个自然月的第一天对前一个月的有效订单进行放款。（　　）

4. 如果在将货物发出、在系统中将有效订单标记为已发出、提供对应订单的有效运单号这三步没有完成前，订单被取消，PayPal 平台规定该订单将不会被放款。（　　）

5. Payoneer 是一家总部位于英国伦敦的在线支付公司，主要业务是帮助其合作伙伴将资金下发到全球，同时为全球客户提供美国银行/欧洲银行收款账户，用于接收欧美电商平台和企业的贸易款项。（　　）

三、能力拓展

请在速卖通平台注册一个国际支付宝账户。

附　录

附表 1　　国别（地区）代码表

代码	中文	英文	代码	中文	英文
100	亚洲	Asia			
101	阿富汗	Afghanistan	102	巴林	Bahrian
103	孟加拉国	Bangladesh	104	不丹	Bhutan
105	文莱	Brunei	106	缅甸	Myanmar
107	柬埔寨	Cambodia	108	塞浦路斯	Cyprus
109	朝鲜	Korea，DPR	110	中国香港	HongKong
111	印度	India	112	印度尼西亚	Indonesia
113	伊朗	Iran	114	伊拉克	Iraq
115	以色列	Israel	116	日本	Japan
117	约旦	Jordan	118	科威特	Kuwait
119	老挝	Laos	120	黎巴嫩	Lebanon
121	中国澳门	Macau	122	马来西亚	Malaysia
123	马尔代夫	Maldives	124	蒙古	Mongolia
125	尼泊尔	Nepal	126	阿曼	Oman
127	巴基斯坦	Pakistan	128	巴勒斯坦	Palestine
129	菲律宾	Philippines	130	卡塔尔	Qatar
131	沙特阿拉伯	Saudi Arabia	132	新加坡	Singapore
133	韩国	Korea，Rep.	134	斯里兰卡	Sri Lanka
135	叙利亚	Syrian	136	泰国	Thailand
137	土耳其	Turkey	138	阿联酋	United Arab Emirates
139	也门共和国	Republic of Yemen	141	越南	Vietnam
142	中国	China	143	台澎金马关税区	Taiwan Prov.
144	东帝汶	East Timor	145	哈萨克斯坦	Kazakhstan
146	吉尔吉斯斯坦	Kirghizia	147	塔吉克斯坦	Tadzhikistan
148	土库曼斯坦	Turkmenistan	149	乌兹别克斯坦	Uzbekistan
199	亚洲其他国家（地区）	Oth. Asia Nes			
200	非洲	Africa			
201	阿尔及利亚	Algeria	202	安哥拉	Angora
203	贝宁	Benin	204	博茨瓦纳	Botswana
205	布隆迪	Burundi	206	喀麦隆	Cameroon
207	加那利群岛	Canary Is.	208	佛得角	Cape Vrde
209	中非共和国	Central African Rep.	210	塞卜泰	Ceuta

续前表

代码	中文	英文	代码	中文	英文
211	乍得	Chad	212	科摩罗	Comoros
213	刚果	Congo	214	吉布提	Djibouti
215	埃及	Egypt	216	赤道几内亚	Eq. Guinea
217	埃塞俄比亚	Ethiopia	218	加蓬	Gabon
219	冈比亚	Gambia	220	加纳	Ghana
221	几内亚	Guinea	222	几内亚（比绍）	Guinea Bissau
223	科特迪瓦	Coate d'lvoire	224	肯尼亚	Kenya
225	利比里亚	Liberia	226	利比亚	Libya
227	马达加斯加	Madagascar	228	马拉维	Malawi
229	马里	Mali	230	毛里塔尼亚	Mauritania
231	毛里求斯	Mauritius	232	摩洛哥	Morocco
233	莫桑比克	Mozambique	234	纳米比亚	Namibia
235	尼日尔	Niger	236	尼日利亚	Nigeria
237	留尼汪	Reunion	238	卢旺达	Rwanda
239	圣多美和普林西比	Sao Tome and Principe	240	塞纳加尔	Senegal
241	塞舌尔	Seychelles	242	塞拉利昂	Sierra Leone
243	索马里	Somalia	244	南非	South Africa
245	西撒哈拉	Western Sahara	246	苏丹	Sudan
247	坦桑尼亚	Tanzania	248	多哥	Togo
249	突尼斯	Tunisia	250	乌干达	Uganda
251	布基纳法索	Burkina Faso	252	民主刚果	Congo，DR
253	赞比亚	Zambia	254	津巴布韦	Zimbabwe
255	莱索托	Lesotho	256	梅利利亚	Melilla
257	斯威士兰	Swaziland	258	厄立特里亚	Eritrea
259	马约特岛	Mayotte	299	非洲其他国家（地区）	Oth. Afr. Nes
300	欧洲	Europe			
301	比利时	Belgium	302	丹麦	Denmark
303	英国	United Kingdom	304	德国	Germany
305	法国	France	306	爱尔兰	Ireland
307	意大利	Italy	308	卢森堡	Luxembourg
309	荷兰	Netherlands	310	希腊	Greece
311	葡萄牙	Portugal	312	西班牙	Spain
313	阿尔巴尼亚	Albania	314	安道尔	Andorra
315	奥地利	Austria	316	保加利亚	Bulgaria
318	芬兰	Finland	320	直布罗陀	Gibraltar

续前表

代码	中文	英文	代码	中文	英文
321	匈牙利	Hungary	322	冰岛	Iceland
323	列支敦士登	Liechtenstein	324	马耳他	Malta
325	摩纳哥	Monaco	326	挪威	Norway
327	波兰	Poland	328	罗马尼亚	Romania
329	圣马力诺	San Marino	330	瑞典	Sweden
331	瑞士	Switzerland	334	爱沙尼亚	Estonia
335	拉脱维亚	Latvia	336	立陶宛	Lithuania
337	格鲁吉亚	Georgia	338	亚美尼亚	Armenia
339	阿塞拜疆	Azerbaijan	340	白俄罗斯	Byelorussia
343	摩尔多瓦	Moldavia	344	俄罗斯	Russia
347	乌克兰	Ukraine	350	斯洛文尼亚	Slovenia
351	克罗地亚	Croatia	352	捷克	Czech
353	斯洛伐克	Slovak	354	马其顿	Macedonia
355	波黑	Bosnia and Hercegovina	356	梵蒂冈	Vatican
357	法罗群岛	Faroe Is.	358	塞尔维亚	Serbia
359	黑山	Montenegro			
399	欧洲其他国家（地区）	Oth. Eur. Nes			
400	拉丁美洲	Latin America			
401	安提瓜和巴布达	Antigua and Barbuda	402	阿根廷	Argentina
403	阿鲁巴岛	Aruba	404	巴哈马	Bahamas
405	巴巴多斯	Barbados	406	伯利兹	Belize
408	玻利维亚	Bolivia	409	博内尔	Bonaire
410	巴西	Brazil	411	开曼群岛	Cayman Is.
412	智利	Chile	413	哥伦比亚	Colombia
415	哥斯达黎加	Costa Rica	416	古巴	Cuba
417	库腊索岛	Curacao	418	多米尼加	Dominican
419	厄瓜多尔	Ecuador	420	法属圭亚那	French Guyana
421	格林纳达	Grenada	422	瓜德罗普	Guadeloupe
423	危地马拉	Guatemala	424	圭亚那	Guyana
425	海地	Haiti	426	洪都拉斯	Honduras
427	牙买加	Jamaica	428	马提尼克	Martinique
429	墨西哥	Mexico	430	蒙特塞拉特	Montserrat
431	厄加拉瓜	Nicaragua	432	巴拿马	Panama
433	巴拉圭	Paraguay	434	秘鲁	Peru
435	波多黎各	Puerto Rico	436	萨巴	Saba

续前表

代码	中文	英文	代码	中文	英文
437	圣卢西亚	Saint Lucia	438	圣马丁岛	Saint Martin Is.
439	圣文森特和格林纳丁斯	Saint Vincent and the Grenadines	440	萨尔瓦多	Salvador
441	苏里南	Suriname	442	特立尼达和多巴哥	Trinidad and Tobago
443	特克斯和凯科斯群岛	Turks & Caicos Is.	444	乌拉圭	Uruguay
445	委内瑞拉	Venezuela	446	英属维尔京群岛	British Virgin Is.
447	圣基茨和尼维斯	Saint Kitts and Nevis	448	圣皮埃尔和密克隆	Saint Pierre and Miquelon
449	荷属安的列斯群岛	Netherlands Antilles			
499	拉丁美洲其他国家（地区）	Oth. L. Amer. Nes			
500	北美洲	North America			
501	加拿大	Canada	502	美国	United States
503	格陵兰	Greenland	504	百慕大	Bermuda
599	北美洲其他国家（地区）	Oth. N. Amer. Nes			
600	大洋洲	Oceania			
601	澳大利亚	Australia	602	库克群岛	Cook Is.
603	斐济	Fiji	604	盖比群岛	Gambier Is.
605	马克萨斯群岛	Marquesas Is.	606	瑙鲁	Nauru
607	新喀里多尼亚	New Caledonia	608	瓦努阿图	Vanuatu
609	新西兰	New Zealand	610	诺福克岛	Norfolk Is.
611	巴布亚新几内亚	Papua New Guinea	612	社会群岛	Society Is.
613	所罗门群岛	Solomon Is.	614	汤加	Tonga
615	土阿莫土群岛	Tuamotu Is.	616	土布艾群岛	Tubuai Is.
617	萨摩亚	Samoa	618	基里巴斯	Kiribati
619	图瓦卢	Tuvalu	620	密克罗尼西亚	Micronesia
621	马绍尔群岛	Marshall Is.	622	帕劳	Palau
623	法属波利尼西亚	French Polynesia	625	瓦利斯和富图纳	Wallis and Futuna
699	大洋洲其他国家（地区）	Oth. Ocean. Nes	701	国别（地区）别不详的	Countries (Reg.) unknown
702	联合国及其他机构和国际组织	UN and other International Organizations			

附表 2

国际收支交易编码对照表（部分）

国际收支交易编码表（对私）		国际收支交易编码表（对公）	
编码	项目名称	编码	项目名称
	A. 货物贸易		A. 货物贸易
	一般贸易		一般贸易
101010	一般贸易支出	101010	一般贸易支出
101020	补偿贸易支出	101020	补偿贸易支出
101030	寄售代销贸易支出	101030	寄售代销贸易支出
101040	边境贸易支出	101040	边境贸易支出
101070	免税商品进口	101070	免税商品进口
101080	水、电、煤气、天然气等进口	101080	水、电、煤气、天然气等进口
101090	购买运输工具、天然气石油井架、工作台和其他活动设备	101090	购买运输工具、天然气石油井架、工作台和其他活动设备
101130	外商投资企业作为投资进口设备、物品的支出	101130	外商投资企业作为投资进口设备、物品的支出
	用于加工的货物		用于加工的货物
102020	加工贸易进口的设备	102020	加工贸易进口的设备
102030	进料加工贸易项下的料件进口	102030	进料加工贸易项下的料件进口
102040	出料加工贸易进口	102040	出料加工贸易进口
103010	在国外修理所需货物的支出	103010	在国外修理所需货物的支出
104010	运输工具在港口消费货物支出	104010	运输工具在港口消费货物支出
105010	非货币黄金进口支出	105010	非货币黄金进口支出
109000	其他支出	109000	其他支出
	B. 服务		B. 服务
	1. 与运输有关的服务支出		1. 与运输有关的服务支出
	海运支出		海运支出
201011	客运支出	201011	客运支出
201012	为货物出口支付的运输费用	201012	为货物出口支付的运输费用
201013	为货物进口支付的运输费用	201013	为货物进口支付的运输费用
201014	港口服务支出	201014	港口服务支出
201019	其他支出	201019	其他支出
	空运支出		空运支出
201021	客运支出	201021	客运支出
201022	为货物出口支付的运输费用	201022	为货物出口支付的运输费用
201023	为货物进口支付的运输费用	201023	为货物进口支付的运输费用
201024	港口服务支出	201024	港口服务支出
201029	其他支出	201029	其他支出

续前表

国际收支交易编码表（对私）		国际收支交易编码表（对公）	
编码	项目名称	编码	项目名称
	其他运输支出		其他运输支出
201031	客运支出	201031	客运支出
201032	为货物出口支付的运输费用	201032	为货物出口支付的运输费用
201033	为货物进口支付的运输费用	201033	为货物进口支付的运输费用
201034	港口服务支出	201034	港口服务支出
201039	其他支出	201039	其他支出
201040	运输佣金、代理费支出	201040	运输佣金、代理费支出
	5. 保险		5. 保险
	财产险支出		财产险支出
205011	责任险支出	205011	责任险支出
205012	信用保证险支出	205012	信用保证险支出
205013	进出口货运险支出	205013	进出口货运险支出
205019	其他险支出	205019	其他险支出
205020	人身险支出	205020	人身险支出
205030	再保险支出	205030	再保险支出
205040	保险中介服务	205040	保险中介服务
205090	其他保险支出	205090	其他保险支出
	11. 其他商业服务		11. 其他商业服务
	转口贸易及贸易佣金		转口贸易及贸易佣金
211011	转口贸易支出	211011	转口贸易支出
211012	转口贸易价差支出	211012	转口贸易价差支出
211013	进出口佣金支出	211013	进出口佣金支出
211014	带料加工贸易加工费支出	211014	带料加工贸易加工费支出

参考文献

1. 苏宗祥，徐捷. 国际结算（第六版）[M]. 北京：中国金融出版社，2015.

2. 庞红，尹继红，沈瑞年. 国际结算（第五版）[M]. 北京：中国人民大学出版社，2016.

3. 许南. 国际结算 [M]. 北京：中国人民大学出版社，2013.

4. 王学惠. 国际结算实验教程 [M]. 北京：北京交通大学出版社，2017.

5. 章安平. 国际结算（第二版）[M]. 杭州：浙江大学出版社，2010.

6. 刘昊虹. 国际结算实验 [M]. 北京：经济科学出版社，2010.

7. 徐立平. 国际结算实验教程 [M]. 北京：北京大学出版社，2014.

图书在版编目（CIP）数据

国际结算实务/姚君主编．—北京：中国人民大学出版社，2018.7
21世纪高职高专规划教材·国际经济与贸易系列
ISBN 978-7-300-25736-5

Ⅰ.①国…　Ⅱ.①姚…　Ⅲ.①国际结算-高等职业教育-教材　Ⅳ.①F830.73

中国版本图书馆CIP数据核字（2018）第083392号

高等职业教育“十三五”规划精品系列教材
21世纪高职高专规划教材·国际经济与贸易系列
国际结算实务
主　编　姚　君
副主编　於丽娜　袁景连
Guoji Jiesuan Shiwu

出版发行	中国人民大学出版社		
社　　址	北京中关村大街31号	**邮政编码**	100080
电　　话	010－62511242（总编室）		010－62511770（质管部）
	010－82501766（邮购部）		010－62514148（门市部）
	010－62515195（发行公司）		010－62515275（盗版举报）
网　　址	http://www.crup.com.cn		
经　　销	新华书店		
印　　刷	北京密兴印刷有限公司		
规　　格	185 mm×260 mm　16开本	**版　　次**	2018年7月第1版
印　　张	17.5 插页1	**印　　次**	2021年8月第4次印刷
字　　数	357 000	**定　　价**	38.00元

信息反馈表

尊敬的老师：

您好！为了更好地为您的教学、科研服务，我们希望通过这张反馈表来获取您更多的建议和意见，以进一步完善我们的工作。

请您填好下表后以电子邮件、信件或传真的形式反馈给我们，十分感谢！

一、您使用的我社教材情况

您使用的我社教材名称			
您所讲授的课程		学生人数	
您希望获得哪些相关教学资源			
您对本书有哪些建议			

二、您目前使用的教材及计划编写的教材

您目前使用的教材	书名	作者	出版社
您计划编写的教材	书名	预计交稿时间	本校开课学生数量

三、请留下您的联系方式，以便我们为您赠送样书（限1本）

您的通信地址			
您的姓名		联系电话	
电子邮箱（必填）			

我们的联系方式：

地　址：苏州工业园区仁爱路158号中国人民大学苏州校区修远楼

电　话：0512-68839319　　传　真：0512-68839316

E-mail：huadong@crup.com.cn　　邮　编：215123

网　址：www.crup.com.cn/hdfs